中公文庫

わが人生の断片（上）

清水幾太郎

中央公論新社

わが人生の断片（上）

目次

昭和十六年——昭和二十一年

明治四十年——昭和十六年

下巻目次

わが人生の断片（上）

昭和十六年——昭和二十一年

徴用と三木清

1

昭和十六年十二月の或る日、私たち数人の忘年会が、夕方から本郷の湯島の鳥屋で開かれた。数人の中には、三木清および中島健蔵が含まれていた。豊島与志雄氏も加わっていたような気がする。忘年会といっても、一向に気勢の揚らぬ会であった。英米を敵とする戦争は、その日から二週間ばかり前に始まっていた。この会で何を話し合ったか、みんな忘れてしまったが、一つだけ覚えていることがある。十二月八日の開戦の半月ほど以前に、阿部知二や高見順のような作家が軍に徴用されて、何処か南方へ連れて行かれたということが私たちの話題になった。「僕たちも徴用されるかな」と私が独語のように言ったのを聞き咎めて、三木清が、「そんな馬鹿なことがあるものか。われわれを徴用したら、あちらが困る」と強い調子で言い、中島健蔵が「そうだ」とこれに和した。しかし、既に徴用されている阿部知二や高見順にしても、私たち同様、リベラリストと見られている人間ではないか。そう言おうと思ったが、私は、「そうかな」と曖昧に受けて、その話を切り上げた。

三木清は、私より十歳の年長、中島健蔵は四歳の年長である。しかし、年齢とはあまり関係なく、何時からか、私たちの間の役割が決っていたようである。他の人々に対しては別であったのであろうが、私の接した限りの三木清という人は、何を話す時でも、必ず断定的であった。確率が1か0かであって、「そうかも知れない」や、「ひょっとすると……」という調子の灰色の部分が欠けていた。彼の文章には、「……であろう」という、持って廻った表現が非常に多く、或る時期の私には、それが一つの魅力であったのだが、会話では何時も断定的で、また、殆ど例外なく、中島健蔵がそれに賛成し、多くの場合、私は煮え切らぬ態度を取っていた。忘年会の時も、このパターンの繰返しであった。このパターンは、昭和研究会の文化部会での私たちの接触から生れたような気がする。

この二人との最初の接触は、昭和六年春に私が東京帝国大学文学部社会学科を卒業して、社会学研究室の副手になった頃に遡る。当時、中島健蔵は同じ文学部のフランス文学科の助手を勤めていて、私はよく便所で彼に出会った。そのうち、お互いに挨拶するようになったが、便所以外の場所で出会った記憶はない。三木清に初めて会ったのは、その年の初夏の頃であった。卒業の直後、卒業論文の一部分が、谷川徹三氏の好意によって、同氏が和辻哲郎、林達夫の両氏と共に編輯に当っていた岩波書店発行の雑誌『思想』に載せられ、それから間もなく、三木清から葉書を貰った。論文を面白く拝見しました、近いうち、是非、拙宅へお立ち寄り下さい、という意味の文面が、マッチの棒を律義に並べたような書体で書かれていた。当時、彼は知的ジャーナリズムの最高の地位に立っていた。私たちインテリに対して、他の誰よりも大きな影響力を持っていた。その前年、地下の日本共産党に資金を提供したという嫌疑によって検挙され、起訴され、拘留され、有罪の判決を受けたことは、却って、彼の権威を高めたように思われた。その三木清から思いもかけぬ葉書を受取った時、暫くの間、私は一種の恍惚の状態に陥っていた。数日後の午前、中野の宮前二十四番地の家に彼を訪ねた。彼と向い合った洋間のレースのカーテンを通して、日光がテーブルの上に射していた。それ以来、そう密接ではなかったが、彼との交際が続いていた。

二人との交際が急に厚みを増したのは、昭和十三年の秋であろうか、後藤隆之助氏の主宰する昭和研究会に文化部会が設けられ、その責任者になった三木清が中島健蔵や私を文化部会のメンバーに誘った時期からである。昭和研究会というのは、謂わゆる国策研究団体で、後藤隆之助氏が友人の近衛文麿の政治活動を助けるために作ったブレーン・トラストであった。最近の岡義武氏の『近衛文麿』（岩波新書、昭和四十七年）などを読むと、彼に対する後代の評価は自ら異なるようであるが、あの時代の空気の中では、近衛文麿という天皇に最も近い貴族だけが、天皇の統帥権を楯に政治を壟断（ろうだん）する軍部を抑えることが出来るように思われていた。リベラルで清新な雰囲気が彼を包んでいるように見えた。一部のインテリや官僚は、昭和研究会の活動に参加することによって、日本の政治を新しいコースに乗せることが出来るのではないかと感じていた。

文化部会の研究会は、丸の内仲四号館の昭和研究会事務所で、相当の頻度で開かれた。その主たる成果は、「新日本の思想原理」（昭和十四年一月）と、その続編「協同主義の哲学的基礎」（昭和十四年九月）とで、それぞれ、小冊子として印刷され、或る限られた人々に配布された。現在は、『三木清全集』第十七巻（岩波書店、昭和四十三年）に「資料」として収められている。よく覚えてはいないが、研究会のメンバーは、矢部貞治、福井康順、菅井準一、中島健蔵、船山信一（ふなやましんいち）、私、それに、時々、笠信太郎が顔を見せていた。何人かの報告者の話を聞いた後で、三木清が草稿を作り、それをメンバーが検討して、注文をつける、という、多くの研究会で用いられる手順が私たちの間でも用いられた。しかし、検討とか注文とかいっても、問題になるのは、枝葉の点であった。三木清が断定し、中島健蔵が賛成し、私が煮え切らない態度を取るというパターンは、この研究会が回を重ねているうちに生れたように思われる。いや、それだけではない。右のリストから落してしまったが、三枝博音（さいぐさひろと）氏のことに触れなければ、あのパターンの説明は終らないであろう。

研究会が出発して或る期間が経った後に、三枝博音氏が参加するようになった。どういう事情で参加するようになったのか、それが判らないのが残念であるが、何れにしろ、三木清の希望、推薦、少くとも、了解があってのことに違いない。それ以外に考えようがない。しかし、研究会の席上、三木清が彼に対して示した態度は、非常に意地の悪いものであった。私は、毎回のように、彼に対する三木清の軽侮と嘲笑とを見た。この軽侮と嘲笑とは、私などが一度も経験しなかったものであり、また、希望、推薦、了解と両立し難いものに思われた。先週の研究会で三木清が述べたのと同じような意見が今週の研究会で三枝博音氏の口から出た途端に、「そんな馬鹿なことはない」と三木清が強い調子で押し潰すようなこともあった。どういう事情で三枝博音氏は入会したのであろう。また、なぜ退会しないのであろう。私には、それが不思議で堪らなかった。彼は三木清より五歳の年長、後者が京大の出身であるのに対して、彼は、東大の出身、専攻は同じ哲学。それがマイナスに働いていたのであろうか。それとも、もっと深い事情があったのであろうか。しかし、どんな場合でも、三枝博音氏は温厚な態度を崩さなかった。それにしても、私が早くから三枝博音氏と知り合っていなかったら、こういうことは、夙に忘れてしまっていたのであろう。しかし、私は、初めて三木清に会ったのと前後して彼に初めて会い、非常に親切に取扱われ、その後、一緒に唯物論研究会の幹事を勤める過程でも親しく交際して来たし、昭和三十八年の国鉄鶴見事故で不幸な死を遂げるまで、彼はいつも私に寛大であった。初めて吉祥寺のお宅へ伺ったのは、昭和六年がヘーゲル死後百年に当るのを記念して、『思想』が「ヘーゲル特輯」を編むことになり、ヘーゲル研究家でもない私に「ヘーゲル文献」という長大な書目の作製を依頼して来たのが機縁である。私は、二年ほど前から『ヘーゲル及弁証法研究』という専門雑誌を編輯していた彼を訪れて、いろいろと助言を求めた。彼は親切に私を迎え、惜しみなく助力を与えてくれた。実を言うと、お宅へ伺うまで、私はそれを期待していなかった。彼は、岩波書店とも、『思想』とも殆ど何の関係もなく、「ヘーゲル特輯」自身、彼を無視して編まれていたのであるから。私がもう少し事情に明るかったら、本当は、三枝博音氏の助力を仰ぐべきではなかったのであろう。しかし、軽率であったと気がついたのは、或る期間を経た後のことであった。とにかく、私は、十五歳も年少の私の失礼な注文に応じてくれた彼の温い態度が忘れられなかった。研究会の席上、彼を弱い敵のように扱う三木清の断定と、それに対する人々の賛成とを何度も見ているうちに、私は、せめて、煮え切らない態度を取ることによって、孤独な三枝博音氏への同情を示すという不幸な癖が身についてしまったようである。

2

私たちが湯島の鳥屋を出たのは、九時頃であった。重い外套の襟を立てて、万世橋を渡り、須田町の交叉点を右折して、右側の小さな喫茶店へ私たちは入った。紅茶を注文したら、ウィスキーを滴してくれた。

私たちが万世橋を渡っている時、三木清は、突然、大きな声で、「兵隊さんよ　有難う」（皇軍将士に感謝の歌）を歌い始めた。

肩を並べて兄さんと
今日も学校へ行けるのは
兵隊さんのお蔭です
お国のために
お国のために戦った
兵隊さんのお蔭です
（橋本善三郎作詞・佐々木すぐる作曲）

彼が好んで歌を歌うことは、以前から知っていた。昭和研究会の会合の後で、しばしば、銀座裏の「エスパニョル」というバーに寄り、そこで「花も嵐も踏み越えて……」という「旅の夜風」を歌っていた。何時か、私も歌詞を覚えてしまった。彼の歌には驚かなかったが、「兵隊さんのお蔭です」という個所にかかると、彼は異様に声を張り上げた。私たちが止めても、彼は歌い続けた。彼には、こんな無茶な戦争を始めたのも、「兵隊さんのお蔭です」という気持が強かったのであろう。同じような気持は、勿論、みんなの内部にあった。

私は三十四歳、その年の七月から、読売新聞社の論説委員に招かれ、大学卒業後十年で漸く月給らしい月給を貰うようになっていた。また、上智大学など一、二の私立学校の非常勤講師を兼ねていた。開戦前の長い期間、日本中の人間は、日本が「ABCD包囲陣」の鉄の環に締めつけられて行く息苦しい空気を吸っていた。Aはアメリカ、Bはイギリス、Cは中国、Dはオランダ。この空気は日本の全体を浸していたが、諸外国の短波放送が聴ける新聞社では、廊下を流れる空気は特別息苦しく、その息苦しさは日を逐って増して来ていた。あまり息苦しかったので、十二月八日の開戦を知った時、飛んでもないことになったと思うのと同時に、軽率で下品な比喩を許して戴けるなら、やっと便通があったという感じがした。この感じは、恐らく、日本中にあったであろう。便通から悪性の下痢になり、脱水症状に陥り、終には死に至るかも知れぬという危険を遠くの方に感じながら、しかし、長い間の苦しい便秘の後に漸く便通があったという気持があった。

正宗白鳥の『文壇五十年』（河出文庫、昭和三十年）によると、開戦の日の夜、中央公論社が財政的な世話をしている国民学術協会の会合があって、そこで、彼は三木清たちに会っているようである。「今思い出すと、十二月八日の当夜は、理事長桑木厳翼をはじめ、穂積重遠、松本烝治、牧野英一、東畑精一、清沢洌、三木清など、十人ばかりが参会していた。いつもの議論風発とちがって、憂鬱な空気がただよっていた。なかには『これで溜飲が下がった』と空虚な笑いを浮べた人もあった。日本の対支行動が英米に邪魔されていたのを意味していたのだ。清沢は『けさ開戦の知らせを聞いた時に、僕は自分達の責任を感じた。こういう事にならぬように僕達が努力しなかったのが悪かった』と、感慨をもらした。しかし、清沢の手のひらで、時代の激流を止める事は出来ないだろうと、私は滑稽味を感じたことを記憶している。」

恐らく、この夜の会合であったと思うが、国民学術協会は、私に研究費を与えることを決定した筈である。今は、研究題目のことも忘れてしまったし、研究費の金額のことも、相当の金額であったということしか覚えていない。それを貰いはしたものの、肝腎の研究は、その後の戦争の発展のために有耶無耶になってしまった。私に研究費を与えるように努力してくれたのは、三木清であった。この会合で、正宗白鳥は、清沢冽の言葉を滑稽に感じている。清沢冽は、本当に自分たちの責任を深く感じていたのであろうし、同じように感じた人間も他に何人かいたであろう。しかし、敗戦後は、そういう人間が、夥しい数に膨れ上った。誰も彼も、あの戦争を防ぎ止めなかったのは、自分たちの責任である、と言うようになった。何かの機会に、私も言ったような気がする。けれども、少し落着いて考えてみると、責任という観念は、その責任を負う人間に対する制裁が定められている場合にだけ意味があるように思う。自分の責任を認めることによって、死刑に処せられる、解雇される、殴られる、賠償金を払う、満座の中で嘲笑される……というような制裁のあることが予め判っている場合には、責任というものに真実の意味がある。しかし、そういう制裁が定められていない場合、自分の責任を認めることは、誰でも気軽に出来ることであるし、また、認めたところで、そこから社会的な実益が生れるわけではない。しかし、社会的な実益ではないが、当人の個人的な実益は生れるかも知れぬ。自分の責任を認める人間は、自分が良心的な人間であることを人々に知らせるであろうし、また、自分の行動の如何によって歴史の流れを変え得る大物であることを人々に知らせることが出来るであろう。しかし、明らかな制裁が定められていない場合、謂わば安全地帯で、自分の責任について雄弁に語るのは、あまり高尚な行為とは言えないであろう。

3

あの忘年会から二十日ぐらい後、昭和十七年一月十四日の夕方、私は読売新聞社から自宅へ帰ったばかりであった。「速達！」という郵便配達夫の声と一緒に、一枚の紙片が玄関に投げ込まれた。その紙片は、私を徴用する、という通知であった。当時、私の家は、牛込区市ヶ谷田町にあって、濠を距てて、法政大学と向い合っていた。六歳になる娘が虚弱なので、妻と娘とは、鎌倉の長谷観音の近くに借りた小さな家に転地していた。私は鎌倉へ電報を打ち、二人は夜遅く東京の家へ帰って来た。一月十六日午後、あの紙片の指示に従って、私は、正式の徴用令書を受取るために、丸の内にある日本赤十字社東京支部へ出かけた。玄関を通って、大きな待合室のような部屋へ入ったら、大勢の人々の中に、三木清と中島健蔵との姿が見えた。三人とも徴用されて、三木清はフィリッピン、中島健蔵はマレー、私はビルマへ行くことになった。マレー組とビルマ組とは、一月二十日午前八時に、大阪城内にある中部軍司令部に出頭することを命ぜられた。私は十九日に、東京を出発せねばならぬことになった。

十七日の夜は、読売新聞社の論説委員の人たちが送別会を開いてくれた。十八日の夜は、親しい友人たちが赤坂の「浅野」という日本料理屋で送別会を開いてくれた。しかし、出席者が誰であったか、全く覚えていない。ただ、暗い電燈の下に福田恆存と宮城音弥とがいたことはよく記憶している。前者は、私より五歳年少、浦和高等学校から東大の英文学科へ進み、卒業の翌年頃から親しく交際していた。彼が神田の生れ、私が日本橋の生れということもあって、よく気持が通じた。宮城音弥は、私と同じ東京高等学校の第一回の卒業生で、古くからの友人である。旧制の高等学校は、僅か数校の私立および公立を除くと、二十数校のすべては官立であった。文科と理科とに分れ、更に、第一外国語が英語、ドイツ語、フランス語の何れであるかによって、甲類、乙類、丙類に分れていた。もっとも、理科丙類が設けられていたのは、私たちの高等学校以外に殆どなかったが、宮城音弥は、その理科丙類のクラス、私は文科乙類のクラスであった。彼は、京大へ進んで心理学を専攻し、その後、何処かの医科大学で精神医学を学んだ。

会の中途で、誰かが色紙を持ち出し、各人が一枚ずつ何かを書いて私に贈るということになった。書道の心得があった福田恆存は、立派な筆蹟で漢詩のようなものを書き、書き終って、それを暫く眺めていたが、「ああ、これは縁起が悪い」と呟いて、慌てて色紙を破いた。私は、生きて再び友人たちの間へ帰って来られるとは思っていなかった。そういう確信は誰もなかったであろう。みんなにとって、「縁起」ということが気にかかっていた。しかし、宮城音弥は、進んで縁起が悪いと思われるような言葉を書いた。「別れることは、少し死ぬことである。」そういう意味のフランス語を書いた。彼は平気であったが、みんなは顔を見合せた。フランス語の色紙とは関係なく、最初から、私は陰気な気分を持て余していた。その私を慰めようとして、彼は、「官費の留学じゃないか。羨ましい話だ」であろうという言葉を何遍も繰返していた。私の方は、家族や仕事と離れる辛さ、生きて帰れないという心細さ、そういう気持で一杯になっているだけに、「官費の留学」という言葉が如何にも軽薄な冗談のように聞え、それが私を益々暗い苛立ちへ追い込んでいた。

しかし、この送別会だけでなく、遡ると、あの速達の紙片を受取った時からであるが、時々、「もし徴用されなかったら……」という仮定が私の心に浮んでは消えていた。もし徴用されなかったら、家族や仕事と離れることはないであろう。死ぬ危険も大いに減るであろう。それは確実に言える。けれども、もし私が徴用されないで、三木清や中島健蔵が徴用されたとしたら、と考えた途端に、私はハッとした。そうなったら、安心するどころか、私は烈しい嫉妬に苦しむであろう。これも確実に言える。ビルマで私を待っている仕事がどんなものか、その見当は全くつかないけれども、徴用されるというのは、その仕事との関係から見て、私という人間に或る意味があるということである。もともと、人間の意味というものは、人間の内部を探して見つかるものではない。人間の内部に意味があるように思うのは、近代思想の錯覚である。人間の意味は、外部にある。少くとも、外部との関係にある。徴用されないというのは、自分に意味がないということ、意味がないから無視されたということである。志願する気は毛頭ないが、徴用されなければされないで、やはり、私は辛く苦しいであろう。

そういうことを考え始めると、更に進んで、徴用されたら、これからは、軍部や警察を今までのように恐れないで済むことになるかも知れない、とも考えられた。半年前、読売新聞社という壁の中に身を置くようになったものの、昭和八年に東大の研究室を離れてからの八年間、私はフリーのジャーナリストとして暮して来た、その生活の脆さが身体に滲み込んでいた。今日でも、それは全く抜けてはいない。フリーのジャーナリストというと、何か颯爽とした感じがするけれども、要するに、文章を売って生計を樹てる弱い貧しい人間のことである。芸人の一種である。言論に無制限の自由が与えられて、これでもかこれでもかと、激越な表現を探すのが流行になっている今日とは違って、当時は、不用意に使った一語が身の破滅を招くような時代であった。それに、原稿を注文して来る定期刊行物が、今日と比較するのが無意味なほど数が少かった。フリーのジャーナリストというのは、雑誌社や新聞社の注文を待ちながら、また、軍部や警察の眼を恐れながら、読者という不特定多数のお客にサービスする芸人であった。戦後は、見境もなく、自他に「思想家」という重たい名称を冠する傾向が行われているが、また、戦前戦後を通じて、この名称に相応しい人物が僅かながらいるにはいるが、私などは、何処から見ても、芸人の部類であった。芸人にとって大切なのは、意地と技術とであった。そして、フリーのジャーナリストの立場から考えて、羨ましく見える、というより、憎らしく見えるのは、大学の、特に官立大学の研究室の奥に住んでいる人たちであった。彼らは、内外の書物を読み、時に文章を書くという点では、私たちに少し似ている。しかし、大学の厚い壁によって守られ、安定した俸給を貰っているという点では、私たちと全く違う。むしろ、彼らは、私たち芸人が最も恐れる軍部や警察の仲間なのである。けれども、徴用されたら、その軍部や警察をもうあまり恐れないで済むようになるのではないか。私だけではなく、徴用された文筆家の多くは、きっと、同じように考えていたであろう。

4

一月二十日に大阪の中部軍司令部に出頭してから、二月十七日に広島へ向って出発するまで、約一ヶ月間、私たちビルマ組は、梅田新道の大阪中央ホテルという旅館に泊っていた。背ばかり高く痩せた身体に夏の軍服を着て、重い荷物のように日本刀を吊り、近くの扇町公園で敬礼の稽古をしたり、各種の予防注射を受けて、それで高熱を発したり、そういう生活を続けながら、船の便を待っていた。

大阪の生活が始まった瞬間、間の抜けた話であるが、私は、自分が如何に世間知らずであったかに気がついた。自分では、貧乏苦労を初め、いろいろの苦労をして来た心算であったし、その上、社会学が専攻であったため、集団生活というものについて読んだり、考えたり、書いたりすることが多かったが、私は、大阪の旅館で初めて集団生活というものを実地に経験することになった。学校は、すべて東京で済んだので、寄宿舎の生活も、下宿の生活も知らなかったし、合宿の生活さえ知らなかった。軍隊生活の経験もなかったし、会社勤めの経験もなかった。三十年以上、私は、何時も自分の家庭の中で生きて来た。それが、大阪へ来て、何を考えているのか判らない、初対面の人たちと起居を共にすることになったのである。不安という以上に、私は恐怖を感じた。

ビルマ組は四十名ぐらいであった。林一六一一部隊（セ）というのが、私たちの部隊名であった。林一六一一部隊というのは、ビルマ派遣軍司令部のことで、（セ）というのは、宣伝班の意味である、と誰かが言っていたが、そんなことは、どうでもよかった。私たちの仲間は、大体のところ、五つのグループから成り立っていた。(A)新聞記者若干名、(B)カメラマン若干名、(C)画家、漫画家若干名、(D)かつて商社員や商店主としてビルマ或いは、南方で活動した経験のあるもの若干名、(E)経歴や職業がよく判らぬもの、軍当局には判っているのであろうが、そういう人たちがかなりいた。(A)、(B)、(C)に属する人々の多くは、私より若かったが、(D)および(E)の中には、私より年長の人々がいた。とにかく、こういう雑多の人間が、旅館の五十畳敷の部屋で一緒に暮らすことになった。㊄の一人は、この満員電車のような部屋の中で、しばしば、日本刀の鞘を払って、剣舞のような真似をしていた。また、他の一人は、旅館から硯箱を借りて、封筒に「頭山満先生」と大書して、私たちに見せるためか、幾日間も、食卓の上に置いていた。外出に厳しい制限がなかったので救われたが、旅館にいる限り、何時も誰かの顔を見ているか、誰かと話していることになる。便所に入らねば、自分だけになれなかった。戦場とか、外地とか、そういう雄大なものの遥か手前にある平凡な集団生活で、私はもうヘトヘトになっていた。

初めは、明るい街路から映画館へ飛び込んだような工合で、周囲の様子が眼に入らなかったが、少しずつ慣れて来るにつれて、仲間たちが或る共通の不安を持っているのが見えるようになった。不安は、待遇に関する不安であった。勿論、私たちはみな同じ陸軍徴員には違いないけれども、厳格な階級制度で組織された軍隊の一部になる以上、陸軍徴員の間にも幾つかの階級が設けられる筈である。自分には、どういう階級が与えられるのであろうか。自分と某とは、同じ階級に属するのであろうか。自分が上の階級で、某が下の階級なのか。それとも、その逆なのか。私たちの仲間は一つの塊でありながら、階級の問題に関する疑惑と願望とが入り交った不安のために、一人一人がバラバラに分裂しているようであった。私にも願望はあった。それは、あの気味の悪い㊄の人たちとは区別して貰いたいという願望であった。あの人たちが上の階級で、私が下の階級でもよいから、別のグループに入れて貰いたいと思った。考えてみると、これはナンセンスな話で、どういう階級が設けられても、それで私たちの共同生活が終るわけではなかった。しかし、私自身は、一体、何者なのであろうか。新聞の論説委員が私の職業である点から見れば、当然、(A)の一員ということになる。けれども、半年前、読売新聞社主筆高橋雄豺(ゆうさい)氏が、フリーのジャーナリストであった私を論説委員に招いてくれて初めて新聞社に入ったのであるから、取材や報道の経験は全くない。徴用された新聞記者諸君は、みな私より年少であり、中国大陸に従軍した経験を持っているものが多い。どうも、私は(A)の一員ではないようである。しかし、私が(B)、(C)、(D)の一員でないことは、もっと明らかである。私は、写真の技術を持っていないし、絵筆を握ったこともないし、南方で生活したこともない。そうなると、私という人間は、結局、あの気味の悪い(E)のグループに属するのではないか。東京であの紙片を受取った時から現在まで、徴用されたのは自分に或る意味がある証拠と考えては、僅かに自分を慰めて来たのだが、それがどんな意味であるのか、本当に意味があるのか、私は次第に判らなくなった。

5

二月十七日午前九時過ぎ、ビルマ組とマレー組とは、ブラインドを下ろした汽車で大阪駅を出発した。午後六時過ぎに広島駅に着き、一時間ばかり歩いて、木賃宿のような家に泊った。翌日の正午頃、宇品港に碇泊している緑丸という輸送船に乗った。

当時も、現在も、私は経験というものを信じている。経験というのは、人間と周囲の事物との関係、それを人間の側から捕えたものであり、思想とか科学とか呼ばれるものは、畢竟、これを客観化し、拡大し、組織したものにほかならないし、人間の成長ということも、やはり、同じようなプロセスである。そう考えて来た。色紙に何か書くように頼まれて、断り切れないような場合は、「経験、この人間的なるもの」と書くことが多い。経験が拡大するというのは、今まで知らなかった新しい経験に出会うことであり、その瞬間、過去における自分の経験の貧しさを知る。同時に、自分の経験が豊かになったことを知る。そう書くと、豊かさは喜びと一緒にあるように見えるが、また、実際に喜びと一緒にあるケースも少くないのであろうが、徴用されて以来、私の新しい経験は何時も苦しみと一緒にあった。それが何度か繰返されると、新しい経験が、つまり、新しい条件へ入り込むことが恐ろしくなる。どんなに現状が惨めであっても、その現状の中でジッとしていたくなる。経験の客観化、拡大、組織などと体裁のよいことを言っても、それが容易なものでないことを輸送船の生活は私に教えてくれた。

緑丸は、五六〇〇トン。船に乗ってから知ったのは、その古さであった。全体が赤く錆びて、欄干——正式の名称は知らないが——などはボロボロになっている。船員は、危いから、寄り掛からないで下さい、と言う。また、彼は、もし無事にあなた方を南方へ運ぶことが出来て、それで無事に日本へ帰ることが出来たら、スクラップにするのです、これが最後の御奉公です、と言う。速力は、と聞いたら、時速八ノットとか九ノットとか答えた。

荷物を指定の場所に置いて、私は甲板を歩いてみた。船尾であったかと思うが、高射砲が据えてあった。頼母(たのも)しく思って、近づいてみたら、それは木材を高射砲の形に組み立てて、グリーンのペンキを塗ったものであった。その近くに、爆雷があった。敵の潜水艦が近づいたら、これを投げるのであろう。しかし、これも、木材で作った大きな球で、それにペンキを塗ったものであった。海中へ投じたら、プカプカと浮いているであろう。

輸送船については、私は言葉しか知らなかった。そもそも、輸送船として使われる貨物船というものを知らなかった。乗船して判ったのだが、それは、甲板にある若干の施設や機関を除けば、貨物倉と呼ぶのであろう、本体は鉄製の大きな袋のようなものである。平時なら、このカラッポの胴体に種々の貨物を詰め込むのであろう。しかし、緑丸は、貨物でなく、千数百名の人間を運ぶのである。カラッポの胴体の内部に、丸太で何本も柱を立て、それを頼りに、奥行の深い押入のようなもの――「蚕棚」と呼ばれていた――を甲板の直ぐ下から船底まで何段も作り、そこに筵を敷いて、千数百名の人間を詰め込むのである。蚕棚の中で坐ろうとすると、頭が天井の板に閊(つか)える。天井の上には大勢の人間がいるし、自分が坐っている板の下にも大勢の人間がいる。蚕棚は、全部で何段あるのであろうか。一段に百数十人を詰め込むとすれば、約十段になる。兵隊は、甲板のハッチから、危っかしい梯子に縋って、深い底の蚕棚へ降りて行く。カラッポだった鉄製の袋には、一分の隙もなく、貨物でなく、人間が詰め込まれた。やがて、緑丸は宇品港を出て行った。途中、門司と台湾の高雄とに寄って、サイゴンへ向う。私たちビルマ組がサイゴンで上陸した後、マレー組をシンガポールへ運ぶという話である。

こういう場合、人間を貨物のように扱うのは止むを得ないであろうが、残念ながら、人間には、貨物に見られない特色がある。貨物は飯を食わないが、人間は飯を食う。緑丸は貨物船であるから、一日に三度、千数百人の人間に飯を食わせるような設備があるわけはない。まだ宇品港を出帆しないうちから、あれは船首の甲板であったと思うが、炊事当番らしい兵隊が米を磨ぎ、飯を炊いていた。磨いだ米や、炊き上った飯は、甲板に並べられる。何しろ、千数百人分であるから、当番の兵隊は、朝から晩まで、米を磨ぎ、飯を炊いていることになる。

貨物と違って、飯を食う人間は、当然、排泄せねばならぬ。緑丸は貨物船であるから、大勢の人間が使用出来るような便所はない。便所もまた甲板に作られている。甲板から海面の上に丸太を突き出し、そこに板を張って、形だけの便所が作られ、大小便が海中に落ちるようになっている。船が瀬戸内海を航行している間は、まだそれほどでもなかったが、門司を出発して、玄界灘へ進んで行くと、二月の風が烈しく吹き、波浪が高くなり、船は大きく揺れる。便所に入って下を見ると、荒れ騒ぐ海面が眼前に迫るかと思うと、また、深い谷のように遠くなる。風に吹き飛ばされそうになる。私の身体を離れた液体や固形物も、用便に使った紙も、素直に海面へ落ちて行ってはくれない。それらは、私の身体へ舞い戻ったり、甲板へ流れ込んだりする。甲板の縁に沿った溝のようなところ——だけではない——には、何時も、或る液体が溜っていて、船の動揺につれて、それが、あちらへ流れ、こちらへ流れる。四六時中、同じ甲板で行われている炊事は、これも水仕事であり、そこからも別の液体が流れ出して、甲板の溝のようなところ——だけではない——を行ったり来たりしている。何時か、二つの液体は一つになる。磨いだ米も、炊き上った飯も、そこに並べるよりほかはない。敵の潜水艦に怯えながら、黙って飯を食い、黙って便所へ通うのが、輸送船の生活であった。

6

何も彼も初めての経験で、私は、ただ呆気にとられていた。経験を信じるという立場で、私なりの勉強を続けて来たと思うのに、そういう勉強は、現在の私を支える役には全く立たない。まるで幼い子供のように、東京にいる家族を懐しく思い、前方に待っている新しい経験を恐れていた。マレー組の中島健蔵にとっても、輸送船の生活は初めてのものであろう。しかし、稀に甲板で出会う彼は、何時も快活であった。ボンヤリしている私に向って、「お前はセンチメンタルだな」とも言った。戦後、彼は、『昭和時代』(岩波新書、昭和三十二年)という著書で次のように書いている。「三木清はフィリッピンへ行くので東京から別行動をとり、同船した清水はビルマへ、わたくしはマレー半島へと行先もきまっていた。こうなったからには、向うから押し寄せてきた新しい環境に慣れて、その中で生きつづけなければならない。わたくしは、できるだけ普段の心を失わないこと——、『常の心を失わないこと』という『おきて』を、改めて心に刻みながら無益な悪あがきはやめようと覚悟した。」私には、その「覚悟」が出来ていなかった。もっとも、こういう言葉もある。「常の心を失わないように努力はしたが、これは頭の中で考えるほど楽なことではなかった。」そうであろう、と私は思う。しかし、彼は言っている。「航海はつらくもあり危険だったが新鮮でもあった。」私は、「新鮮」という言葉を使うことが出来る彼を羨ましく思う。

中島健蔵や私にとっては、それが最初の経験であっても、同船の多くの兵隊にとっては、必ずしも最初の経験ではなかったであろう。少数の若い将校——その中には「少年将校」もいた——を除くと、兵隊の大部分は、予備役であった。かつて軍隊で生活したもの、或いは、中国大陸で戦ったものが多い。彼らにとっては、これと同じ経験、少くとも、これに似た経験があったであろう。彼らは内地に妻子を残し、自分の職業を捨てて、今、同じ緑丸に乗っている。これと同じような経験が過去にあるのに、または、それがあるためにか、彼らの多くは、ひどく元気がなかった。一人の兵隊に、「何処へ行くの」と聞いた。「ヒジマよ」と投げやりな調子で答える。私は、「ヒジマ」というのが判らなかった。何度も聞き直すと、苛々したらしく、「お前さん、ヒジマを知らねえのか。毎日、新聞に出てるじゃねえか。」ああ、「比島」のことか、フィリッピンのことか。彼らは、サイゴンからフィリッピンへ渡るのであろう。そんな問答をしていた頃、もう船は南支那海へ入っていた。或る晩、甲板で演芸大会が開かれ、何百人かの兵隊がハッチから出て来た。私は群集の外の方に立っていたので、進行の様子を詳しく知ることは出来なかったが、そのうち、「暁に祈る」をやれ、という声が方々から起り、何人かが歌い始めると、忽ち全員を巻き込む大合唱になった。

ああ　堂々の輸送船
さらば祖国よ　栄えあれ
遥かに拝む　宮城の
空に誓ったこの決意
（野村俊夫作詞・古関裕而作曲）

あれは踊りというものではあるまいが、兵隊たちは歌いながら、輪を作ってグルグル廻り始めた。私は兵隊の間を掻き分けて、その輪の近くへ行った。温い風が強く吹き、緑丸は絶えず大きく揺れ、揺れるたびに、数知れない星が嵌め込まれた空が大きく傾く。輪を作って廻りながら狂気のように歌っている兵隊たちは、みな泣いていた。

ビルマの高見順

1

三月二日、目が覚めると、緑丸が動いていないようである。エンジンが止っている。私は梯子を駆け上って甲板へ出た。濃い緑に蔽われた大きな丘が目の前にあるではないか。サン・ジャック沖です、と船員が静かな調子で言う。サン・ジャックというのは、フランス語ではないか。ここは、もうフランス領印度支那ではないのか。「水先案内人が来て、河を少し遡ればサイゴンです」と船員は同じ調子で言う。ああ、到頭、生きてサイゴンまで来たのか。嬉しい、というより、むしろ不思議に感じられた。木材で作った高射砲や爆雷しか持たない緑丸、あまり速力が遅いため、駆逐艦に守られる輸送船団に入れて貰えなかった緑丸、それが、どうして、敵の潜水艦や飛行機に襲われずに、ここまで辿り着くことが出来たのであろう。

緑の丘の中腹に、カトリックの聖堂らしい真白い建物が一つ浮んでいる。死なないで済んだのであるから、私は安心もしたし、嬉しくもあった。しかし、歓呼の声を上げるような気持からは遠かった。周囲の兵隊や徴員の様子を見ても、みなホッとしてはいるらしいが、何となく中途半端な表情である。確かに、ここまでは生きて来られたものの、これから先、一体、どういうことになるのか。私自身、上陸後に待ち構えているであろう新しい経験を恐れていた。それでも、航行中の、何へ向って緊張してよいのか判らない、空廻りのような緊張から解放されて、私は、荷物の中から永井荷風の『下谷叢話』を取り出し、ハッチの近くに坐って読み始めた。「冨山房百科文庫」の一冊である。荷物の中には、ビルマや回教などに関する内外の書物も何冊かあったが、なぜ『下谷叢話』のような本をわざわざ持って来たのか。それに、本の内容と私の身の上との距離が大きいためか、上陸後の不安が邪魔するのか、いくら丹念に読んでも、頭に入らない。どうも、距離や不安ということより、水先案内人のことが気にかかっていたように思われる。

船員の話では、水先案内人は直ぐにでも来るような工合であったが、その日は、やって来なかった。翌日は桃の節句であったが、その日も来なかった。また、その翌日も、結局、来なかった。彼が緑丸に乗り込んで来たのは、五日の午後であった。夜の八時頃、サイゴン港に投錨、私たちビルマ組だけが上陸して、中島健蔵などのマレー組はシンガポールへ向うことになった。私たちの宿舎は、港に近い場所にあった。後で聞いた話によると、これは、税金滞納者に強制労働をさせる監獄のようなものであった。シャワーを浴びてから、大きな空間に長屋のように並んだ三段ベッド——あの「蚕棚」に似た押入——の一番高いところへ登って、私は横になった。何処にも、此処にも、大小の守宮（やもり）がいた。特に便所がひどかった。一種の水洗便所で、絶えず床を水が流れているのは気持がよかったが、天井も、周囲の壁も、板が見えないくらい、ビッシリと守宮が埋めて、妙な声で鳴いていた。

2

四月七日。サイゴンに上陸した日から数えて、もう一ヶ月以上も経っている。私たちを乗せた二台のトラックは、その日のうちにビルマの首府ラングーンに到着する予定で、ひどい砂塵を揚げながら走っていた。私たちは、若い少尉と二人の下士官とに引率されていた。南部の海岸の都市モールメンを出発したのは、前日の午後二時であった。それから、夜になって、サルウィン河を渡ってマルタバンに着き、更に、ビリン河を渡ってシッタン河の岸に出たのは、夜中の三時であった。渡河は、すべて鉄舟で行われた。あの晩は、どういうわけか、私だけトラックの上で眠った。しかし、二時間とは眠らなかった。五時に起きて、二、三人の仲間と一緒に、飯盒で全員の朝飯を作った。夜が明けてみると、近くにインド兵の屍体があって、沢山の蝿がたかっていた。シッタン河の渡河は、午後二時半に開始、五時に完了。これからは、ペグーを通って、一気にラングーンに入るばかりである。

モールメンからラングーンへは、僅かの道程である。しかし、サイゴンからモールメンまでの道は遠かったし、それに多くの時間がかかった。私たちが通過した土地の名を書いても、そこを通ったことのない読者には、何の興味もないであろう。それでも、私は書きたい。この道は、私たちより前に、第五十五師団の兵隊が進撃した道であるから。彼らのうちの何人が生きて日本へ帰ったであろう。しかし、読者の中には、生きて帰った人たちの何人かが含まれている筈である。

私たちは、サイゴン――プノンペン――バンコック――ピサンローク――ラヘン――第一カテイ――メソド――コーカレー――モールメンという道を貨物列車やトラックで移動して行った。バンコックには、二十日間近くおり、暹羅中華総商会の大広間の床に起居していた。「敬業楽群　蔣中正」という額が壁間に掲げられていた。通った道は同じでも、第五十五師団の兵隊に比べれば、私たちの場合は、ハイキングのようなものであった。しかし、覚悟もなく訓練もない私たちは、このハイキングで疲れ果てていた。逃れようのない熱帯の暑さ、ジャングルの中に作られた悪路、自分たちのトラックが巻き上げる砂塵、どこにもいる守宮、蜥蜴、蛇、蠍、休みなく襲って来て顔や腕をチクリと刺す小さい羽虫……。モールメンからラングーンへ向って走るトラックの上で、私たちは、泥にまみれ、ゲッソリと瘠せ、怒りっぽくなっていた。大阪の中部軍司令部へ入ってから、これという意味のない日が七十七日も続いている。

トラックは、気違いじみたスピードで走る。「これという意味のない日」と言ったが、これらの日々は、私たちがラングーンに到着することによって、一度に立派な意味を与えられるのであろう。中部軍司令部に入った時から、ラングーンという南の都会が、遠いところに輝いて見えていた。そのラングーンが、今、手の届くところまで来た。けれども、そのラングーンは、どんな都会なのか。私たちは一遍も行ったことがないのであるから、何の見当もつかない。その都会の中で、どんな生活が始まるのか。それも全く見当がつかない。遠くからは、あんなに輝いて見えていたラングーンなのに、私たちが近づけば近づくほど、その姿が曖昧になって来る。しかし、「私たち」というのは、ビルマ組の全員のことではない。かつて商社員や商店主としてラングーンに生活していた(D)グループの人たちにとっては、事情は全く違っていた。この都会は、最近までの数年間、彼らが生きて働いていた土地である。この人たちの故郷である。彼らは、故郷へ帰るのである。徴員としての共同生活が始まって以来、彼らは、どちらかと言えば、何時も控え目に振舞っていた。新聞記者、カメラマン、漫画家などに比べて、目立たぬ人々であった。しかし、ラングーンへ近づいて行くトラックの中で、私を含む他の仲間が不機嫌に黙りこくっているのに引き換えて、彼らは目に見えて快活になり、昂奮して来た。太陽は、もう沈んでしまった。私には何も見えぬ暗闇の中に彼らにだけ見えるものがあるのであろう。暗闇の中を指さして、「この工場は……」、「あの高い建物は……」と、口々に、彼らはその名を呼んだ。トラックは、夜の十一時近くなって、陥落後一ヶ月のラングーン市内に入った。

「シグナル・パゴダ・ロードだ」とⒹグループの誰かが叫んだ。間もなく、トラックは、或る建物の前で停った。「ああ、スティール・ブラザーズ・カンパニーの宿舎だ」とⒹグループの誰かが叫んだ。大阪の旅館で大きな問題であった私たちの階級が、既に何処かで決定されていたのであろう。この宿舎へは、Ⓓグループ四人、画家一人、私の六名だけが入ることになり、他の仲間は、別の宿舎へ運ばれて行った。

このコンクリート作り四階建の建物は、開戦前の十一月下旬に徴用された第一陣の宿舎として使われていて、そこへ私たち六人が割り込むことになったらしい。四階の廊下の奥の一つの部屋に、Ⓓグループ二人と画家、廊下に面した別の部屋に、Ⓓグループ二人と私とが住むことになった。一階の奥の薄暗い食堂で、私たち六人は、遅い夕飯を食べた。堅い牛肉と南瓜(かぼちゃ)とをカレーで煮た料理であった。画家と私とを除くⒹグループの四人は、インド人のボーイに向って、インド語らしいものを喋り、賑やかに笑った。

3

大阪の旅館で耳にした通り、私たちの部隊名である林一六一一部隊というのは、やはり、ビルマ派遣軍司令部のことで、それに附せられた（セ）というのは、宣伝班のことであった。宣伝班の本部は、宿舎から二キロぐらい離れたプローム・ロードの大きな邸宅にあった。毎日のスケジュールは、八時半に起床、九時に朝食、十時半にトラックで本部へ出勤、一時半に宿舎へ帰り、二時に昼食、三時半に出勤、六時に宿舎へ帰り、八時に夕食……と定められていたが、これは体裁だけの話で、実際は万事ルースなものであった。

私に与えられた任務は、『陣中新聞』の編輯であった。しかし、これは、私がラングーンに到着して初めて発行されたものではなく、その以前から着実に発行されていたものである。特に私が担当すべき仕事はなかった。編輯および製作に当っていたのは、東京美術学校出身の小山清男二等兵、中野、飯田、倉垣、武藤の各徴員で、毎日の発行部数は一三〇〇部であった。中野徴員がＪＯＡＫのニュースによって作った原稿に諸部隊からの投稿などを加えて内容とし、小山、飯田の両君が原紙を切り、倉垣、武藤の両君がザラ紙に謄写版の印刷をする。新聞が出来上るのは、午後二時頃で、諸部隊から兵隊が受領に来る。私の出る幕はなかった。その上、私が『陣中新聞』の編輯という任務を与えられたのが四月十六日で、六月二十五日には任務を解かれている。編輯に当っていた期間中も、パラチフスの疑いで兵站病院へ入院していたことなどがあって、私は仕事らしい仕事をしていない。また、『陣中新聞』を離れてから「帰国命令」が出るまで、何一つ正式の仕事は与えられなかった。

なぜ急に『陣中新聞』の任務を解かれるようになったのか。後になってから、或ることに思い当った。或る日の正午頃、何の用事もないので、本部を出て、プローム・ロードの住宅街を散歩していたら、如何にもインテリらしい中年のビルマ人が近づいて来て、鄭重な物腰で、「一寸、お尋ねしたいのですが……」と言う。立派な英語である。「大東亜共栄圏というのは、どう理解したらよいのでしょうか。」当時、「大東亜共栄圏」には、The Greater East Asia Co-prosperity Sphere という英語が当てられていた。咄嗟のことで、どう答えてよいか判らないという当惑と、何としても明確に答えねばならぬという気持とに追い立てられ、苦し紛れに、「それはアジアの合衆国を意味します」と答えてしまった。確かに、The United States……と私は言った。彼は、安心した様子で、静かに微笑み、丁寧に礼を言って去って行った。しかし、彼と別れてから、私は、あんなことを言ってよかったのであろうか、と不安になった。

本部へ帰って、宣伝班長の寺田中佐の顔を見るなり、その話をした。班長は、「飛んでもないことを言ってくれた」と頭を抱えてしまった。やっぱり、いけなかったのか。それなら、何と答えたらよかったのでしょう、と私が尋ねたら、「そういう問題を研究して貰うために、あなたにビルマへ来て貰ったのです」と班長は言う。今更、そんなことを言われても困る。「もし班長が往来で質問されたら、何と答えますか。」「質問されたら、大東亜共栄圏とは、太閤秀吉の千生瓢簞(せんなりびょうたん)である、と答えます。」「それは、どういう意味ですか。」「千生瓢簞というのは、真中に大きな瓢簞が一つあって、その周囲に小さい瓢簞が沢山ついている。大きいのが日本で、小さいのがアジア諸国。」「しかし、ビルマ人は千生瓢簞というものを知らないでしょうし、そもそも、千生瓢簞という英語があるのでしょうた。

この事件から暫く経って、私は『陣中新聞』を離れることになったように思う。あのインテリに質問されて、それに答えるまでの一秒か二秒かの間、私は、Community という言葉を使おうかと思い、次の瞬間、この言葉が既に危険思想と見られていた「東亜協同体論」に通ずることに気づき、それを避けようとした弾みで、The United States……と言ってしまったのだ。

「東亜協同体論」といっても、戦後は、ファッシズムの一種として笑いものになるばかりである。それが何であったかを真面目に調べる人間はいない。しかし、過去というのは、ただ笑いものにしただけでは片づかない、もう少し面倒なものである。私の机の上には、日本青年外交協会編纂『東亜協同体思想研究』（日本青年外交協会、昭和十四年）という本がある。百部限定出版のうちの第二十三号である。巻頭には、三木清の「東亜思想の根拠」という文章があり、その次には、私の「東洋人の運命」という文章がある。続いて、石原純、鹿島守之助、船山信一、長谷川如是閑、蠟山政道、谷川徹三、高山岩男……という人たちの文章が収められ、いろいろの角度から、東亜協同体に関する主張を述べている。三木清の文章の趣旨を紹介すると、日本が直面しているのは、空間的には、東洋の統一という問題であり、時間的には、資本主義の問題の解決ということである。アジアを一つのゲマインシャフト（コミュニティ）に高めて行く過程と資本主義を乗り越えて行く過程とは表裏一体のものである。アジアを一つのゲマインシャフトたらしめる上で最も大きな問題になるのは、各国の民族主義、就中（なかんずく）、中国の民族主義である。三木清は、この点を特に強調している。「……我々は先づ、支那における民族主義の意味を正しく理解しなければならぬ。……支那における民族主義の擡頭（たいとう）は事変以前からのことであり、それは単に抗日といふが如きこと以上に内的な必然性を有してゐる。……それは日本自身があの明治維新の頃に尊皇攘夷の名において経験してきたものと類似するところがある。……支那における民族主義に一定の制限が置かれねばならぬとすれば、日本における民族主義にも同様の制限が認められねばならぬ筈である。」それから、彼は、帝国主義の問題に触れている。「支那の独立を妨げてゐるのは列国の帝国主義である。……今度は日本が欧米諸国に代つて支那に帝国主義的支配を行なふといふのであれば、東亜協同体の真の意義は実現されないであらう。白人帝国主義の駆逐といふ場合、駆逐さるべきものはまさに帝国主義であつて白人そのものではない。」帝国主義を許さないというのは、資本主義を許さないということである。そこから、当然、全体主義の要求が出て来る。しかし、三木清は、ナチの全体主義のようなものを説いているのではない。「……全体主義は民族を超えた東亜協同体といふが如き一層大きな全体にまで拡充されねばならぬ。……東亜協同体は単なる民族主義によつては考へられ得ない故に、従来の全体主義が血と地といふが如き非合理的なものを強調してゐたのに対して、一層合理的なものを基礎としなければならぬ。」

これに似た考え方は、この書物に寄稿している多くの人々、また、昭和研究会に参加した多くの人々が持っていた。勿論、誰も真空の中で考えたり、論じたりしていたのではない。軍部が政治に圧倒的な力を揮い、中国大陸の戦争が日を逐って拡大して行くという、与えられた条件の中で、せめて、現実を或る望ましい方向へ近づけようという苦しい努力なのであった。それが成功しなかったのを憐れむのは、思うに、各人の自由に属する。しかし、それを憐れむ人々の依拠するイデオロギーも、当時、あまり現実変更の役に立たなかったことを忘れない方がよいであろう。所詮、歴史というものは、それが既に過去となった現在の地点から観察し評価するほかはない。それだけに、観察や評価に当っては、その歴史のうちに生きた当時の人間の身になって考えねばならない。現在の立場から見れば、もう古い過去になっているような期間でも、当時の彼らにとっては、未来の闇だったのである。未来の闇に面していた人間のことは、その同じ時期を判り切った過去のように見下ろす人間には理解出来ないであろう。これは、過去に生きた人間に対する同情というような問題ではない。この注意を怠ると、どんな沢山の資料を揃えても、過去を知ることが出来ず、歴史に学ぶことが出来ず、そもそも、現在の自分の位置を悟ることが出来ないという戒めである。昔も今も、未来は闇である。千生瓢箪という比喩しか考えつかなかった寺田中佐も、The United States……と思わず言ってしまった私も、もし未来の闇を突き破って、戦後の世界を微かにでも見透すことが出来たとしたら、ロシアによって「解放」されたバルカン諸国の状態を思い浮べながら、「それは、『大スラブ共栄圏』のようなものです」と説明することが出来たであろう。

4

ビルマの日記は、昭和十七年六月三十日までしか残っていない。それに続く部分は、昭和二十年のアメリカ空軍の爆撃で、読売新聞社と一緒に焼けてしまった。残っている日記を読んで行くと、全く恥ずかしいことであるが、来る日も来る日も、自分のことだけしか書いていない。外界の事物の客観的記述は一行もない。自分の身体のこと、自分の気持のこと、それに尽きている。内面的などという高級なものではなく、すべて愚痴である。唯一の仕事であった『陣中新聞』にも、私の出る幕は殆どなかったし、それも短期間で終って、それっきり、私は、何処から見ても、無用の人間であった。私と外部との関係に成り立つ筈の意味が、私から消えてしまい、行き場のない私の関心は、結局、自分自身に向けられることになったのであろう。

四月四日、タイから国境を越えてビルマへ入った時に、ひどい下痢が始まった。以前から、少し大きな原稿を書き上げると、一度に緊張が緩むのか、風邪をひいたり、下痢を起したりするのが普通であったが、ビルマの土地へ入って、何十日間も続いた緊張が一度に解けたためであろう。そんな風に解釈していたけれども、この下痢は、到頭、ビルマの生活の全期間、私から離れなかった。私たちがラングーンに到着した頃、ラングーン北方二百キロあたりの地点では、まだ盛んに戦闘が行われていて、新聞記者、カメラマン、画家や漫画家の諸君は、みな前線へ散って行ったし、第一陣の諸君の多くも、前線に出ていたので、ラングーンにいる仲間は少かった。毎日、私はラングーンの町を歩いたり、自分の部屋で本を読んだりしていた。

自分の身体のことが気になり始めると、自分の身体の延長である家族のことが気になって来る。寝ても覚めても、それが気にかかる。こんな調子で生きていたら、そのうち、私は発狂してしまうに違いない。私に似た気持は兵隊たちにもある筈である。それを当然のことのように考えて、私は、慰める、というより、慰められることを期待して、知り合った兵隊たちに、彼らの郷里のこと、彼らの家族のことを尋ねてみたら、彼らは急に不機嫌になり、碌に返事もしてくれない。こんな経験を何度か重ねているうちに、私は漸く判って来た。思いつめてみても、どうにもならぬことは自然に括弧に入れられるというメカニズムが人間の内部に働いているのではないか。それで現在のノーマルな心理状態が保たれているのではないか。その代り、眼に見え、手の届く人間や事物で組み立てられた狭い世界を作り、そこに住みついて、その日その日の些細な出来事で喜んだり、悲しんだり、誇りを感じたり、恥をかいたりすることで心理のバランスが保たれているのではないか。おためごかしの私の言葉は、この賢いメカニズムに手を触れ、掛け替えのないバランスを崩すようなものであったに違いない。あまり適切な例ではないが、ナチの強制収容所の内部における人間の行動を後に研究した時、私は、生きて収容所を出られる希望のない人々が、外部のことを忘れて、収容所内の人間関係に一喜一憂することで或る生き甲斐を感じているのを知った。また、これも適切な例ではないが、ヴィエトナムやアラブの問題について思いつめた発言を試みている人々も、手の届かぬ問題であるだけに、四六時中、本当に思いつめてばかりいたら、発狂してしまうであろう。発狂しないのは、その人たちが家族という狭い世界に住み、原稿を書き終って、快く安眠出来るからであろう。

私の場合は、右のようなメカニズムが容易に出来なかった。出来ないうちに、四月十八日、東京が初めて空襲されたというニュースが、私たちに伝えられた。みんな大きく動揺した。動揺が大きかったのは、第一に、まさか、東京が空襲されるとは思っていなかったためであり、第二に、毎日、私たち自身、ラングーンで空襲を受けていて、空襲というものは、日本で行われていた子供じみた防空演習では手に負えないものと知っていたためである。悪いことに、空襲による被害は、市ヶ谷辺が最もひどい、という噂が何処からか流れて来た。私の妻子は、鎌倉の転地先でなければ、市ヶ谷に生活している。居ても立ってもいられなくなった。私の挙措は、周囲の人たちの眼に異様に見えていたであろう。自分というものがバラバラに分解して行くような気がして来た。このままでは危いと思い始めた。そう思いはしても、この感情を抑えることは出来ない。押し殺そうとすると、逆に、それが私を包み込んで、私を何処かへ押し流して行く。そのうち、抑える努力は無駄で、むしろ、この感情を積極的に表現する方がよいのではないか、それも或る窮屈な形式で表現すべきではないか、そうすれば、流れて動く感情を或る枠の中に封じ込めることによって、それを隔離することが出来るのではないか、と思うようになった。私は、恥ずかしさを忍んで、生れて初めて和歌（？）というものを密かに作った。

かにかくにわれは生くれどふるさとの妻子はまこと生くるならんか
妻よ子よただいのちあれみんなみの大あめつちにひとり額づく

5

私たちの宿舎には、シグナル・パゴダ・ロードに沿って、大きな木が聳える前庭とテニス・コートとがあり、それに面して、幅の広い廊下——ベランダか——が各階にあった。部屋の多くは、この廊下に向って開かれていた。(D)グループの二人および私に与えられた部屋は、廊下から見て右側の大きい部分と左側の小さい部分とに分れていた。大きい部分には、右手にガッシリした洋服箪笥、真中に丸いテーブルと椅子、廊下に近い左の隅にデスク、その上に書棚があった。突き当りのドアを開けると、洗面台、シャワー、風呂、便器がある。一日に何回か水を浴びないと病気になるという話であった。小さな窓があって、そこから、木立の間に田舎道が見える。この道は、有名なシュウェ・ダゴン・パゴダへ通じているらしい。朝、髭を剃っている頃、ビルマ人の男女がパゴダの方へ緩い歩調で歩いて行く。男も女も、ロンギと呼ばれるスカートを身に着けていて、スカートの色は、熱帯の太陽、草木や花の色、それに負けまいとするような強い原色である。私たち三人は、左側の小さい部分を寝室に使うことにした。

この宿舎に住んでいる第一陣の徴員も、私たちと同様、いろいろな職業の人間がおり、また、いろいろな階級に分れていたが、高見順、豊田三郎、小田嶽夫、北林透馬、倉島竹二郎、山本和夫……のような文筆家が多く、似た職業の私を親切に迎えてくれた。みな初対面であった。豊田三郎は、私の顔を見るなり、「清水さんは身体が弱い人……と福田恆存から聞かされていたけれども、会ってみると、まるで野武士ですね」と言った。身体も気持も弱り果てた私が、どうして「野武士」に見えたのか。福田恆存と同じ浦和高等学校の出身ということもあって、彼らの間には、以前から交際があったのであろう。後に話し合って知ったのだが、高見順は英文学科、豊田三郎はドイツ文学科、私は社会学科と所属学科は違っても、私たち三人は、ほぼ同じ時期に東大の文学部の学生であった。高見順の本名は高間芳雄、第一高等学校から東大へ進んでいる。豊田三郎の本名は森村三郎、最近大いに活躍している森村桂の父である。日が経つにつれて、高見、豊田、私の三人の間に一種の「三角関係」が出来上って行った。

日記によると、ラングーン到着の翌日、私は、彼らの部屋でブランデーを御馳走になっている。彼らは、一つの部屋に住んでいた。その部屋は、二階の隅の、パゴダへ通じる道がよく見える裏側にあった。立派なデスクが二つ並んで、何処で集めたのか、一方には、英語の本の山があり、他方には、ドイツ語の本の山があった。彼らは、インテリとして生きられる環境を作って、そこに住み、それによって、ビルマの大地に根を下ろしているように見えた。左右の隅にベッドがあった。私は、書物の山も羨ましかったが、それよりも、ベッドが羨ましかった。緑丸に乗って以来、私は、木の板、大地、トラックの鉄板……にばかり寝て来た。前の晩も、私は堅い板の間に寝るほかはなかったし、当分、ベッドが手に入る見込みはなかった。その日は、ブランデーを飲みながら、お互に腹の探り合いのようなことをやっていた。

十日の夕方、自分の部屋でボンヤリしている私のところへ高見順が現れ、「これは便利な本ですよ」と言って、ブラウンの『私の見たビルマ』(Brown, Burma as I saw it) という本をくれた。この本を読んで、私は、それまで何も知らなかったビルマという国の輪廓が少し判るようになった。この本をくれた日のことであったと思うが、高見順は、「いや、豊田君には、ホトホト閉口しているのです」という意味のことを言い始めた。あんな無神経な男はない、あんな図々しい男はない、と幾つかの例を挙げて言う。私には二人とも初対面なのであるから、事情はよく呑み込めなかったが、如何にも彼に同情するような表情で話を聞いていた。同じ日ではなかったが、それと入れ違いのように、豊田三郎が私の部屋に現れて、「高見君をどう思います。とにかく、あんな神経質な人間は初めてです。何時でも、何だかピリピリしていて、全く周りのものには迷惑千万です」というような話をした。この場合も、私は理解を示した。彼らは、積り積った不満を私に打ち明けるために、私の到着を待ち構えていたような気がする。少し附き合っているうちに、高見順がひどく神経質であり、それを隠そうとしていないことも判り、また、豊田三郎が、故意にそう振舞っているのかどうか知らないが、どこか鈍重のようなところがあるのも判った。年齢、学歴、職業が同じで、性格が正反対の二人が一つの部屋に住んでいるのである。私は、双方に対して「理解者」であるような顔をする以外に方法はなかった。どちらの味方になることも危険であった。二人は私に向って互に非難し合ってはいるものの、二人とも、山のような書物に囲まれ、立派なベッドに寝て、このビルマに根を下ろしている。私は、部屋は与えられたというものの、まだ周囲の事情の見当もつかぬ新参者である。いや、高見順と豊田三郎とは、言ってみれば、「夫婦」のようなものではないか。あんなに悪口を言うのなら、部屋を別にすればよいのに、依然として一つの部屋に住んでいるではないか。どちらかの味方をしたら、最後に損するのは私に決っている。それほどの計算があったわけではないが、私は、終始、「理解者」のような顔をしていた。二人の性格は正反対のように見えるけれども、私はどちらに近いのであろうか。考えてみるまでもなく、私は高見順に近い人間である。自分でも、彼と同じように神経質であると思う。性格が違うから彼らは私のところへ愚痴を零しに来ているが、それなら、性格が似ていれば、万事はうまく行くのであろうか。例えば、高見順と私とが一つの部屋に住んだとしたら……と考えるだけでゾッとする。二人の共同生活は忽ち崩壊するであろう。彼にとっても、私にとっても、それは我慢の出来るものではない。相手を選ぶとしたら、私は豊田三郎を選ぶであろうし、高見順も豊田三郎を選ぶであろう。だから、彼らは、互に苦情を言いながら、しかし、一組の夫婦なのであった。

6

二人の性格上の対立については、私は、最後まで「理解者」のように振舞っていたつもりであるが、それでも、私たち三人の関係は、時々、面倒な問題にぶつかった。『高見順日記』第二巻ノ上（勁草書房、昭和四十一年）の昭和十七年十月九日の項には、「三人のつきあいというのはむずかしいとおもう」と書いてある。確かに、そうであった。しかし、煩わしい三角関係が結ばれて行く過程で、私は、そこでの小さな一喜一憂に生き甲斐を感じるような、それによって心理のバランスが保たれるような、あの「狭い世界」を持つことが出来たのだと思う。『高見順日記』の第一巻（二八五頁以下）および第三巻には、随所に豊田三郎や私のことが出て来る。「三人のつきあいというのはむずかしいとおもう」というのは、サイ・カーに乗る時の私の態度が失礼であったと非難している個所である。「……清水君が、南京楼へメシを食いに行こうという。賛成して支局（東京日日新聞社ラングーン支局）を出ると、折から外の道にサイ・カーがさしかかったので、『ヘイ、サイ・カー』と呼ぶ。豊田君が傍へ行って交渉する。すると清水君が、当然おれの乗るサイ・カーだといった顔で、自分をのこして、豊田君の方へ行く。自分はむかっとした。いつもこうなのだ。三人で外へ出ると、二人はサッサとサイ・カーにのりこみ、はみ出た自分は、あとからサイ・カーをさがしてノコノコついて行く。自分はいつも遠慮して、どうぞおさきに――などというのが常だったのも、いけないのだ。いつか習慣になったのだろう。だが一応、清水君にしても、乗りませんかと自分にいうのが当り前だ。」あの日は、高見順がその場で文句を言い始め、到頭、私たちは南京楼へ行くのをやめて、宿舎へ帰ってしまった。

サイ・カーというのは、サイド・カーが訛ったものと思われるが、サイゴンではシクロ、バンコックではサムロと呼ばれ、自転車の横の荷台に二つの座席を作ったものである。タクシーなど何処にもなかったから、炎天下を歩くのを避けようとすれば、サイ・カーを利用するほかはない。高見順は、他の個所でもサイ・カーに触れているが、三人で頻繁に外出する時に困るのは、サイ・カーに二つしか座席がないことであった。誰か一人が必ず別になる。運が悪いと、一人で歩いて行かねばならぬ。高見順ばかりが後に残されたわけではないが、誰が残されても、気まずい空気が生れ易かった。

私の日記が六月三十日で終っているように、高見順の日記も欠けた個所がある。昭和十六年十一月二十二日、大阪の某連隊へ入った日から、翌年の一月十八日までの部分は残っているが、それに続く部分は失われており、そして、八月十五日以後の部分が残っている。私の日記が、外界の事物の客観的記述を欠いた感傷的なものであり、分量も非常に少いのに反して、彼の日記は、勿論、愚痴めいた個所もあるにはあるが、ビルマの風俗、仕事の内容、読書のノートなどが多く、分量も非常に大きい。立派なものだと思う。二人の日記を繋ぎ合せてみても、七月と八月の前半とは依然として空白になるが、それでも、八月十五日以後の私の生活の或る部分は、彼の日記を頼りに思い出すことが出来る。残された彼の日記に私の名が初めて出て来る個所は、「八月十八日　心楽しまず、面白からず、――戦史原稿書くつもりで居室に残ったが、書けず。折から清水幾太郎氏が返してきた『腕くらべ』の読みのこしを読む。……夜の検閲をカンベンしてもらう。頭が痛い。豊田君に代りに行ってもらう。清水氏を誘って行ったらしい。あとで聞くと『近代娘』という、今まで一番おもしろい映画だという。」

なるほど、確かに、そういうことがあった。「検閲」というのは、ラングーン占領と同時に日本軍が押収した、欧米諸国、インド、ビルマなどで製作された映画フィルムの検閲のことで、その後、私も検閲の仕事を手伝うことになり、高見順と一緒に暗い蒸風呂のような部屋で何本かの映画を見ることになったが、八月十八日の場合は、豊田三郎は高見順の代理であり、その代理が勝手に私を誘ったのである。その上、従来も高見順と何度か検閲を附き合っていたらしい豊田三郎が、当日の映画を「今までで一番おもしろい映画だ」と言ったのであるから、高見順にしてみれば、不愉快だったに違いない。私は、急にプンプンし始めた彼の顔を思い出す。「九月二十三日　……時間があまったので、ウー・サン・モンとひさしぶりにワンタン屋に行く。清水、豊田君がすでに来ている。清水君、検閲に欠席するという。」ウー・サン・モンというのは、高見順と親しいビルマ人で、宿舎のコートでよくテニスをやっていた。この日のことは覚えていないが、彼が愉快であったとは思われない。しかし、翌日、シュウェ・ダゴン・パゴダへ行った時は、もっと不愉快だったであろう。「九月二十四日　……折から豊田、清水両君が居合せたので、一緒にどうかとさそうと、行こうという。……朝食後すぐ外出の仕度をする。下階へ行くと、ウー・ラー君が来ていて一緒に行くという。四階の清水君に、下から声をかけると、これから便所にはいるという。待つことしばし、清水君悠々と出てくる。……外に出ると、清水君が『歩くのか』という。しかりというと、そいつは弱ったという。ではサイ・カーでいらっしゃいという。豊田君と清水君は、そこでサイ・カーに乗って行く。こんなことなら外で清水君を待つ必要はなかった。我々は歩いた。」高見順ばかりではない。豊田三郎も、私も、いろいろな機会に、他の二人或いは一人に対して腹を立てた。しかし、腹を立てながら、三人は離れなかった。「九月二十六日　……豊田、清水両君と外に出る。スレ・パゴダ近くまで歩いて行ったが、一向におもしろくない。コンクリートの歩道の上に人間がゴロゴロ寝ている。傍に犬が同じように寝ている。」これは、月夜の散歩であった。スレ・パゴダは、ラングーン港に近く、スレ・パゴダ・ロードとダルハウジ・ストリートとが交叉する広場に立っている。「九月二十八日　……清水、豊田両君と文学の話をする。文学の話——といっても作家論、人物論、そしてこんな話で文学への渇きをまぎらしている実情である。」この日のことは覚えていない。しかし、その翌々日のことは、今も覚えている。「九月三十日　……夜、清水、豊田君と雑談ですごす。自叙伝の一部を語る。恥ずべき暗澹たるページなり。それをあえて口にするのは、一種、被虐をたのしむ心情のゆえか、それとも告白というのは、常に快感を伴うものなるがゆえにか。」あの晩、彼は、私生児として生きて来た苦しみと、妻に逃げられた時の悲しみとを——巧みに——語った。それは、既に彼の作品を通して知っていたことではあったが、彼は涙ぐみ、私も涙を抑えていた。

ラングーンの日々

1

高見順の日記の九月一日の項によると、「清水幾太郎『思想の展開』のうちの論文を読む。その文章に欧文脈と文語調との結合を見、（これは清水氏ひとりのことではなく、多くの評論家に見られることだが）そのことについて、ちょっと考えさせられた。古い文語調が、欧文脈と結びついて一種の新しさとしての魅力を読者にあたえているということ。」

この書物は、私が日本を去った後に妻が編んだ評論集で、出版社は河出書房、装幀は国画会の村上巌画伯、内容は、英米を敵とする戦争へ向って流れ落ちる時間の中で書かれた何篇かの内面的な文章である。現実の社会や政治の問題について書く自由は、私たちには、もう残っていなかった。そのことは、妻の跋文のように表現することも出来たのであろう。「……此処に集められた幾篇かの文章を読む時、夫がこの数年間を通じて考へて来たことが、凡て今日のための準備であつたことに気づくからである。人間は如何にして危険に打ち克つて行くか。如何にして与へられた条件の下に自己を生かして行くか。彼の注意を奪つてゐたのは総じてこのやうな問題であつた。客観的且つ制度的な事柄に就いて彼が示した一種の無関心は、却つてこれ等の問題に対する強い関心から説明されるものであらう。」しかし、妻の折角の期待にも拘らず、私が積み重ねて来た思索は、徴員としての私の生活に何一つ役立ってはいなかった。

高見順は、私の文体に或る興味を感じていて、この日記が書かれた日かどうかは明らかでないが、それについて彼と話し合ったことはある。私が多少とも文体らしいものを身に着けるようになったのは、というより、文体というものを意識するようになったのは、昭和十二年頃であると思う。彼の日記が指摘しているように、私は、一方、漢字や漢語の魅力に捕えられ、他方、横文字の世界に深入りしていた。前者の持つ簡潔な美しさ、といっても、明治時代の人たちに比べれば、私たちの教養はひどく浅いので、到底、大きなことは言えないけれども、しかし、それは非常に貴いものに思われた。また、高等学校に入学した頃から西洋の書物ばかり読んでいたため、ハイカラな論理性（？）を自分の文章に生かしたいという気持があった。そういう私と違って饒舌体というのであろうか、心の襞に沿って曲りくねった文章を好んで書く彼は、私の文体に興味を感じたのであろう。

しかし、この日記で気になるのは、彼が「清水氏」と書いていることである。九月一日と言えば、私が彼に会ってから五ヶ月近くも経っている。その間、毎日のように、話し合ったり、一緒に飯を食ったり、散歩に同行したりしているのであるし、もともと、私たちは同年輩なのである。それなのに、なぜ「清水氏」なのであろう。そう思って、彼の日記を調べて見ると、豊田三郎と私とを一括した場合は、「両君」などと書いているが、私だけに触れる場合は、かなり後になるまで、「清水氏」である。その上、彼と私との会話を記録している個所も「……ではないでしょうか」という調子で書いてある。これは嘘である。実際は、お互に乱暴な口調で話し合っていたのである。しかし、高見順は、なぜ日記に嘘を書いているのか。小説家というのは、油断のならぬ人間であるから、何かの計算があって、そう書いているのかも知れない。また、ことによると、私にとっては、彼との間に距離がなかったように思われていたのに、彼にとっては、何時までも距離があったのかも知れない。気を許していたのは私の一人相撲で、彼の方は気を許していなかったのかも知れない。

敬称というのは、私たちが大阪で集団生活に入った時から、終始、面倒な問題であった。私の日記の四月十八日の項によると、「……徴員は屢々相呼ぶに『旦那』を以てす。船中然り。当地亦然り……。」「清水の旦那」と呼びかけられたことが何度もあるし、私自身、相手を同じように呼んだことがある。軍隊固有のフォーマルな階級関係とは別に、相手を呼ぶのに、「先生」、「氏」、「さん」、「君」……の何れを選ぶかによって、インフォーマルな階級関係が作り出され、自らそれへ入り込んで行くことになる。一度入ったら、簡単には出られない。冗談めかして「旦那」と呼ぶことによって、私たちは、この危険なものを避けようとしていた。そういう点でも、高見順はひどく神経質であった。第一陣の徴員の中に、岩崎栄という大衆作家がいた。私たちより十年以上も年長であったろう。仲間の多くは、「岩崎老人」とか「岩崎老」とか呼んでいた。私がラングーンに到着して間もない頃、その岩崎栄から「高見君」と呼ばれて、ひどく腹を立てていた彼のことを私は覚えている。「あんな男に『高見君』と言われる筋はない。ねえ、そうだろう。」これは彼の日記には出て来ないが、出て来たとしたら、「ねえ、そうではありませんか」と彼は書いたであろう。宿舎と宣伝班本部との間の往復には、通常、私たちはトラックを使っていた。トラックの運転手は、高見順にだけは、「先生」と言っていた。豊田三郎の説明によると、「あれは、高見君が『先生』と呼ばせているんだ。」

2

「十月十六日　……昼メシのとき、清水君と、インド人の撮影について話が出たが、インドのいわゆる民族別はどういう基準に拠っているのかときかれた。私はベッグ君のいう区別に従って撮っているので、それがどういう基準か、知らないと答えた。おそらく、たとえば半島人、台湾人（本島人と原住人）といったような漠然たる、常識的な基準だろうと答えた。清水君は何か納得できない、いわば不安な顔だった。私は、そこに評論家の気質と、それと作家の気質とのちがいを感じ、それを面白く思った。一般的にいって、作家はまず事物にぶつかって行く、そしてそれらはどういうことかを考える。帰納である。評論家は、ところが、演繹的である。インド人の種類についても、種類とはいかなることかを考え、種類分けの基準をしっかり立ててのちでないと、現象にはいって行けないようである……。」

その頃、正式の任務ではなかったが、私たちは、映画班および写真班の人々と組んで、インド人の生活とか、回教のモスクとか、そういうものを映画や写真に撮る仕事をやっていた。流石に、もう「清水氏」ではない。ラングーンは、ビルマの首府には違いないが、当時の人口約五十万の大半は、隣国から流れ込んだインド人で、彼らは、東南アジアの他の国々における華僑のように、ビルマの経済を支配していた。どこへ行っても、私たちはインド人の間にいた。私はビルマ語は覚えないで、インド語を覚えてしまった。ただ、一口にインド人といっても、生物学的に見ると、実に多くのタイプに分れ、アーリア系の「白皙長身」のタイプもあるし、ドラヴィディアンという、皮膚が非常に黒い短軀のタイプもある。その他、いろいろのタイプがある。或るタイプのインド人の写真を撮って、これがインド人、と言うのは危険ではないか。そんなことを私は言った。演繹とか帰納とかいう大袈裟な問題ではない。

しかし、彼と一緒にサイ・カーで町へ出かけると、彼の謂わゆる「帰納」のお蔭で全く気の休まる暇がなかった。途中で眼に入るビルマ人やインド人の服装、彼らの使う道具……それを指しては、「あれは、何というものだろう」、「あれは、何に使うのだろう」と私に聞く。私は知らないし、興味もない。ズボンのポケットから手帳を取り出して、彼は絶えず何やら書きとめる。「こんな形だったと思うんだが。」時にはスケッチを見せて、私の意見を求める。或る日、作家というのは、バタ屋みたいなものだな、と私が言ったら、彼は、評論家というのは、抽斗（ひきだし）のようなものさ、と言った。豊田三郎も、これに賛成した。或る問題が起ると、私はAという抽斗を開けて、「それは、こういうことだろう」と答を出す。別の問題が起ると、Bという抽斗を開けて、「それは、こういうことだろう」と答を出す。それが私の流儀だ、と彼らは言った。そのうち、私に向って、「おい、抽斗」などと言うようになった。

「八月十七日　……内地の雑誌を読む。一番さきに飛びついたのは、谷崎潤一郎の『初昔』だった。『盲目物語』から早や十年たっていると知らされ驚いた。……内地の雑誌、もらったときは、うれしかったが、さて読むと、あとがいけない。いらだたしさ。」日本から雑誌が届いた時ばかりでなく、彼は、「こんなところで愚図愚図していたら、亡びてしまう」と口癖のように言っていた。酒を飲んでいる途中で、「ああ、亡びる、亡びる」と叫びもした。「立派な才能や業績のある人間が、一年や二年、日本を留守にしたところで、亡びるなどというわけはない。」私は、本気でそう言ったことがある。それが彼を余計に苛々させたらしい。「君は文壇というものを知らないから、そんな暢気なことを言うんだ。論壇とは違うんだ。」

今日の文壇は、当時の文壇とは違っているかも知れないが、しかし、彼に言われるまでもなく、自分の作品が然るべき雑誌に載るまでの当時の作家たちの苦労は私も知っていた。先輩の作家を訪れて冷たくあしらわれたり、雑誌社へ原稿を持ち込んで断られたり……という話そのものが何度も小説のテーマになっている。そういう苦労の末に手に入れた地位も、高見順の言うように、何かの拍子で簡単に失われてしまう脆いものなのであろうか。私の場合は、卒業論文の一部分が『思想』に載せられると、ボツボツと原稿の注文が来るようになり、注文に応じて書いているうちに、何時か論壇の片隅に住むようになったのであるから、何の苦労もなかった。ただ、言論統制の問題を別にしても、原稿料だけで食って行くのは容易なことではなかった。作家たちは、それだけで食っているのである。これに反して、論壇の主要メンバーの多くは、大学の厚い壁の内部に住んで、安定した俸給を貰っている。書くことだけで食っているのではない。つまり、読者をお客と考える必要がないということである。彼らから見れば、読者というのは、彼らが大学で相手にしている学生と同じように、無智な弱者である。無智な弱者は、彼らの論文を批評する力量と資格とを欠いている。相手がお客という強者でなく、無智な弱者であれば、文体について心配する必要はない。どんな悪文でも、それが「真理」を含んでいるならば、困難に堪えるのが読者の義務である。

今も昔も、羞恥心を欠いた文章が論壇に多いのは、大部分、右のような事情によるのだと思う。いや、文体が出来るのは、少くとも、文体が気にかかるようになるのは、元来、羞恥心から来ているのではないか。世間でみんなが用いている表現、それをそのまま受容れて、自分というものが世間に溶けてしまうことの恥ずかしさ。それは、個性が失われる、というような気負った事柄ではない。ただ自然に恥ずかしいのである。また、世間を無視して、難解な文字を連ねることの恥ずかしさ。それも、大衆と共に、というような仰々しい話ではない。自分の無作法が恥ずかしいのである。こういう羞恥心があるから、文体が気にかかるのである。文体ばかりではあるまい。道徳にしろ、文化にしろ、この世の善いもの、正しいもの、美しいものの多くは、何処か深いところで、人間の羞恥心と結びついているのではないか。ナポレオンのような天才なら、荒々しく振舞う権利を持っているであろう。ニーチェのような天才なら、荒々しく叫ぶ権利を持っているであろう。しかし、私たちは、羞恥心という消極的なものを通じて、善いもの、正しいもの、美しいものに辛うじて加わることが出来るのではないか。自然の羞恥心は、人間の生活におけるエントロピーを減らすために、私たちの内部にビルト・インされているメカニズムのように思われる。

ビルマでは、十月に入ると、半年続いた雨季が終る。雨季の間は、湿度が非常に高く、毎朝、インド人のボーイが靴をピカピカに磨いてくれても、夕方になると、ウッスラと黴が生えている。雨季が終ると、青空の下を沢山の赤蜻蛉が飛び始める。宿舎の中へも入って来て、私が読んでいる本の上にとまる。あの日は、大地が白く乾いていたから、雨季が上ってからのことであろう。高見順は、私たちの宿舎から出て行った。彼の日記には、どうも、それらしい記述が見当らないが、宿舎から出て行ったのも、彼の謂わゆる「帰納」のためであった。ビルマを材料にして小説を書くのには、ビルマ人と一緒に生活してみなければならない。或る時期から、彼は、そう言い始めていた。そうであろう、と私も考えていた。そして、或る日の夕方、宿舎の裏口――何処に裏口があったか、私の記憶は曖昧であるが、とにかく、正面の玄関ではなかった――へ身の廻りの品物を運んで、サイ・カーの荷台に積み、荷物の横に彼が坐った。荷物の中には、石油ランプが一台あった。頻繁に停電していたので、ランプは大切な道具であった。サイ・カーが動き出し、彼は、見送りの豊田三郎と私とに手を振った。淋しそうな顔をしていた。彼を送り出して、階段を上りながら、「作家というのも、随分手数のかかる商売だね」と私は言った。豊田三郎は黙っていた。「一体、どんなビルマ人と一緒に生活するんだろう」と私は聞いた。「よくは知らないが、とにかく、相手は女に決っているよ。」

3

仕事がないので、暇潰しに町へ出ることが多かった。行先は、大抵、スコット・マーケットであった。これは、港に近く東西に走っているコミッショナーズ・ロードが、その東端でモントゴメリ・ストリートと名称が変る地域で、小さな商店が櫛比(しっぴ)していた。その一角に、スコット・マーケット・ブックストールという店があって、英語の書物や文房具を売っている。この店で、私は、ハックスリの『目的と手段』(Aldous Huxley, Ends and Means, 1937)、トーニーの『宗教と資本主義の勃興』(Richard Henry Tawney, Religion and the Rise of Capitalism, 1926)、ラッセルの『哲学の諸問題』(Bertrand Russell, The Problems of Philosophy, 1911) など、いろいろの本を買って来ては、宿舎で読んでいた。これらの書物は、内地でも手に入らないわけではなかったであろうが、ある時期から洋書の輸入が中止されていたため、これらの本をラングーンの店頭で見た時、やっと救われたように思い、それを宿舎で読んでいると、ビルマまで来た甲斐があったような気がした。こういう本を書いた人間の国、こういう本を出版した国、それを敵とする戦争のためにビルマへ来ているのだと知りながら、こういう本を買ったり読んだりしていると、気持が快く落着いて来るのであった。

『陣中新聞』の仕事を始めて間もなく、本部の炊事場を覗いたら、兵隊が大きな薬罐で湯をグラグラ沸している。彼が燃しているのは、薪ではなくて、洋書である。小冊子は、そのまま火中に投じ、部厚い本は、二つ三つに引き裂いて炉に投げ込む。床に坐った彼の横には、何十冊かの本が積み上げてある。「本じゃないか。」思わず、私は、そう言って、本の山の一番上の一冊を取ろうとすると、「薪を持って行っては困る」と兵隊は言う。「貸してくれ。直ぐ返すよ。」その本は、オックスフォードから出版されたC・ベーリー編『ローマの遺産』（The Legacy of Rome, ed. By C. Bailey, 1923）という有名な本である。扉に、A.D.F. と書いてある。その次の本は、これもオックスフォードから出版されたリヴィングストン『ギリシアの理想と近代の生活』（R. W. Livingstone, Greek Ideals and Modern Life, 1935）である。扉に書かれた文字を見ると、A. D. Finney という人物が一九三五年のクリスマスにセシルという人物から贈られたものらしい。兵隊は返事をしなかったが、私は黙って本を宿舎へ持ち帰った。現在、この原稿を書いているデスクの横にある。

注意して見ると、炊事場ばかりではない、一階および二階の多くの部屋や薄暗い廊下の片隅に、書物の大きな山が幾つも出来ている。みな炊事場へ運ばれるのを待っているのであろう。その大部分は、扉にフィンニーという署名があり、買い求めた場所は、オックスフォード、カルカッタ、ボンベイ……と変化している。本の山からは、ホメロス（Homeri Opera : Odysseia）、ペトロニウス（Petronius, The Satyricon, tr. by J. M. Mitchell）、ヴォルテール（Voltaire, Dictionnaire Philosophique, Flammarion）が出て来た。更に、一九一〇年という年代を記した彼のノートが出て来た。内容は、ギリシア、ラテンの詩法に関するものである。フィンニーとは、そもそも、何者であるか。誰に聞いても判りはしないし、また、それを聞くのが恥ずかしくもあった。それでも、戦前のラングーンに住んでいた徴員仲間が、現在の本部はB・I（The British India Navigation Company）のラングーン支社長の邸であった、と教えてくれた。その支社長がフィンニーなのか、と尋ねても、仲間は答えられなかった。しかし、やはり、そうであった。或る日、誰も使っていない二階の一室に入って、壁に掛けてある額縁入りの写真をボンヤリ眺めていた。この写真は、ウィンチェスター対チャーターハウス——どれもイギリスのパブリック・スクールらしい——のホッケーの試合の記念撮影で、一九一一年という年号が記してある。両校選手は、まだ二十歳になっていない。選手の一人一人の姓名が書き込まれている。何の気なしに、彼らの姓名を順々に読んで行くうちに、私はブルッと慄えた。前列右端にA. D. Finneyがいるではないか。その日も、炊事場の兵隊は、フィンニーの蔵書を薪の代りに燃している。フィンニーは、日本軍の進撃を避けて、きっと、インドにでもいるのであろう。私の心の底では、見たことのないフィンニーが味方で、炊事場の兵隊が敵のように感じられた。

こういうチグハグな気持は、バンコックでビルマへの出発を待っていた頃から始まっていた。そうではない。東京を出発する前日の送別会で、「官費の留学じゃないか。羨ましい話だ」という宮城音弥の言葉に腹を立てたのも、この言葉が、私の内部に眠っていたチグハグな気持を意地悪く刺戟したからであった。こういう気持は、私たちのようなインテリの内部に、或いは、開国以来の日本人の内部に根を張って来たものであろう。

三月十三日から三十一日までバンコックにいる間、何回か外出を許可されて、私は町を歩いた。三月二十一日、この日も外出を許可されて、賑やかな通りを歩いていたら、小さな雑貨商の看板にヘルツフェルト（Herzfeld）とあるのを見た。これは、恐らく、ユダヤ系のドイツ人の名前であろう。店内を覗くと、西洋人の姿が見える。既に戦争が始まっているのであるから、日本と同盟を結んでいるドイツ人やイタリア人以外の西洋人がいる筈はない。久しぶりでドイツ語を喋ってみよう。「あなた方は、ドイツ人でしょう。」その男は、「はい、そうです」と私に答えると同時に、店の奥に向って何か叫んだ。奥から数人の男女が飛び出して来て、口々に、「あなたのドイツ語は、何と正確なのでしょう」とお世辞を言い、「何処でドイツ語を学んだのですか」などと聞く。毒にも薬にもならない問答を続けているうちに、私は、大阪以来の猥雑な集団生活で一度も味ったことのない静かな満足を感じ始めた。私は嬉しくなった。「あなたは、ジャーナリストですか。」私が軍服を着ていなかったので、彼らは、そう考えたのであろう。そうです、と言えばよかったのに、いつか、私は、中学時代のドイツ語の時間に先生から質問されているような気分になっていた。正確に答えねばならないと思った。しかし、「徴員」という言葉をどう訳してよいのか見当がつかない。仕方なく、「半分ばかり兵隊」というような心算で、「ハルプ・ゾルダート」（Halb=Soldat）という珍妙なドイツ語（?）を使ったら、笑いもせずに、「よく判ります」と彼らは言う。「何時までバンコックにいるのですか。」「それは判りません。しかし、間もなく、私たちはビルマへ出発するでしょう。」そう答えた途端に、「スパイ」

という言葉が閃いた。このユダヤ系ドイツ人の一家がスパイでないという証拠が何処にあるのか。彼らに真実を伝えねばならぬという義務が私にあるのか。かねがね、タイからビルマへ行く途中では、敵機の機銃掃射は覚悟しなければならぬ、と注意されて来たのではないか。この店先で、私は仲間たちの運命を敵に売り渡しているのではないか。――彼らだけで何か話し合ったと思うと、「私たちは、あなたを夕食に招待したいと思います。」数秒前の私であったら、喜んで招待に応じたであろう。慌てて、「残念ながら、そういう自由と時間とを私は持っていません。」と私は答えた。もう一遍、彼らは話し合ってから、「それでは、お茶にお招きしてもよいでしょうか。」前の返事を繰返して、悔恨の感情に追われるように、私は店を出た。それでも、問答の間に、私は、日本で見たことのない、美しい小さな弗入(ドルいれ)を二つ買っていた。

別の日であったと思うが、ヘルツフェルトと同じ通りにある店で、私は、スコットランド製のウールのマフラーを買った。熱帯の土地なのに、なぜマフラーを売っているのか、それが不思議であったし、また、これからビルマへ行く身の上の私が、なぜマフラーを買ったのか、それも不思議であった。不思議というのは正確ではない。むしろ、曖昧にしておきたいというのが、私の、或いは、私たちの気持であった。第一に、内地は、既に消費物資の不足が顕著であった。内地では絶対に手に入らない純毛の洋服生地、純綿の肌着、皮革の靴、金ペンの万年筆など、そういうものがバンコックにもあったし、ラングーンにもあった。誰も彼も、それに飛びついた。まあ、それは物理的な現象であった。しかし、心理的な側面もあった。第二に、これらの都会で売られている品物の中には、日本の製品も少くなかった。私たちが日本にいたとしたら、勿論、それに飛びついたであろう。しかし、日本の外へ出た人間は、それに見向きもしなかった。どうせ買うのなら、欧米諸国の製品でなければ気持が納まらなかった。敵の国々からタイやビルマへ輸入された品物でなければならなかった。バンコックの雑貨店の店先で出会った日本の兵隊は、中国人らしい主人がお愛想のつもりで、「これはメード・イン・ジャパンです」と言って取り出した品物を地面に叩きつけて、「馬鹿にするな。そんなものが買えるか」と怒鳴った。第三に、私が買った弗入にしろ、マフラーにしろ、それは家族へのお土産である。お土産を買う時に、私たちは確実な生き甲斐を感じた。しかし、それを本当にお土産にするためには、生きて日本へ帰らねばならぬ。しかし、その保証は、何処にもなかった。

4

高見順は、土産物のことでいろいろと悩んでいたようである。「八月十五日　……スコット・マーケットで妻のためにジャケツを買う。自分のものばかり買って気がさしたのである。」「八月十六日　……『ダウッド』に行き、洋服うけとる。七十円払う。手もと心細くなる。洋服うまくできていたのでうれし。それにつけても、靴のひどさ腹立たし。」「八月十八日、『ダウッド』に、のこり布を取りにゆく。洋服と同じ生地でハンチングを作ろうと思い……。」「八月二十二日　……『ダウッド』に夏服の布地を持ってゆく。」「八月二十七日　……戦争に来たのだ。身ひとつで帰れればありがたい、そういう気持で、ラングーンにはいったときは、自分は別になにも買わなかった。買いたくなかった。班員のなかには、バザーから安い布地などを買ってきて、安い安いと、いっているのもいたが――やがてマンダレー作戦が終ってメイミョーから帰り、平和な気分にひたると、そんな自分のうちにもそろそろ洋服などを買いたい気持がおきてきた。『戦争から帰るのだ、トランクのなかに、みやげなどつめては醜態だ』そういう反省と『自分は作家だ。俗物根性に堕しては醜態だ』そういう反省もあったのだが、いつか周囲の大勢におされて、靴や洋服などを買いはじめていた。その敗北、それに自己嫌悪を感じた。」

私は、高見順のような煩悶はしないで、スコット・マーケットを歩いては、洋服生地や毛布などを買った。金額や分量から見て、要するに、大したことではなかった。私は煩悶はしなかったけれども、しかし、買物をするたびに面倒なことが起った。高見順は豊田三郎と同室であったが、私は、かつて商社員としてビルマに駐在していた人と、かつてラングーンで小さな商店を開いていた人と同じ部屋に住んでいた。私が町で何かを買って戻って来ると、後者は必ず値段を聞く。「それは、いくらしましたか。」当時、日本軍は一ルピー（十六アンナ）＝一円というレートを定めていた。例えば、十ルピー、と私が答えると、彼は、自分がラングーンにいた時は、五ルピーだったのに、と不愉快そうに呟く。私たちが買う品物の大部分は、諸外国からの輸入品であり、その輸入が途絶えて、需要ばかりが大きくなっているのであるから、値段が上るのは極めて自然な現象である。そんな風に私が考えるのが、彼の気に入らなかったのであろう。そのうち安くなりますから、慌てて買わない方がよいですよ、と彼は何度も忠告してくれた。しかし、品物は益々不足になり、値段は益々上って行く。そして、私が何か買って帰るたびに、彼が値段を聞く。それが繰返されているうち、到頭、値段が彼の我慢の限度へ来てしまったのであろう。或る日、彼は、私から値段を聞いた途端に、そんな値段で買うから、日本人はビルマ人やインド人に馬鹿にされるんだ、と怒鳴り出し、それっきり、同じ部屋に住みながら、彼と私とは口をきかないようになった。彼にしてみれば、土産を買って日本へ帰ろうという立場の私たちとは違って、このままラングーンに残って、戦前の商売を再び始めようという希望を持っていたのであるから、その希望が日を逐って進行するインフレの中で空しいものになって行くのが堪え難かったに違いない。

九月になると、私たちの間に或る危機が訪れて来た。高見順は、ビルマ戦史の執筆とか、ビルマ作家会議の組織とか、沢山の仕事を抱え込んで忙しく暮していたが、私はもとより、徴員の全体が、殆ど何の仕事もなくなっていた。仕事の影が薄くなるにつれて、日本にいる妻子の影が濃くなり、トランクの土産物の意味が大きくなる。この頃から、間もなく帰国命令が出るという噂が頻繁に流れるようになった。私の日記を調べてみると、この噂は、私たちがラングーンに到着して一ヶ月と経たないうちに、もう流れ始めていた。その噂でみんな一時は昂奮するが、間もなく、噂は何処かへ消えてしまう。しかし、やがて、もっと真実らしい噂が流れ始めて、暫くすると、それも消えてしまう。帰国命令の噂には慣れっこになってはいたが、秋に入ってからの噂は、今までになく切実な感じを帯びていた。徴員の間の喧嘩も、この頃から数が殖えて来た。アジアの解放とか、アジアは一つとか、そういう大義名分はあるものの、また、既にイギリス軍をビルマから追い払ってしまったものの、こうしてアジアの一国にいることで慰められるわけではない。与えられた仕事を果し、このアジアの国に残っていた西洋諸国の品物を土産に買えば、生きて日本へ帰ることだけが望みである。しかし、この望みは、何時本当に叶えられるのであろう。

北林透馬という大衆作家は、彼自身が心得のある俳句の会を開いて、それで私たちを険悪な空気から解放しようと考えたようである。とにかく、九月中旬の或る夜、一階の食堂で句会が開かれることになった。それに誘われた時、私は見苦しく迷った。東京空襲のニュースの後で作った和歌（?）もそうであったが、俳句というものも、私は作った経験が全くない。しかし、経験がないのは私だけでなく、北林透馬以外は、みな経験がないらしいのだが、それとは別に、どうも、俳句を作るというのは、インテリの恥であるような気がする。その上、あの和歌とは違って、みんなで一緒に作り、披露された句に各人が点を入れるのである。あまりインテリらしくない仲間が、案外、コンクールで高い点を取ることになるかも知れぬ。いろいろと迷ったけれども、俳句を作ることによって、手の届かない日本の姿が微かに見えて来るのではないかという希望、いや、見栄も外聞もない、日本への生物的な飢餓に追い立てられて、到頭、私は参加することにした。高見順にも、私に似た迷いがあったようである。「八月二十五日　……自分は俳句も歌もつくれない。つくらない。つくろうとはおもわない。」しかし、約一週間後になると、彼の気持は大きく変化している。「九月十三日　……自分にも作れといい、自分も作ろうとおもったが、文句が出てこない。今まで自分は、俳句をつくるというようなことに、あえて抵抗して来たのだが、まあそう頑固を通さず、道楽に作ってみようかとおもうに至ったのだ。この一年の休業で何かディレッタント的なものが抬頭してきたのか。」それから二週間の後に、彼は初めて俳句会に出席している。「九月二十七日　……夜、俳句会あり。自分は初めて出席する……月よりも高き樹木や、あとが出ない。……『故郷(くに)を恋う』とつけた。」彼の日記から察すると、私が出席したのも、この日が初めてではなかったかと思う。その夜の題は、「パゴダ」と「月」。「パゴダ」では、北林透馬の「詣で来て娘あり眉の清うして」と、豊田三郎の「幾百の仏塔崩れ含羞(ねむ)の花」、「月」では私の「そこばくの憂いや街に昼の月」が最高点。十月三日の題は、「インド人」と「水浴」。山村徴員の「ガンジーの寿祝う子等の粧(よそお)いて」と、私の「胸ふさぐ日は幾度か水浴びす」とが最高点。十月一日の題は、「空」

と「椰子」、島田徴員の「雨期あけの空深うしてとび一羽」と、倉島徴員の「枯れ椰子の三つ四つ残る焦土かな」と、私の「この雲を仰ぐ人なき巷かな」が最高点。参加者の大部分が素人であったため、毎回のように、思わせぶりな言葉を並べて、最高点を与えられていたが、間もなく、私は俳句に飽き、何だか馬鹿らしくなって、出席しなくなってしまった。こんな調子で次から次へ十七字を並べて行くのは、精神の堕落であるように思われた。

5

偶然に小さな記録が一つ残っている。それによると、十月十二日の夕方、私が宿舎へ帰ったら、東京日日新聞（現在の毎日新聞）の沢開進君の置手紙があって、「明十三日午後四時から一時間、バー・モー行政府長官と対談して下さい」と書いてある。バー・モー氏と会うのは厭ではないが、一体、何を話したらよいのか、私は心配になって来た。

七月か八月の或る日、スコット・マーケットを歩いている時、「先生」と背後から呼ばれて振返り、一度に気が緩んで、ヘナヘナと腰が抜けそうになったことがある。沢開君であった。開戦前に日本を出発し、ハノイで開戦を知り、その後、シンガポールなどを経て、暫く前にラングーンへ来た、と言う。まさか、私に会うとは思っていなかった、と言う。私は、肉親に巡り合ったように感じた。彼は、富山の高等学校から東大のドイツ文学科へ進み、トーマス・マンに関する論文を書いて、昭和十四年に卒業しているが、学生時代から、東大の『帝国大学新聞』——あれは有力なジャーナリズムであった——の記者として私のところへ来ていた。大阪やラングーンで初めて会った人たちもみな親切ではあったが、何と言っても、新しい附き合いであるから、知らぬ間に、私は緊張していたのであろう。古い友人は、その緊張から私を解放してくれた。東京日日新聞社のラングーン支局長は、穏やかな人柄の池松文雄氏であった。誘われるままに、私は何度も支局へ夕飯を食いに行った。私は読売新聞社の人間であり、その支局もラングーンにある。両者は、勿論、商売敵である。しかし、東京で何の交渉もなく、ラングーンへ来て初めて知り合った読売新聞社の支局員よりも、古い友人である沢開君たちに会う方が気が楽であった。そこでは、私は「先生」であった。

バー・モー氏（Ba Maw）は、一八九三年にビルマに生れ、イギリスおよびフランスに留学、帰国して弁護士となり、ビルマ独立運動に活躍し、一九三七年、ビルマがインドから分離して、イギリス直轄の植民地になった時、初代の首相になっている。第二次世界大戦勃発の際、対英協力を拒否し、その罪によって北部ビルマの監獄に収容されていたが、昭和十七年四月十四日——私がラングーンに到着した一週間後——脱獄して、日本軍に投じ、七月一日、行政府長官になった。敗戦後、日本に亡命したこともあるが、今日の独立国ビルマへの道を開いた人物である。

沢開君が迎えに来て、私は行政府へ出かけた。記録によると、豊田三郎が同行している。

私たちが通された二階の部屋は、長官の執務室であった。大きなガラス窓を通して、晴れ上った空を舞う鳶の輪が見えた。沢開君の置手紙を読んでから、あれこれと考えたが、もしバー・モー氏の政治的抱負を一方的に拝聴するのを避けようとすれば、やはり、「東洋と西洋」というような話題をこちらから積極的に持ち出すほかはない、と私は思うようになった。そう思うようになったのには、幾つかの理由がある。第一に、私がただ書物によって知っているヨーロッパ諸国に彼は生活したことがあり、また、イギリスの植民地支配の下に生活して来ている。私などとは違う、もっと深い意味で、彼は西洋というものを知っているに相違ない。第二に、この戦争の名分は、イギリスを初めとする西洋諸国の支配からビルマなどアジアの諸民族を解放し、その独立を実現することにある。しかし、第三に、これは私だけの気持かも知れないが、ビルマ人を初めとするアジア諸民族に或る親しみを感じはするものの、どうも、アジアというのは、実体を欠いた抽象的な観念のように思われる。退引（のっぴき）ならぬ具体性というか、重いリアリティというか、それが不足しているように思われる。ただ、具体性やリアリティというより、むしろ、薄気味悪い感じがするのは、インド人および中国人である。アジアという、何処か薄手なところがある観念で、この薄気味悪い存在を包み込むことは出来ないのではないか。

「東洋文明と西洋文明との間には、どんな相違があるとお考えでしょうか」と私は最初に質問した。町で見るビルマ人とは違って、バー・モー氏は、何か西洋人のような感じがする。眼が全く違う。それは、複雑な屈折のある、微かな憂愁を含んだ心を私に覗かせる。その眼を正面から見つめた時、自分が一種の喜びに包まれているのを感じた。「何の相違もありません。」突き放すような返事を聞きながら、私は、咄嗟に、ラングーンへ来てから読んだラオの『東洋対西洋』(P. Kodanda Rao, East versus West : A Denial of Contrast, 1939) という書物のことを思い出した。著者は、インド人であろう。この本の副題は、「対立はない」となっている。或る頁には、こう書いてある。「文明は一つで、これを東西に分つことは出来ない。文明の諸要素は、何時も時間の関数である。かつては空間の関数であったこともあるが、断じて人種の関数ではない。」この本には、有名なラダクリシュナン (S. Radhakrishnan) が序文を寄せている。バー・モー氏も同じことを考えているのであろうか。「時間の関数」ということは、進歩の梯子が一つだけあって、或る国々は早く上の段階に到達し、他の国々は下の段階に止っているが、そのうち、後者も上の段階に辿りつくという謂わゆる単線進化の形式で解釈すべきなのであろうか。しかし、そんな面倒なことを言う余裕がなく、私は、「いかなる意味においても相違はないという御意見でしょうか」と念を押すのが精一杯であった。

「西洋文明には、三つの淵源があります。ユダヤの宗教、ギリシアの学芸、ローマの法制。この三つの淵源に発する文化が一つの大きな流れになって、西洋諸国を浸しています。これらの国々にはカルチュラル・ユニティがあります。」これは、多くの教科書に述べられている常識である。しかし、それとアジアとの関係はどうなるのか。「そういうカルチュラル・ユニティが東洋の諸国に欠けているというお考えでしょうか。」「ええ、欠けています。けれども、三つの淵源は、東洋にもあります。インドの宗教、中国の学芸、日本の法制です。」そして、「日本は、東洋のローマです」と彼は言う。彼が「法制」とか「ローマ」とか言うのは、秩序、統合、独立……そういうことを意味しているように思われたが、十分には理解出来なかった。

西洋諸国にはカルチュラル・ユニティがある、と彼は言う。しかし、それらの諸国が戦い合っているのが、現在の西洋の実情ではないのか。「現在のヨーロッパでは、そのカルチュラル・ユニティというのは、無力なのではありませんか。」それに答えて、バー・モー氏は歴史哲学のようなものを話し始めた。「それは、文化だけが歴史を動かす力ではないからです。人種もまた文化と同じように歴史を動かすことがあります。現在の西洋は、文化の時代から人種の時代への過渡期にあるのでしょう。あなたは、人種ということを力説したドイツ人を知っていますか。あの人種ということを力説した……。」「アルフレート・ローゼンベルクでしょうか」と私が言うと、「そうです。私は、ローゼンベルクに賛成なのです。」バー・モー氏が『二十世紀の神話』(Alfred Rosenberg, Der Mythus des 20. Jahrhunderts, 1938) で有名なローゼンベルクを支持するとは意外であった。歴史を動かす力を人種に認めるバー・モー氏と、「文明の諸要素は……断じて人種の関数ではない」と主張するラオとは遠く離れた地点に立っているようである。しかし、新しいアジアに生み出されるカルチュラル・ユニティは、共通の人種的基礎を持たねばなりません、と彼が言った時、私には、すべてが理解されたように思われた。「例えば、インド人……」と私が言いかけたら、彼は大きく頷いた。インド人を排除せねば、カルチュラル・ユニティは生れない、と彼は言いたいのであろう。そうなれば、「インドの宗教」という一つの淵源はどうなるのか。しかし、それを質問する気にはならなかった。私は、ビルマにとってインド人が何者であるかを知っていた。ラングーンの人口の過半数がインド人であり、下ビルマ一帯の耕地の大部分がインド人の不在地主によって所有されており、インド人の高利貸の手がビルマの経済生活の隅々に及んでいることを私は知っていたし、一九三八年七月二十六日にラングーンに発生した対インド人暴動に関するJ・バックスターの報告書（J. Baxter, Indian Immigration : Interim and Final Report of the Riot Committee）を私は読んでいたから。

6

その日も、東京日日新聞社の支局へ夕飯を食いに行った。帰国命令が出るという噂が、今度こそ本当だというような真実味を帯びて流れていた。何という通りか忘れてしまったが、支局は、私たちの宿舎からそう遠くない住宅地にあった。門を入って、生い茂った木立の間を通り、右へ曲ると、そこに玄関がある。その日は、玄関の次の間のソファーに、支局員ではない日本人が坐っていた。この人も、夕飯を食いに来たのであろう。「僕は……」と名乗ろうとすると、「清水さんですね。そちらは御存じないでしょうが、私の方はよく知っています。」彼は、警視庁の特高の某と名乗った。

　逃げて帰りたい気持を我慢している私に向って、彼は、懐しい人物に巡り合ったような調子で、食事が始まる前から、機嫌よく話を始めた。話は、終始、ゾルゲ事件のことであった。「僕が尾崎秀実に手錠をかけたのです。」尾崎秀実やゾルゲだけでなく、「国際諜報団事件」の関係者の一人一人について、その行動や足どり、逮捕に至るまでの努力、逮捕の瞬間の模様などを実に詳しく話した。この事件については、戦後、沢山の文献が出版されているので、読者は既に多くのことを知っているであろうが、尾崎秀実は、昭和研究会の中心メンバーであり、第二次近衛内閣の成立（昭和十五年七月）の頃まで、近衛文麿に最も近い人物であった。尾崎秀樹『ゾルゲ事件』（中公新書、昭和三十八年）によれば、「尾崎が近衛の側近から次第に遠ざけられるのと前後して、昭和塾、昭和研究会関係者にアカがいるという噂が立ちはじめた。すでに昭和十五年秋には昭和研究会は解散しているが、尾崎たちが積極的に主張した東亜協同体論そのものが、左翼理論の偽装だとみなされかねない空気であった。」彼らが検挙されたのは、昭和十六年十月十五日、翌十六日には、第三次近衛内閣が総辞職し、次いで、東条内閣が成立している。司法省が事件を発表したのは、昭和十七年五月十六日であるから、私は既にラングーンに来ていた。新聞社の支局で内地の新聞を読んで知ったのか、まだ日本にいる時期に噂で知ったのか、とにかく、或る程度の知識は前から持っていたのだが、私は深く考えたくなかったし、詳しく知りたくもなかった。コミンテルン、スパイ、近衛文麿、東亜協同体論、昭和研究会……私は何も彼も忘れていたかった。忘れていたかったことを、彼は、微笑みながら、私に生々と思い出させ、詳細に知らせてくれた。彼は何度も繰返した。「僕が尾崎秀実に手錠をかけたのです。」間もなく、帰国命令が出るであろう。そして、輸送船が撃沈されなければ、私は生きて日本へ帰れるであろう。その日本は、甘い温いものに見え、また、暗い恐ろしいものに見えた。

日本への旅

1

漸く帰国命令が出て、豊田三郎などの第一陣も、私たちの第二陣も、十一月九日、ラングーン港から乗船して、日本へ帰ることになった。荷物は既に港へ運ばれており、私たちは、午後、トラックで宿舎を出発した。他の諸君は別として、私は、四月七日の夜、この宿舎へ入ってからの七ヶ月間、何一つ仕事らしい仕事をせずに、散歩、読書、下痢だけで、日本へ帰って行くのである。何処から見ても、私は無駄な人間であったが、軍隊には、こういう無駄が各方面にあるのであろう。私は、身の廻りの品物を詰めたルックザックを背負い、一度も抜いたことのない日本刀と大きな魔法瓶とをぶら下げて、トラックに乗った。玄関には、ラングーンに残る仲間たちが、中途半端な表情で見送りに出ていた。残る人たちの大半は、かつてラングーンに生活した経験のある人々（Dグループ）と、何が職業か判らない人々（Eグループ）とであった。私たちと一緒に帰国する筈であった高見順も、急に残ることになった。彼の日記によると、その前日の項に、「……班長と懇談。ビルマ作家連盟のこと、雑誌発刊のこと、戦史のこと、あまた仕事がのこっているので、いのこることになる。」実際、彼は、私などの知らぬ沢山の仕事を抱え込んでいた。高見君は、私たちより少し早く帰るか、少し遅れて帰るか、何れにしろ、私たちとは違う人間だというところを見せたいのだ、と豊田三郎は説明していた。

しかし、実を言うと、私も、もう少しで、ラングーンに残って、中途半端な表情で仲間を見送る立場に置かれるところなのであった。あの頃、朝日、日日、読売の三社が分担して、シンガポールやラングーンなど、南方諸国の主要都市で日本語の新聞を発行することになっており、ラングーンは、読売新聞社の担当であった。その準備のために、雨季が終る頃であったと思うが、本社から務台光雄氏（現在は、社長）がラングーンへ来て、私に、新しく発行される『ビルマ新聞』の論説委員長として残ってくれ、と言った。飛んでもない。顔色を変えて、私は断った。そもそも、何時まで日本軍や日本人がビルマに安閑としていられるというのか。ビルマは、北は中国に接し、西はインドに接している。現在は、敵をビルマの外へ追い払いはしたものの、明日、どうなるか、判ったものではない。長居は無用、私は、一刻も早く日本に帰りたかった。社の命令とは知りながら、私は強い口調で論説委員長の件を断った。

私たちのトラックが宿舎の門を出ようとすると、私の名を呼びながら、トラックを追いかけて来る人間がある。読売新聞社ラングーン支局員で、私に一通の手紙を渡してくれた。

私たちと家族との間の文通には、合法と非合法との二つの方法があった。合法というのは、軍当局を通じて行われる正規の軍事郵便で、手紙は検閲されることになっていた。自分が何処にいるか、どんな仕事をしているか、そういうことを書くのは禁じられていた。みんな元気ですか、私も元気です、という程度のことしか書けなかった。それに、輸送船で運ばれるので、大変に時間がかかった。非合法というのは、新聞社の原稿と一緒に手紙を内地へ送って貰う方法で、何でも自由に書けたし、また、飛行機で運ばれていた。支局員から受取った手紙も、妻が読売新聞社に託したものである。トラックに揺られながら、手紙を読んでいるうちに、私は蒼くなり、ガタガタ慄え始めた。手紙によると、或る若い友人が拙宅へ来て、『学生論』の原稿を見つけ、無断で持ち出して、某出版社から出そうとしているという。あれを出版したら、直ぐ発禁になるに決っている。そして、日本に上陸した途端に、私は逮捕されるに決っている。私は、居ても立ってもいられなくなった。しかし、トラックは、港へ向って走っている。私は、気が狂いそうになった。

2

『学生論』は、もともと、昭和十三年に、同文館の大石芳三氏の依頼で書いたものである。昭和十二年、私は、大石氏に頼まれて、『青年の世界』（定価一円）という本を書いた。当時は、室伏高信の『青年の書』を初めとして、青年論が流行していたので、大石氏も、このブームに乗ろうとしたのであろう。事実、『青年の世界』は、よく売れた。その巻末に、「清水幾太郎著作目録」という頁がある。『社会学批判序説』昭和八年、理想社、二円。『社会と個人』昭和十年、刀江書院、二円八十銭。『日本文化形態論』昭和十一年、サイレン社、一円八十銭。『人間の世界』昭和十二年、刀江書院、一円二十銭。しかし、これらの書物は、みな初版で終りであった。これに反して、私の手許にある『青年の世界』は、昭和十三年七月発行の第七版である。一版の発行部数は忘れてしまったが、前年の十月に初版が出版されて、まだ一年と経っていないのであるから、まあ、よく売れた方であろう。既に日華事変が始まっていて、流行の青年論の大部分は、青年を戦場へ駆り立てるようなものであった。大石氏の注文も、その辺にあったらしいが、私は、そういう本は書けなかった。ルソー、スタンリ・ホール、マーガレット・ミードなど、古今の著作を利用しながら、青年の権利や青年の解放ということを主眼にして書いた。リベラリズムの主張と言ってよいであろう。序文によると、「多くの人々が青年に就いて語るとき、何時も問題となるのは青年の義務のみである。現代の青年は余りにも多くの義務と責任とを負はされてゐる。……人々は既に婦人の権利と貧しい人達の権利とに関して多くのことを論じた。併し青年の権利に就いては誰も語らうとはしなかつた。青年は義務のみを知つて権利を知らぬ如き存在なのであらうか。さうではない。青年は社会に依つて義務を課せられる前に自然に依つて重大な権利を与へられてゐるのである。ただその権利が余りに重大なものであるために人々はこれに気づかず、気づいても敢へてこれを青年に代つて主張しようとしないのである。」私は「青年に代つて」と書いたが、私自身、まだ二十歳台の後半、青年期の諸問題は、私の内部で解決を待っていた。それだけに、私は、生硬な文章を熱心に書いたのであり、また、それが多くの青年に訴えたのであろう。

この本は、一時はよく売れたけれども、昭和十四年頃には、もう時勢に合わぬ危険な書物になり、それっきり、版を重ねなくなった。戦後は、他の出版社から出て、何万部か売れた。どうして、戦後、そんなに売れたのか、どうも、私には納得が行かない。勿論、戦前の青年と戦後の青年との間には、多くの共通性があって、そこに謂わば永遠の問題が成り立っているとも言える。しかし、共通性がある以上に、根本的な相違があるのではないか、と私は考える。前者の運命であった兵役の義務が、後者には全く欠けているからである。かつて、兵役の義務は、教育の義務や納税の義務と共に、「国民の三大義務」と呼ばれていたが、他の二つの義務に比べて、それは、かなり違ったもののように思われる。兵役というのは、如何に祖国の敵を殺すか、如何に祖国のために死ぬか、その教育であり、その実践である。学校へ通う、税金を払うというのとは話が違う。そこには、自分が絶対の運命として受取った祖国というものがあり、自分の死という絶対の犠牲がある。戦前の青年論の或るものは低俗であり、他のものは高尚であったであろう。しかし、それらは、例外なく、こういう緊張の中にある青年へ呼びかけるものであった。この緊張の中にあった青年と、兵役を昔の愚かな制度のように考えている今日の青年との間には、ただ年齢という生物的共通性しかないように思う。

いや、この相違は、昔の日本の青年と、今の日本の青年との間だけでなく、同じ現在の、諸外国の青年と、日本の青年との間にもある。パリやローマへ行くと、世界中の青年が町を歩いている。みな同じように髪を長く伸ばし、同じようなジーパンを穿いている。日本の青年も数多く来ているが、後から見たのでは区別がつかない。世界中の青年はみな同じだ、と誰も言う。服装はそうであろう。しかし、服装を別にすれば、日本の青年が諸外国の青年と共有しているのは、ただ年齢だけではないのか。なぜなら、諸外国の青年の殆どすべては、兵役という「昔の愚かな制度」の下に今も生きているのであるから。祖国と生死という問題を突きつけられているのであるから。本人たちにとって、どちらが仕合せであるか知らないが、現在の日本の青年が少し特別なものであることは忘れない方がよいと思う。

私の父は、現役の一兵卒として日露戦争に従軍し、乃木将軍の率いる第三軍に属して、さんざん苦労した。その苦労の話を聞きながら、当然、私も同じ苦労を嘗めるであろうと信じて育って来た。第二次世界大戦後は、敗戦後の独特な空気の中で書かれた、軍隊生活を呪う高級インテリの言葉だけが残ることになった。それには、恐らく、多くの貴重な真実が含まれているであろう。しかし、元を糺せば、兵役の制度は、近代国家の成立と共に、或いは、近代民主主義と一組のものとして生れたのである。民主主義をエゴイズムの別名とでも考えない限り、兵役を「封建的」とか「野蛮」とか評して済むわけはない。現代の日本の青年が、世界中の青年が負っている兵役の義務を免れているのは、戦後の或る幸福な（？）偶然によるもので、それ自身、かなり異常なことである。しかし、諸外国であれば自分が負う筈の仕事を自衛隊に託して、その自衛隊を、地方自治体の首長までが先頭に立って、「賤民」のように扱っている事態は益々異常である。

3

最初に出版された時、『青年の世界』がよく売れたのは、広く一般の読者に迎えられたということもあったには違いないが、大石氏の話によると、それが刑務協会とかいう団体の推薦図書になったためでもあるらしい。この団体の推薦図書になると、日本中の刑務所に備えつけられ、受刑者に読ませるという話である。世の中というのは、全く判らないもので、既に当局から白い眼で見られているリベラリズムの主張を盛った書物、発禁になりはしないかと大石氏も私も心配していた書物、それが全国の刑務所に備えつけられることになったというのである。もっとも、刑務所の数だけ売れたところで、大した部数になりはしないが、大石氏にしてみれば、それで大いに勢を得たのであろう、今度は、『学生論』を書いて下さい、ということになり、私の方も、少し調子に乗って、カントの『分科の闘争』(Der Streit der Fakultäten, 1798) という大学論などを持ち出して、学問の自由を説き、そういう形で学生の弁護を試みたのであった。あの頃の新聞には、毎日のように、「学生狩」という文字が出ていた。或る時期まで、警察は、よく勉強する学生を危険分子として捕える一方、読者は信じないであろうが、学生の遊蕩を積極的に勧めていた。ところが、大陸の戦争が拡大するにつれ、今度は、喫茶店に出入する学生を逮捕するようになっていた。学生は、何時でも悪玉であった。私は、その学生を哲学的(?)に弁護しようとした。しかし、『学生論』の原稿を読み終った大石氏は、これは危い、とても出せません、と言った。無駄な骨折だったと私は思い、また、それが当り前のようにも思った。しかし、昭和十三年に危かったものを昭和十七年に出版したら、一体、どういうことになるのか。(『学生論』は、戦後、昭和二十六年に河出書房から出版された。)

『青年の世界』も、『学生論』も、一口で言えば、リベラリズムを鼓吹したものである。この二冊ばかりでなく、当時の私の文章は、いろいろの制約はあったにしろ、それにリベラリズムの破片を含ませるというのが唯一の張り合いで書いたようなものばかりである。換言すれば、人間の思想や行為を国家の干渉から解放しよう、解放すれば、そこから明るい社会への道が開かれる……という趣旨のものである。それが、当時も、一部の読者や批評家の間で評判がよかったし、戦後も、折に触れて、「よくやった」などと言われることがあるけれども、考えてみると、そう簡単なことではなかったように思う。あの息苦しい時代に解放ということを説けば、それだけで快く感じられたではあろうが、私――私たち――は、日本経済の具体的な諸問題を取り上げて、そのリベラルな解決法を述べていたわけではない。それを述べる自由が私たちになかったのも事実であろう。しかし、それを述べるだけの知識が私たちに欠けていたのも事実である。私たちは、遠いところから、哲学的に論じるほかはなかった。しかし、もし私たちが具体的な諸問題について十分の知識を持っていたら、古風なリベラリズム――それが、当時は、ハイカラなものに見えていた――を説く勇気は出なかったであろう。なぜなら、日本と限らず、アメリカを初めとする世界中の資本主義国を苦しめていた一九三〇年代の諸問題の根本には、経済上のリベラリズムの崩壊という事実があったのであるから。国家の干渉がなければ、自動調整のメカニズムが働いて、経済生活は円滑に発展して行くという自由放任の信仰が完全に崩れてしまったのであるから。それゆえ、現実の諸問題の解決に責任のある人間にとっては、何らかの形式の統制や組織だけが有意味なものであった。それ以外に道はなかったであろう。しかし、私たちは、リベラリズムの崩壊から生じた混乱の中で、空しくリベラリズムの回復を説いていた。それを説くのに若干の勇気が要ったからと言って、説いた内容が問題の解決に役立つ筈はなかった。

同じことは、当時のドイツについても言える。戦後は、ヒトラーの評判が落ちるのに比例して、ヴァイマル時代のリベラリストがグロテスクに美化されているが、あの大量失業の問題一つを取り上げても、一体、どういうリベラルな解決法があったというのであろう。ヒトラーは、リベラリストが解決し得なかった諸問題を手荒く処理するために呼び出されて来たのである。

4

ラングーン港は、前にも何回か行ったことがあるが、あまり愉快な記憶はない。あの時は、豊田三郎が一緒であった。立並ぶ高い建物の横を抜けて、ラングーン河の岸へ出たら、目の前に日本の輸送船がいるではないか。私たちをサイゴンまで運んだ緑丸に比べると、もっと新しい、もっと大きな、立派な汽船である。何とも言えず、懐かしい。暫く輸送船を眺めていようと思って、河岸のホテルに入り、ブリキ細工のテーブルについて、紅茶を注文した。ラングーンでは、宿泊の設備などない粗末な茶店が、みな「ホテル」という看板を掲げている。店先に、紅茶とミルクとが入ったドラム罐があって、その下で薪を燃やしている。インド人のボーイが、煮え立ったミルク紅茶をカップに入れる。ミルク紅茶は、カップからソーサーへ溢れ出る。溢れ出るようにするのが、親切なサービスなのである。土地の人たちは、カップのミルク紅茶をソーサーに移して、フーフー言いながら、ソーサーから飲む。

輸送船は、入港したばかりのようである。甲板が次第に騒がしくなった。どんな兵隊が出て来るのであろう。私たちは、友だちを待つような気持で輸送船を見つめていた。しかし、ハッチから甲板へ現れて来たのは、兵隊ではなく、女たちであった。彼女たちは、賑かな笑い声を立てながら上陸し始めた。みな浴衣かアッパッパを着て、手には、申合せたようにバスケットを持っている。何百人か、長い行列を作って、次々に上陸して来る。慰安婦の群である。呆気にとられている私に向って、隣のテーブルのインド人が「マスター！」と声をかける。私が振り向くと、「これらのレディは何のためにビルマへ来たのですか」と言う。彼はニヤニヤ笑っている。「アイ・ドント・ノー」と言うと、「サンキュー・サー。」何がサンキュー・サーだ。私は、何処を見ていたらよいのか判らなくなった。苦し紛れに、豊田三郎に、「醜態だね」と囁いたら、彼は、子供に教えるような調子で言った。「醜態は醜態さ。しかし、君は『聖人』のような人間らしいが、兵隊は『聖人』ではないからね。こういう女たちが来てくれなかったら、このラングーンだって、どんなに多くの暴行事件が起るか知れやしない。」

そのホテルの近くで、私たちはトラックから飛び下りた。『学生論』のことで頭が一杯になっていたが、もうジタバタしても仕方がない、シンガポールまで行って、そこから妻に電報を打つほかはないと腹を決めた。私たちの船は、山下汽船の山西丸というのではなかったかと思う。どういうわけか、あの慰安婦が乗って来た輸送船と違って、山西丸は、岸壁に接岸しないで、ラングーン河の真中に停泊している。新しいスマートな船体が遠くに見える。私たち、五十名ぐらいの仲間は、二艘の艀で本船へ運ばれることになった。艀は、手荷物を持った仲間で溢れ、仲間は、みな上機嫌で、冗談を言い合っていた。

艀が岸壁を離れると間もなく、遠くで高射砲の音がした。誰も、気にかけなかった。そのうち、高射砲の音が少し近くなった。或る仲間が、「演習だな」と言った。次に、飛行機の爆音を聞いたように思った。別の仲間が、「見送りに来てくれたな」と言い、みんなが笑い声を立てた。しかし、高射砲の音は更に近くなり、河口の方に飛行機の姿が見え始めた。それに気がついた途端に、私たちが離れて来た岸壁および対岸の高射砲陣地が一斉に射撃を開始した。高度を下げたのか、飛行機の姿がグングン大きくなる。六機である。

本船の横に、浮桟橋のようなものがあって、私たちは、それに乗り移ってから本船へ乗り込むのである。艀は、浮桟橋の近くまで来ていた。私は、それへ飛び移って、日本刀と大きな魔法瓶とを投げ出した。魔法瓶の内部のガラスが毀れて、湯ざましの水が流れ出した。その水の中へ、ルックザックを背負ったまま、私は伏せた。ここで死ぬのだ、と思った。そう思いながら、ソッと空を見上げると、飛行機の胴体から黒いものがポロリポロリと離れて落ちて来る。一機が三個ずつの爆弾を投下したようである。爆弾が空気の壁を破る音がガラガラと聞こえる。私の神経という神経は、ルックザックを背負った背中に集っていた。ここで死ぬのだ、と私は思った。恐ろしいという気持ではなく、千畳敷の大広間の真中に一人で坐っているような、シーンとした淋しい気持であった。空気の壁を破る音が極限に達したかと思うと、浮桟橋が、私たちを振り落すように揺れ始めた。——「もう大丈夫だ」という声がした。頭を上げると、飛行機は、かなり上流の方を飛んでいた。

毀れた魔法瓶を河に捨てて、私は、仲間と一緒に本船へ乗り移った。私たちは、馬鹿になったように、何時までも黙っていた。六機が三発ずつ投じた合計十八発の爆弾は、山西丸を狙って投下されたのに、一発も命中せず、みな船の周囲の水中に落ちていた。気がついてみると、私たちの船は、何事もなかったように、河口へ向って動き出していた。

5

高見順の日記によると、その日の項に、「戦友たちのあわただしい帰還で、宿舎、騒然。そして大風一過、みな去って行った。寂しさが切々と身を嚙む。だが、ここが男のガマンのしどころと堪える。」動き出した船の中で、私も淋しさに堪えていた。その淋しさは、高見順の「寂しさ」とは違って、あの千畳敷の大広間の真中に一人で坐っているような、シーンとした淋しい気持の続きであった。あの淋しさということを除くと、船中生活の記憶は何も残っていない。何も残っていないのは、輸送船に私が慣れていたということもあろうが、私たちの船が河口からベンガル湾へ出ると同時に、猛烈な暴風雨に見舞われ、多くの小さな記憶が、この大きな一つの記憶の中に溶けてしまったためであろう。

甲板の直ぐ下の、稍々ユッタリした「蚕棚」にいたことは覚えている。けれども、船の動揺が烈しいので、そこに坐っていることは出来なかった。身体を横にしても、あちらへ転がり、こちらへ転がる。嘘か本当か知らないが、こういう暴風雨の場合は、エンジンを止めて、船を浪や風のままに流れさせるものだ、と誰かが言っていた。現在、船は、敵軍のいるインドの方へ流されている、と誰かが言っていた。しかし、こういう暴風雨では、敵の潜水艦も活動することが出来ないから安心だ、と誰かが言っていた。そういうことを遠い話のように聞きながら、私は蚕棚でウトウトしていた。暴風雨は、二昼夜、休みなく続いた。甲板やハッチに近いところにいたので、風の吠える声がよく聞こえるし、甲板を洗う浪の音も皮膚に感じられる。それに加えて、呼吸が苦しいような湿気。私は、どの力に対しても抵抗することが出来ない。抵抗する気持もない。船の動揺につれて、頭の方が高くなったり、足の方が高くなったりする。右へ転がったり、左へ転がったりする。意識はボンヤリと濁って、何時も半分ぐらい眠っているような気分である。自然との融合などという立派な言葉とは縁が遠いけれども、こうして、荒々しい自然の諸力に身を委ねているのは、それなりに快いことでもあった。

時々、兵隊が握飯を届けてくれたが、二日二晩、殆ど何も食べなかった。しかし、何回か便所へ行った。緑丸のような便所ではなかったと思うが、やはり、ハッチを出て、甲板を歩いて行かねばならぬ。これは、「快い」どころの騒ぎではない。少しでも気を許せば、浪や風に連れて行かれてしまう。ロープに摑まったり、柱に抱きついたり、必死の努力をせねばならぬ。その時だけは、目が覚める。そして、無事に蚕棚に戻ると、再びウトウトし始める。空襲のショックのためか、暴風雨という刺戟のためか、七ヶ月前、タイから国境を越えてビルマへ入った日に始まって、ラングーンにいる間中、片時も私から離れなかった下痢は、知らぬ間にピタリと止っていた。

二昼夜経つと、暴風雨は、まるで約束してあったように、何処かへ消え、私たちの船は、これまた何事もなかったように、静かに南下を始めた。敵の潜水艦は、マラッカ海峡が一番危い、と誰かが言っていた。それは本当らしかった。マラッカ海峡を通過したのは、十一月十三日の金曜日であった。しかし、心配したほどのこともなく、十四日か十五日の夜、船は無事にシンガポール（当時は、昭南と呼ばれていた）に入り、豊田三郎など二、三の仲間と一緒に、私は、海岸のラフルズ・ホテル（当時は、昭南旅館とか呼ばれていた）に泊ることになった。私たちは、シンガポールで別の輸送船に乗り換える予定になっていたが、暴風雨のために山西丸の到着が遅れたので、その船は既に出帆していた。私たちは、数日間、シンガポールで次の便を待つことになった。翌朝、私は昭南郵便局へ駆けつけて、妻に宛てて電報を打った。「ガクセイロンゼッタイニダスナ　イクタロウ。」

6

私たちは、数日間、シンガポールの町を歩き廻って、次の船を待った。それは、新しい、美しい船で、どうやら、客船を輸送船に仕立てたものらしかった。出帆の間際に、徴員としてジャヴァへ行っていた阿部知二が乗り込んで来た。以前から、私たちの間では、「ジャヴァは天国、ビルマは地獄」と言われており、マレーは両者の中間だという話であったが、私は、「中間」のシンガポールの町を歩いて、明るいこと、豊かなこと、賑かなことに驚いていた。しかし、私たちの船へ乗り込んで来た阿部知二の立派な服装を見た時、彼は紳士で、私たちは避難民のように思われた。彼から「天国」の模様を聞いているうちに、船はサイゴン港に入った。

船が岸壁に着くと、何人かの日本人がドヤドヤと乗り込んで来て、「陣中見舞に来た」と言う。サイゴン駐在の新聞記者たちである。彼らはみな喪章を附けている。そして、口々に、「あなた方は、本当に運の好い人たちだ」と言う。聞いてみると、暴風雨で私たちの到着が遅れたため、シンガポールで乗り損った輸送船が、サイゴンの沖合で敵の潜水艦に撃沈されて、全員が死亡し、今日は、これから慰霊祭だ、と言う。そう言われて、私たちが好運であることはよく判ったけれども、しかし、それよりも、私たちの身の上の危さと脆さとが気味悪く感じられた。ラングーン港の空襲にしても、あんな低空から十八発の爆弾を投下されて、一発も命中しないというのは、殆ど考えられないことである。また、二日二晩、船が暴風雨のためにインドの方へ流され、それで不幸な輸送船に乗らずに済んだというのも、全くの偶然である。どれ一つとして、私たちの努力の結果ではない。私たちが現に生きているという事実は、私たちの意志や行為に支えられてのことではなく、私たちの知らない、また、手の出しようのない沢山の偶然の積み重ねの上に危く乗っているのではないか。誰かが乗せてくれたのでもなく、ただ、ヒョッコリと乗っているのである。確かに、ラングーンからサイゴンまでは、ヒョッコリと乗って来た。しかし、サイゴンから日本までの約二週間、何時もヒョッコリと乗っていられるであろうか。新聞記者たちは、「よかった、よかった」と言ってくれたが、「よかった」のは私たちの過去で、私たちの未来は、それだけ危険なものに思われた。

間もなく、船はサイゴン港を離れ、サイゴン河を下って、南支那海へ入って行った。船の名前は忘れてしまったし、船尾に近いロビーのようなところで起居していたこと以外、何も覚えていない。また、私は、豊田三郎や阿部知二を初め、仲間たちとも殆ど話をしなかった。彼らと話などしている暇のない忙しい生活が始まったのである。

船がまだサイゴンの港に泊っているうちに、一人の下士官が船尾の甲板に坐って、お経を唱え始めた。唱え始める前に、近くにいた私に向って、自分がお経を上げている間は、この船は大丈夫です、どうか、安心していて下さい、と言った。それから、何というお経か知らないが、彼の読経が始まった。食事はどうするのか、睡眠はどうするのか、スコールの時はどうするのか、それは聞いてもみなかったが、朝、私が起きると、彼は既にお経を唱えていたし、夜、私が寝る時も、彼はまだお経を唱えていた。自分も何かお経を唱えなければいけないのではないか、と私は考えるようになった。

7

お経の力で敵の潜水艦の潜望鏡を逃れたり、発射された魚雷の方向を変えたりすることが出来るとは思わなかった。私が考えていたのは、謂わば一種の力学的な問題であった。輸送船にいる私にとっては、特に、サイゴンの新聞記者の話を聞いてからは、無事に日本へ帰れるというのは、非常に大きな幸福、というより、現実に享受する見込みがないような幸福である。考えるのも恐ろしいような幸福である。仲間たちも、心の底では、同じように感じていたのであろう。この感じは、日本との距離が小さくなるにつれて、烈しさを増して来る。それと同時に、この大きな幸福は、私が何の努力もしないで手に入る筈はないと思われて来る。ラングーン港の場合も、不幸な輸送船の場合も、私たちの努力ではなく、本当の偶然が私たちを救ってくれたのだが、これからの二週間を少しでも安全なものにするためには、私たちも何かの努力をしなければならない。ボンヤリと海を眺めていたり、阿部知二と雑談したりして、それで、あの大きな幸福が手に入るわけはない。大きな幸福と釣り合うような努力、それが私の側になければ均衡が成り立たない。大きな幸福が百トンの重量であるならば、私も百トン分の努力を積み重ねなければならぬ。私が懸命に努力して、それでも撃沈されたら、私の努力が足りなかった証拠である。それで諦めもつく。

私は、甲板でお経を上げている下士官が羨ましくなった。読経というのは、こういう場合に相応しい立派な方法である。大丈夫です、安心していて下さい、と彼は言うが、彼一人のお経だけで、私たちの生命まで守られるであろうか。目方が足りないのではないか。私も何かせねばならぬ。しかし、私は経文を知らないし、また、キリスト教徒でないから、祈禱の言葉も知らない。あれこれと考えた末、私は、ルックザックの中から、かつてラングーンの露店で買ったハウプトマンの『情熱の書』(Gerhart Hauptmann, Das Buch der Leidenschaft, 1929) というドイツ語の本を取り出した。海をボンヤリ眺めるのもやめ、阿部知二と話すのもやめて、起きている限り、船が日本の港に入るまで、私はハウプトマンを読んでいよう。そして、日本の港に入るまでに、これを読み終ろう。日夜、このハウプトマンを読み続けることによって、下士官のお経の手伝いをしよう。こうして、私の忙しい日々が始まった。

日本を出発する時、ビルマでドイツ語の本を読む機会はない、と私は決めていた。格別の理由はなかったが、何かの弾みで、そう思い込んでいた。英和と仏和とは持って来たが、大した荷物にもならないのに、独和は持って来なかった。それだけに、ラングーンで、豊田三郎のデスクの横に積み上げられたドイツ語の本を見た時、私は足を掬われたように感じた。ドイツ文学科出身であったので、彼が何処からか拾い集めて来たのであろう。私は、彼から借りては、いろいろの本を読んだ。私の日記を調べてみると、「六月二十九日（月）……Hannah Asch, Birmanische Tage und Nächte, 1932 を豊田三郎より借用。Hans Carossa, Die Schicksale Doktor Bürgers は、一昨日読了。本日返却。『七十歳位になると、或る人間の選んだ道を邪道とは言はぬやうに気をつける』（五三頁）。」「七月一日（水）豊田三郎から借りた Thomas Mann, Tonio Kröger を読む。『或る人がどうしても道に迷つてしまふのは、彼にとつて一般に正しい道といふものがないからである。』この言葉が二度（三八頁及び一一二頁）出て来る。」

手許に残っている記録によると、私がハウプトマンを露店で買ったのは、十月一日である。夜店であったような気がするのだが、何分にも物騒な時期であったから、夜店はなかったような気もする。夕方ということにしておこう。ビルマ人の女性が大道に坐って、紙の上に僅かばかりの野菜と貧しい雑貨とを並べていた。南瓜や蠟燭に挟まれて、一冊だけ本があった。それがハウプトマンであった。

値段は、一ルピー八アンナ（一円五十銭）であった。何の気もなく、それをルックザックに投げ込んで輸送船に乗ったのであるが、サイゴンの沖へ出てから読み始めてみると、割合に面白いものであった。面白くてよいのであろうか。今度は、それが心配になって来た。あの下士官にとって、読経ということは面白いものなのか。面白いどころか、大変に辛いものなのではないか。辛くなければ、私たちを潜水艦から守るという御利益（ごりやく）がないのではないか。ハウプトマンが面白くては、お経の手伝いにならないかも知れぬ。そういう不安はあったものの、あまり易しくないドイツ文を、一行も飛ばさずに全体を読んで行って、そして、読み終らねばならないのであるから、かなり忙しかった。

8

『情熱の書』は、序文によると、ハウプトマンの作品ではないことになっている。勿論、それはフィクションであるが、彼自身は編者ということになっている。この書物の内容は、或る人の書いた日記である。しかし、日記を書いたのは誰であるか、それは明らかではない。明らかなのは、日記の保管者だけである。それなら、日記は、保管者が書いたものなのか、となると、これも断言することは出来ない。ただ、編者ハウプトマンが、そうであろう、と推定しているだけである。さて、日記の保管者は、どういう人物か、というと、フランスの亡命貴族の出身で、彼の曽祖父は、ドイツ人の女性と結婚しており、祖父も、同じくドイツ人の女性と結婚しており、父は、オランダ人の女性と結婚している。ハウプトマンが、保管者から彼の手に渡った日記に取捨を施したのが、この『情熱の書』だというのである。

読者は、序文の大略だけで、もうウンザリしているであろう。その後、この作品は、日本語に移され、上下二巻として「岩波文庫」に収められているから、読んだ方も少くないであろうが、とにかく、何事もサラリとは行かない。それが厭で、私は、ドイツの小説というものをあまり読まなかったのだけれども、今は、そんなことは言っていられない。面倒で重苦しいところがあればあるほど、それに堪えることに意味があるのであろう。この小説の筋そのものは、しかし、簡単と言えば、非常に簡単なもので、或る男が、妻子を捨てて、若い女性と結婚するという話に過ぎない。ところが、日本人なら、一週間か一ヶ月で片づくような問題に、この主人公は十年という時間を費している。『情熱の書』の内容である日記は、一八九四年十二月の或る日に始まって、一九〇四年九月の或る日で終っている。日記が書き始められた日に、彼の意志は既に決定されているのだが、その完全な実現に、十年の歳月を要している。この間、主人公は、ヨーロッパおよびアメリカの各地を転々としながら、絶えず苦悶し懊悩している。南支那海から東支那海へと、私は、彼の苦悶や懊悩に附き合って来た。

船中の私は、特別な必要に迫られて、読経の代りに、このハウプトマンを読んでいるのであり、読めば、それなりに面白くもあるが、特別な必要がなかったら、夙に投げ出していたであろう。それにしても、何という気の長さ、何という執拗、何という重苦しさであろう。しかし、ドイツ人にとって、こういう作品が或る確実なリアリティを持っていればこそ、彼は大作家の地位を占めているのであろう。ドイツ人ばかりではあるまい、西洋人全体にとって、それは確実なリアリティを持っているのであろう。いや、西洋人ばかりではなく、ことによると、あの薄気味悪いインド人や中国人にとっても、それは確実なリアリティを持っているのかも知れない。しかし、そうなると、特別の必要に迫られて初めてハウプトマンを読み続けられるような私――私たち――は、精神の波長のようなものが彼らと根本的に違うのではないか。何事にも短気で淡白な日本人は、何かの拍子で成功することがあっても、少し長期的に見れば、所詮、彼らに太刀打出来ないのではないか。この戦争は、どうせ、負けるに決っている。負けた後に残っているのは、日本人を叩き直す仕事であろう。しかし、日本人を叩き直す仕事が、日本人に出来るものであろうか。十二月六日であったか、漸く『情熱の書』を読み終って、ボンヤリ考え込んでいると、「長崎の辺りだ」と誰かが叫んだ。甲板に出ると、右手に低い陸地が見えていた。下士官の読経は、まだ続いている。

新聞社の内部で

1

十二月十日（昭和十七年）頃、私は、読売新聞社へ帰国の挨拶に行った。その時は、暫く休養させて貰うつもりであった。ビルマでは、何一つ仕事がなく、ただブラブラと日を過ごしていたのだが、日本へ帰ってから、会う人ごとに、「御苦労さまでした」とか、「大変だったでしょう」とか言われているうち、自分でも「大役」を果したような気になり、暫く休養する必要があるように思い始めていた。主筆の高橋雄豺氏は、「少し休んだ方がよいでしょう」と言ってくれた。ホッと安心して帰ろうとすると、石浜知行氏が追いかけて来て、廊下の隅へ私を連れて行き、「休んではいけません」と真面目な表情で言う。私がビルマへ行っていた間に、読売新聞社と報知新聞社とが合併になり、題号が『読売報知』と変ったのは知っていたが、石浜氏の話によると、この合併で、報知新聞社の論説委員が私たちの仲間に加わることになり、しかも、その人たちは右翼らしいので、これまでのような調子で行けるかどうか、今が大切な時だから、休んではいけない、と言う。私は、休むことをやめて、翌日から出勤することにした。

報知新聞社から来た論説委員は、数も少く、控え目な人たちであったので、「これまでのような調子」は、結局、そのまま続くことになったが、「これまでのような調子」というのは、私たちの間のリベラルな、遠慮のない空気を指していた。私が入社した当時、論説委員室は、本社（現在は、大成建設東京支店）の三階の細長い部屋であったように思う。左側廊下から入ると、八つのデスクが縦に左右二列に並んで、四つずつ向い合っていた。左側の一番奥の、窓に近いデスクには、新聞記者として長い経歴があり、戦後は重役になった四方田義茂氏が坐っていて、専ら戦局に関する論説を書いていた。長老という感じであった。その右隣が私のデスクで、私は、教育や文化の問題を担当していた。私の右隣は経済問題担当の坂野善郎氏で、私とほぼ同年輩、戦後は読売争議の指導者として活躍し、その後、日本共産党の『赤旗』の編集長になったという話を聞いたことがある。その右隣は空席になっていた。

右側の一番奥の、四方田氏と向い合ったデスクには、国際問題を担当する鈴木東民氏が坐っていた。戦後は、読売争議の最高指導者、日本共産党に入党（間もなく、脱党）、その後、釜石市市長になった。その隣は、私と向い合った石浜知行氏で、中国問題が担当であった。鈴木氏同様、私より十歳以上の年長、しかし、鈴木氏が新聞記者として長い過去があるのに対して、石浜氏は、労農派の経済史家であった。昭和三年、治安維持法違反で九州帝大教授の地位を失い、昭和十年、論説委員として入社している。その隣は、現在も経済評論家として活躍している菱山辰一氏で、勿論、担当は経済問題であった。その隣は、客員の倉辻白蛇氏で、かつて長谷川如是閑と一緒にイギリスへ行ったというのであるから、既に相当の高齢であった。倉辻氏は、平常は何も書かず、紀元節や天長節の社説――「有難もの」などと呼ばれていた――だけを書いていた。「竹の園生の御栄え……」という調子の、ただお目出たい言葉ばかりを並べた儀礼的な文章であるが、少しでも隙があると、右翼から怒鳴り込まれる危険があったので、すべて老練の倉辻氏に押しつけていたようである。

こういう顔触れであったから、論説委員室の内部では、絶対に世間で耳にすることのない、ハラハラするような会話が交されていた。政府や軍部の方針とは正反対の批評が、内外の政局に下されていた。他の新聞社のことは知らないが、私は、当時も、現在も、この論説委員の顔触れを考えるたびに、ひどく不思議な感じがする。社長の正力松太郎氏は、警察畑を歩いて、大正十二年末の虎の門事件のために警視庁警務部長を引責辞職、翌年二月、読売新聞社の社長になった人である。副社長の高橋雄豺氏も、同じ警察畑の人で、香川県知事を最後に野に下り、昭和八年一月、外報部長として読売新聞社に入社、同年十一月、主筆に就任している。警察出身の正力氏や高橋氏は、あの言論弾圧の時代に、どういう理由や必要があって、この人たち――全員のことではないが――を論説委員に任命し、新聞の表看板である社説を書かせていたのであろうか。その人たちの能力を買ってであろうか。それとも、その人たちに同情を寄せてであろうか。何れにしろ、そこには、諸外国に見られない、或る日本的なもの——寛容というのであろうか——があったように思う。

2

昭和十六年五月、その頃、私は、毎週火曜日の夜を面会日に定めていた。「御用件は簡単に願います。面会日は毎週火曜日夜です」という紙片を玄関に張り出していた。私の家は、前に触れたように、牛込区市ヶ谷田町にあり、一階が三間、二階が三間の借家であった。面会日については、「生意気な奴だ」とか、「大家気取りだ」とかいう噂があったけれども、私としては、考えた揚句の方法であった。毎日、訪問者が非常に多かった。その半分は、新聞社や出版社の編輯者で、この人たちは、原稿の注文に来る、私には大切なお客である。その人たちが注文に来てくれなければ、私は生きていられないであろう。しかし、他の半分は、年少の友人や学生である。これも読者というお客には違いないが、原稿依頼という具体的な用件でなく、私と話し合おうという漠然たる用件で来る。話し合うことは楽しいけれども、それで多くの時間を使ってしまったら、原稿を書く時間も、勉強する時間もなくなってしまう。面会日という制度は、編輯者は何時でも来て戴くが、用事が済んだら帰って貰う、私と話し合おうという人は、火曜日の夜に来て戴く、こういう風に二種類の訪問者を区別するために作ったものである。

五月の或る面会日の夜、私が二階の部屋で若い友人たちと話しているところへ、妻が顔を出して、谷川さんがお見えになった、と言う。まさか、谷川徹三氏ではあるまい、と思って、玄関へ出てみたら、やはり、谷川徹三氏であった。二階の部屋は、お客で一杯なので、生暖い風に吹かれながら、濠端の電車通りを神楽坂の方へ歩いて行く途中で、お話を承ることにした。何の御用か判らないが、私は、ただもう恐縮するばかりであった。谷川氏のお話は、読売新聞社の論説委員になる気はないか、という趣旨のものであった。お話によると、主筆の高橋雄豺氏がかねて私を論説委員に招きたいと思い、その件を石浜知行氏に依頼されたところ、石浜氏が私を直接に知らないので、私を知っている谷川氏を介して、私の気持を探ることになったというのである。それにしても、わざわざ、お越し戴いて、私は心から恐縮した。しかし、読売新聞社の論説委員になる気持はありません、とお断りした。お断りしたのは、私と朝日新聞社との間に或る特殊な関係があったためである。

朝日新聞の学芸欄に初めて執筆したのは、昭和十一年であるが、頻繁に執筆するようになったのは、昭和十三年の初めからである。学芸部長に会った記憶はなく、私が接触したのは、終始、学芸部員津村秀夫であった。当時、彼は、原稿依頼の手紙にいつも「津村秀剛」と大きく書いていた。彼は、私と同じ年輩で、東京商科大学教授津村秀松氏の息子、鹿児島の第七高等学校造士館から東北帝大へ進み、小宮豊隆氏の下でドイツ文学を専攻した。また、Qというペンネームで知られた、非常に鋭い映画批評家であった。私が初めて会った津村秀夫は、いかにも「剛」という文字に愛着を持っているような、いくらか豪傑風のポーズを示していた。何を考えたのか、秀剛は、ひっきりなしに、私に原稿を依頼して来た。学芸欄には、「槍騎兵」という署名入りの短評欄が設けられていて、私に依頼された原稿の多くは、「槍騎兵」のものであった。「槍騎兵」は、一篇が六百字で、書き始めた途端にスペースが尽きてしまうような窮屈な天地であった。しかし、私は、その短い文章を一所懸命に書いた。

その頃の文章の多くは、福田恆存が編んでくれた評論集『常識の名に於いて』(古今書院、昭和十五年)に収められている。この書物を調べてみると、朝日新聞への私の寄稿は、昭和十四年に入る頃から異常に高い頻度になっている。「槍騎兵」だけでなく、「長篇小説評」や「文芸時評」のようなものも書いている。それから想像すると、恐らく、昭和十四年の前半に、私と朝日新聞社との特殊な関係が生れたのではないかと思う。或る日、秀剛に会ったら、こういう話が持ち出された。第一に、毎月、朝日新聞社は私に五十円くれる。当時の五十円は、今日の十万円ぐらいであろう。第二に、私は、競争相手の東京日日や読売には一切執筆しない。第三に、朝日に書いた文章には、別に原稿料を支払う。それは、かなり高額なものであった。——一種の「専属」というものなのであろう。私は、二つ返事で秀剛の話を承諾し、毎週のように原稿を書くことになった。

谷川氏から読売新聞社のお話があったのは、朝日新聞社との特殊な関係が三年目に入る頃であり、この関係を私は失いたくなかったので、お断りしたのであった。ところが、その直後、用紙割当制の実施に伴って学芸欄が縮小され、私の特殊な関係も切れることになり、そのため、私は読売新聞社に入ったのである。六月一日附の辞令を貰ったように記憶していたが、最近、『読売新聞八十年史』（読売新聞社、昭和三十年）の巻末の「年誌」を見たら、七月五日附らしい。「△清水幾太郎論説委員として入社（七・五）」とあり、その前に、「△出版用紙割当制実施（六・二一）」と見えている。

3

初めて読売新聞社の玄関を入る時、私は八年前のことを思い出していた。万事が順調に運んでいたら、八年前に、私は読売新聞社の玄関を訪れた筈である。訪れて、どう取扱われたかは見当がつかないけれども、とにかく、紹介状を携えて玄関に立った筈である。私は、少し陰気な、少し滑稽な過去の出来事を思い出していた。

あれは、昭和八年の春であった。卒業後の二年間を過ごした東京帝大の社会学研究室をやめることになり、行き場のなくなった私に向って、主任の戸田貞三先生が、「小野のところへ行ってみろ」と勧めて下さったのに従って、私は、本郷の駒込千駄木のお宅に小野秀雄氏をお訪ねした。当時、社会学研究室の筋向うに、今日の東京大学新聞研究所の前身である新聞研究室というものがあり、小野氏は、この小さな研究室の嘱託で、以前から知っていた。お宅へ伺うと、夫人が玄関に現れ、奥の方へ向って、「清水という男が来ているんだけど、どうするんだい」と怒鳴った。「ああ、そうか、そうか」と小野氏が出て来て、機嫌よく即座に二通の推薦状を書いてくれた。その一通は、文藝春秋社に宛てたもの、他の一通は、読売新聞社に宛てたものであった。これを持って行けば、何とかなるよ、と言ってくれた。私も、何とかなるような気持になり、神田の古本屋を一軒一軒覗いてから、家へ帰った。

その頃、私の家は、小石川の東大分院の坂を上り、道が少し狭くなったところの右角の、明治時代に建てられた西洋館で、右隣は、農林省の課長であった重政誠之氏（戦後は、自民党代議士、農林大臣）の家であった。数軒先の同じ側に、東京帝大の西洋史の教授であった村川堅固氏、その前に、東京市長として有名であった永田秀次郎氏が住んでいた。玄関に入ると、母が私に一通の電報を渡してくれた。「スイセンジヨウシヨウスルナ　オノヒデオ。」

理由は全く判らなかったが、判ったところで仕方がないと思い、私は諦めることにした。そういう次第で、読売新聞社の玄関を入るのが八年遅れることになった。しかし、遅れた方が得であったと思う。八年前の私が、研究室を離れたばかりの人間であったのに対して、八年後の私は、朝日新聞などに頻繁に執筆している人間であり、そういう文章を読んで、高橋雄財氏は、熱心に私を招いてくれたのであるから。何事につけても、高橋氏が私を大切に扱ってくれるのを知り、また、論説委員室の自由な空気を吸うにつれて、私は「助かった」という気分になり、それと同時に、今までの生活が如何に危いものであったかを更めて考えた。それは、フリーのジャーナリストの生活であった。言い換えれば、原稿を依頼された瞬間に就職し、原稿を書き上げた瞬間に失業するような生活であった。また、それは、肩書というものがない生活であった。言い換えれば、大学や官庁や企業のメンバーという資格でなく、ただ裸の個人という資格で街頭に立っている生活であった。開戦へ向って流れ落ちて行く日本の中で、甲羅のない人間として生きることの危さ、それを入社の後に私は本当に知った。それまでは、知りたくもなかったし、知ったところで、どうなるものでもなかった。しかし、高橋氏は知っていたのであろう、と気がついたのは、これも入社後のことであった。

4

論説委員の仕事は、大変に楽なものであった。毎日、午後三時に会議室で論説委員会というものが開かれる。その時間までに出社すればよいのであるから、それまでの時間は、家で勉強していてもよかったし、町を散歩していてもよかった。論説委員会の仕事は、翌日の社説のテーマを決めることである。テーマが決まれば、それがどういう問題であるかによって、執筆者が自動的に決まる。或る海戦の戦果が発表された日であれば、当然、それがテーマになり、戦局担当の四方田氏が書くことになる。多くの場合、会議は一分間とはかからなかった。自分が執筆者にならなければ、会議が終ると同時に帰ってしまえばよいのである。テーマも執筆者も、日々のニュースによって自然に決まることであるが、それでも、一ヶ月近く執筆の機会がないと、自分が余計者のように思われ、落着かぬ気分になるものである。そういうことが何回かあった。

自分が執筆することになれば、一時間半ばかりの間に、四百字詰原稿用紙で三枚半ぐらいの社説を書けばよいのである。「槍騎兵」を初めとして、今までも沢山の短い文章を書いて来ていたので、私は何の苦労もなかった。むしろ、一番困ったのは、編輯局の何処を見渡しても、一人の仲間もいないということであった。他の論説委員は、長短の別はあれ、新聞記者としての経歴があり、その経歴を通じて得た仲間があり、部下がある。そういう経歴が石浜氏には欠けていたけれども、人柄や年齢のせいか、編輯局に多くの友人を持っているようであった。その点で、私は全く孤独であった。いや、ことによると、私は、孤独という以上に不利な事情にあったのかも知れない。

外国の或る日本研究者は、明治以来の日本のインテリを二つのグループに区別している。Aグループは、政府の諸機関や民間の諸企業に属して、日本の近代化を促進して来た人々から成っている。この日本研究者は、彼らの思想を「開明的保守主義」と名づけているが、こういう名称は、この人たち自身には何の興味もないことで、彼らにしてみれば、自分の権限の内部で、上司や現実から与えられた諸問題を解決することだけが仕事であった。近代化を進めるためには、「開明的」でなければならないし、社会のインテグレーションを失うまいとすれば、「保守的」であるほかはない。当り前の話である。ただ、この人たちの存在は、諸機関や諸企業の内部に吸収されて、よほど特別のケースでない限り、個人としての名は世に出ない。

Bグループの先祖は、明治年代の不平士族である。この先祖は、明治初年、非現実的な征韓論を唱えて敗れ、その後、急進的な自由民権論を唱えて挫折している。その子孫が、当時から今日に至るまで、諸機関および諸企業の外部で気儘に生きているインテリである。もとより、彼らも問題を自分に課しているが、それは、右から左へ解決されるような卑小な問題ではなく、全人類の覚醒を俟って解決されるような壮大な問題である。この問題が樹てられ解かれるのは、現実という平面ではなく、文字や言論というシンボルの平面である。そこでは、社会のインテグレーションなどという散文的なものに気を配る必要はない。検閲を別にすれば、限りなくラディカルであることが出来る。そういうインテリと諸機関や諸企業との間には、謂わば相互的な拒否の関係があるから、Bグループのインテリは、諸機関や諸企業の内部に吸収されることはない。個人としての名が何時までも残ることになり、広く世に名を知られる。AもBも同じインテリには違いないが、Aがリアリティの内部へ消えるのに対して、Bは、リアリティの外部にインテリとして存在する。

フリーのジャーナリストというのは、明らかに、Bグループの典型である。私は、それであった。その立場から考えると、大きな新聞企業の内部にいる記者たちは、むしろ、Aグループの一員であるように思われるが、入社してみると、記者たち自身は、Bグループとしての意識が非常に鋭いようであり、Aグループに対する反感が非常に強いようであった。フリーのジャーナリストであった私が、ただ社内に一人も仲間がいないという意味で孤独であったのなら、彼らは、私に対して、もっと親切であったのであろう。しかし、私は高橋雄豺氏に招かれて入社した人間であり、高橋氏は、官界から、それも警察畑から天下った人物である。そのために、高橋氏に対する社内の反感の一部が私にも向けられる結果になったのであろう。論説委員室の内部でも、高橋氏の評判はよくはなかった。「豺というのは、悪臭を放つ動物だそうだ」などと言って笑う人がいた。ニュースを確かめようと思って、私が編輯局の社会部などへ行くと、「そんなことは知らんね」と追い払われる。編輯局の中を歩いていると、「へん、学者づらしやがって」という声が背後に聞こえる。振返っても、誰が言ったのか判らない。私は、高橋雄豺氏の「子分」のように見えていたのであろう。

高橋氏と私との接触は、論説の執筆という日常の仕事だけに限られ、その他の面での接触は全くなかった。それが却って私の幸福であったのかも知れないが、最初にお目にかかった時から、私より二十歳近く年長の小柄な高橋氏のキビキビした物腰やテキパキした決定に私は魅せられていた。こういうタイプの人に、私は初めて会った。その高橋氏が、私に対しては何時も寛大な好意を示してくれたし、私も、高橋氏に対して何時も尊敬の心を抱いていたのであるから、「子分」と思われたとしても、あまり苦情を言うわけには行かないであろう。

5

しかし、論説委員の仕事が如何に楽であったにせよ、また、論説委員室の空気がいかにリベラルであったにせよ、私が勤めていたのは、選りに選って、開戦の年から敗戦の年に至る期間、つまり、言論の自由が殆ど全く失われていた時期である。私たちは、地獄の底で文章を書いていたようなものである。この時期の模様については、『中央公論』の編輯者として多くの辛い経験を嘗めて来た友人畑中繁雄氏の『覚書　昭和出版弾圧小史』（図書新聞社、昭和四十年）が詳細に叙述している。しかし、「知る権利」を楯に取って新聞記者西山某の行動を弁護するのが常識（？）になっているような現在では、当時の事情を理解することは困難であろう。

歴史を振返ってみると、言論が完全に自由であった時代は殆どなかったように思う。西山某に言わせれば、現代の日本も言論の自由が大いに不足しているのかも知れないが、将来はとにかく、現代の日本に見られる程度の言論の自由は、歴史上に先例がなかったように思う。徳川時代、明治時代、大正時代、敗戦までの昭和時代、どの時代にも、書けることと書けないこととの区別があった。何処かに制限があった。制限には、内的なものと外的なものとがある。内的な制限というのは、物理的、社会的、法律的には書くことが出来ても、書くのが恥ずかしいという、前に触れた羞恥心による抑制である。これに対して、外的な制限というのは、国家、会社、政党、組合など、執筆者の所属する大小の集団が設けた制限で、これを無視した文章は、部分的に伏字にされたり、全体的に発売や頒布を禁じられたりする。執筆者は、投獄、監禁、解雇、譴責、追放、除名、精神病院への収容など、いろいろの制裁を受ける。言論に完全な自由を保証して、各人に勝手なことを言わせておけば、国家も、会社も、政党も、組合も、自ら円満な発展を遂げるというのが、自由放任主義の信念なのであろうが、残念なことに、現実の諸集団の多くは、メンバーの自由に或る制限を加えることによって、存立が可能になっているようである。なぜか、正式の国名に民主主義という文字を用いている国家、熱烈に民主主義擁護を叫ぶ政党ほど、この制限は大きいようである。それに比べると、国家という平面に限って見た場合、現在の私たちが享受している言論の自由は、途方もなく大きいものである。それを見過ごして、戦前および戦中の地獄の底を覗いてみたところで、兵役というものを知らぬ現在の日本の青年に戦前および戦中の青年のことが判らないのと同じように、何も判りはしないであろう。

外的な制限について言えば、明治→大正→昭和という順序で生きて来た私たちは、初めから言論の制限に慣れていたのである。最初から、書けることと書けないこととを区別する一線が何処かにあるのを知っていた。知らない場合でも、それを感じていた。何事も同じであろうが、書く人が誰であるか（将軍であるか、大臣であるか、社長であるか、官立大学教授であるか、フリーのジャーナリストであるか）、メディアが何であるか（専門の学術雑誌であるか、総合雑誌であるか、新聞であるか）などによって、その一線は微妙に動きはしたけれども、何処かに必ず一線があり、そして、その一線が、一九三〇年代を通じて、少しずつ一つの方向へ移って行ったのである。書けることが減り、書けないことが増す方向へ移って行ったのである。真昼から深夜へ飛び込んだのではなく、初めから雲に蔽われていた太陽が傾いて、ビルの背後に隠れ、四辺が次第に薄暗くなるという調子で変って行った。私が論説委員になったのは、相当に暗くなった時期であった。

あの紙片は、「通達」という名称のものであったろうか。あれは、情報局から私たちのところへ来たものであったろうか。来るのは、毎日であったろうか。どれも正確に覚えていないが、とにかく、社説の執筆に関する注意事項を印刷した紙片が私たちのところへ廻って来る。それには、次のようなことが書いてある。㈠Aという事件があるが、これは取扱ってはならぬ。（私たちは、それで、Aという事件があったことを初めて知る時があった。）㈡Bという事件を取扱う場合は、aという側面には触れないで、bという側面を強調すること。——新聞としては、社説欄を空白にすることも出来ないし、社説に伏字があっても困るので、結局、Aという事件を避け、Bという事件をbという側面に力点を置いて書くことになる。こういう条件は、すべての新聞に共通のものであったから、どの新聞の社説も、内容は似たり寄ったりのものになっていた。これは、あの時代の顕著な事実である。しかし、そう顕著ではなかったが、もう一つの事実があった。それは、大部分の論説委員には意地があったという事実である。大筋としては注意事項を守って書きながら、そこへ、一行でもよい、一語でもよい、こちらの言いたいこと、当局の好まぬであろうことを忍び込ませた。忍び込ませたところで、それが天下の大勢に影響を及ぼすことはなかったし、今日、その例を紹介してみても、洒落の説明をするような、間の抜けた話になるであろうが、それでも、小さな意地を張るのが、せめてもの生き甲斐であった。それに、生れた時から言論の制限に慣れて来ただけに、一行か一語かに意地を張る方法も少しは心得ていた。

6

言論の制限に慣れていたのは、しかし、当方ばかりではなかった。読者にとっても、Bという事件をbという側面に力点を置いて書いた社説を、あの新聞でも読み、この新聞でも読むという経験を重ねて来れば、そういう諸新聞に共通の部分は、謂わば背景のような地位に退き、私たちが意地で書いた一行や一語だけが背景の前に浮び上って来るようになる。どうも、そういう風に考えられる。事実、一行か一語かを首尾よく忍び込ませた時、この一行か一語かについて、賛成、支持、激励の投書が山のように来た。それは、珍しいことではなかった。しかし、私が「親心返上論」（昭和二十年一月三十日附）という社説を書いた時は、いくらか特別であった。趣旨は、次のようなものである。危険がないから前進しろ、という命令を下す部隊長はいない。危険を覚悟で前進するのが兵士である。戦争がここまで発展した以上、すべての国民が兵士である。それなのに、当局は、既に兵士である国民に向って、危険がないから安心しろ、と言っているようである。これは親心というものであろうが、もう親心は無用である。国民はすべて勇敢な兵士なのであるから。――大略は以上のようなものであった。これには、実に夥しい投書が来た。その中には、西洋美術史の児島喜久雄氏が書いた「論説委員殿」という宛名の巻紙の長い手紙が含まれていた。洒落の説明をするのは気が進まないが、私の文章は、戦局の真相の発表を軍当局に求めたものである。勿論、それは無理な注文で、結局は、直ぐに戦争をやめろ、というのと同じようなことであった。

けれども、諸新聞に共通な部分を背景として浮び上って来る一行や一語に誰よりも鋭い眼を向けていたのは、検閲の当局者であった。Bという事件を指定し、bという側面を強調することを求めたのは、彼ら自身なのであるから、そこに混入した一行や一語の不純物は、彼らの注意を惹くに決まっている。彼らが黙っている筈はない。私が「親心返上論」

のことをよく覚えているのは、全国から投書が殺到して気持がよかったという理由もあるが、もう一つ、それが当局をひどく怒らせたという理由もある。あの社説の数日後、論説委員室の私のところへ、或る政治部記者がやって来て、正力社長が「親心返上論」のことで情報局（?）へ出頭を命ぜられ、さんざん文句を言われた、という話をしてくれた。私は社長に呼ばれるであろう、そして、大いに怒られるであろう、と覚悟して、それを待っていたが、到頭、呼ばれもせず、怒られもしなかった。

地獄の底は、私たちが意地で一行か一語かを書き、多数の読者がそれに共鳴し、検閲官がそれに腹を立てる、そういう世界であった。一行や一語が、私にとっても、読者にとっても、検閲官にとっても、それぞれ異なった意味で生き甲斐なのであった。けれども、考え直してみると、戦時下でありながら、そういう一行か一語かを滑り込ませることが出来たというところにも、やはり、日本的な寛容があったのであろう。ナチでは、そうは行かなかったらしいし、また、戦時下でもないのに、今日のロシアや中国を初めとする社会主義国では、到底、そうは行かないようである。

7

一行や一語に執筆者も読者や検閲者も生き甲斐を感じるというのは、何と言っても、言論の異常な制限であった。それは、戦争という異常な事態に見合った——という意味では、どの時代の、どの国家も免れない、その限りでは正常な――制限であったのか、それとも、戦争という異常な事態とさえ釣合いのとれぬほど異常な制限であったのか、それを判定する方法を私は持っていないけれども、ナチやロシアや中国ほどでないにしろ、あの辺まで制限が進むと、言論の機能はゼロに近くなる。しかし、異常な制限は閉口だとしても、異常でない制限もあるのではないか。それは必要なのではないか。私は、時々、そんなことを考える。

第一に、文章は、何処にも言論の自由などのない時代に生れ、多くの制限に囲まれて生きて来たものである。不用意に使った一語で生命を失ったり、一生を棒に振ったりするような諸時代を生きて来たため、何時か、こういう諸時代の空気が文章や言語の本質の一部分になってしまったのではないか。それは、真昼のメディアでなく、薄明のメディアなのではないか。周囲を恐れながら、一語一語をソッと大切に扱って初めて、生命のある文章が出来、それが何かの役に立つのではないか。完全に自由な空気の中で、惜しみなく激烈な言葉を使うことが出来た途端に、言語のインフレが起ってしまい、私たちは、文章を信じるよりも、暴力を信じたくなるのではないか。

第二に、文章にしろ、言語にしろ、みなシンボルの世界に属している。みな実物ではない。水という文字に触れても、手が濡れることはないし、花という文字は、実物の花に似てはいない。実物の山は、生命がけで登らねばならないが、山という文字を書いた紙片なら、ポケットに入れることが出来る。シンボルと実物は違うのである。しかし、或るイデオロギーを信じるということは、文字を実物と思い込むことであるらしい。激烈なシンボルを書いたり叫んだりしただけで、実物の世界に或る望ましい変化が起ると考えるようになるらしい。それが起らないとなると、言葉に身を託した思考そのものが現実と嚙み合わないのではないかと考えるより、言葉の力が足りなかったのではないか、言葉が弱かったのではないかと考えるようになるらしい。そこで、もっと激烈な表現が選ばれる。しかし、それでも望ましい変化は起らない。そこで、更に激烈な表現が生れる。恐ろしいもので、一旦強い言葉を用い始めると、坂道を転がり落ちるように、一つの強い言葉が次の更に強い言葉を生み出して、止まらなくなってしまう。それでも、或る狭いサークルの内部では、そういう言葉が通用力に似たものを持つであろうが、その外部の人たちにとっては、ただ騒々しいだけのシンボルになってしまう。つまり、言語や文章がシンボルであることを知っている人々に対しては、使用される文字が強くなればなるほど、意地の悪いことに、その効果が弱くなるものである。反対に、効果を強めようとすれば、どうしても、何かに遠慮した、控え目な文字を探して、それを賢く使わねばならない。外的な制限の影が薄くなればなるほど、内的な制限を厳重にする必要が大きくなる。これは、日本に限った話でなく、万国共通の文章のイロハらしい。ドイツで出版されている、クリスティアンセンの『散文入門』（Broder Christiansen, Eine Prosaschule, 1956）を見ても、「非常に大きい」と書きたい時は、「大きい」で我慢しなさい、「極めて豊かな」と書きたい時は、「豊かな」で我慢しなさい、と勧めている。

それにしても、外的な制限が或る程度を越えて強くなると、どうしても、自分の使う一つ一つの言葉に臆病になる。ところが、人間の思考は、言葉を離れて成り立たないもの、言葉に身を託して初めて存在するものであるから、よほどの努力がない限り、言葉の臆病が思考の臆病になる。私などは、外的な制限が日増しに強くなって行く時代に、フリーのジャーナリストという弱い立場で文章を書いて暮して来たため、言論が無制限に自由である現在でも、ひどく言葉に臆病であり、そして、思考に臆病であるように思う。しかし、若干の資料によると、明治八年六月に施行された讒謗(ざんぼう)律および新聞紙条例という新しい外的な制限のために、日本人が言葉と思考とにおいて著しく臆病になったという事実があるようである。

末広鉄腸は言う。「夫の条例の頒布前に於ける新聞紙を以て今日に比較すれば思想は誠に幼稚なり文章は甚だ不熟練なり。僅々廿年の間に於て新聞紙の進行は甚だ驚くべき程なれども、当時の記者は其の意見を吐露するに於て毫も拘束せらるる所なきに因り、往々筆墨飛舞の妙ありたり。然るに条例の頒布以来記者の紙に臨む毎に其の肘を掣するものあるに因り、成るべく其文章を紆曲にして意味も言外に現す事に努め、毫も筆に任せて揮瀉する能はず、夫の汪三儂の言へるが如く驚濤怒鼇の文は蹄冷杯水の文となり、聱牙(ごうが)棘歯の文は軟面滑口の文となり、而して新聞停止の事起りしより殊に然りとす。是独り新聞紙のみに非らず一般の著書に於てもまた同一なり。故に余は言論の束縛を以て明治文学の発達に向つて一大頓挫を来せしものと断言するを憚らざるなり。」末広鉄腸の文章は、あまり明快とは言えない。一方では、新聞紙条例以前の方が思想も幼稚であり、文章も拙劣であったと認めながら、他方では、新聞紙条例によって文章が女性的になり、明治文学の発達に頓挫を来したと嘆いている。明快ではないけれども、言論に対する外的な制限を憤る気持はよく判る。

ところが、福地桜痴は、同じ時期に同じ問題を論じて、明快な主張を試みている。「斯の如く新聞紙条例に会ひて困難に陥つたれども、新聞紙の勢力は益々旺盛に赴きたり。而して諸記者の文章は此険艱の障碍に遭ひたるが為めに、各々刻苦して迂余曲折の妙を自得したりければ、我国の文章には一種言ふ可からざる裏観謎章の新面を現出するに至れり。余が如き其初は単刀直入の論文をのみ書きたる拙手が、幾分か此味を解したるも蓋し当時新聞紙条例の賜なりきと云ふべし。」

これは、新聞紙条例に対する「感謝」の言葉である。敗戦直後、この感謝の言葉を読んだ時、私には納得が行かなかった。日本政府の異常な言論抑圧がまだ昨日のことであったばかりでなく、それに代って、新しくアメリカ占領軍の検閲が始まっていた。占領軍は、私たちが慣れていた伏字や空白というものを許さなかった。私は、自分の文章のゲラ刷に

deleteという文字が荒々しく書かれているのを何度か見た。検閲官の気に入らない個所があると、その個所は遠慮なく削除され、私たちは、そこを空白にせずに、その前の個所とその後の個所とを直接に繋ぎ合せねばならなかった。そのため、当時は、趣意の判らぬ文章が方々の雑誌に載ることになった。しかし、多くの人々は、空白がないため、検閲が行われていることに気づかなかった。そういう時代であれば、福地桜痴の「感謝」の意味が理解される筈はない。しかし、外的な制限がすべて除かれ、それを補うべき内的な制限もないまま、今日のように、言語のインフレが起って来ると、「感謝」の意味が多少とも理解されて来る。「賤業」と呼ぶほかのない一部の週刊誌、スポーツ新聞のプロレス記事、諸新聞のセンセーショナリズム、リアリティとは関係なく、ただラディカルであることだけを狙った雑誌論文。言語は、貨幣が経済生活で占めている地位を精神生活で占めている。精神の貨幣である言語が無制限に供給され、それが惜し気もなく費消されることによって、一語一語の価値が低くなり、シンボルへの信頼が失われて行く。言語のインフレは、精神生活の破産へ通じている。

敗戦の日

1

戦争は、昭和二十年八月十五日、天皇の玉音放送によって終った。しかし、私にとっては、その二日ばかり前に、戦争は既に終っていた。新聞社では、公然とではなかったが、諸外国の短波放送を聴くことが出来たので、日本の無条件降伏によって戦争が終ることは、八月十五日以前に判っていた。それが判った日、読売新聞社から自分の家へ帰る間中、私は、約二年前の昭和十八年九月、イタリアのバドリオ政府が連合諸国に無条件降伏したというニュースに接した日のことを何度も思い出していた。イタリアの降伏を知った日の午後、私は、麴町の内幸町から帝国ホテルの方へ向って、日比谷公園の横を歩いていた。恐らく、内幸町の太平洋協会の研究会に出席した後、西銀座の読売新聞社へ行く途中だったのであろう。一所懸命に我慢しているのだが、どうしても、私はニコニコ笑ってしまう。明るい微笑みが身体の奥の方から小さな泡のように上って来るのである。いつ終るか判らない戦争でも、やはり、終る時があるのだ。明けない夜がないように、終らない戦争はないのだ。満洲事変が始まったのは、私が東京帝大を卒業した年の秋で、その後、戦争は中国大陸に拡大し、更に、太平洋および南方諸地域に拡大して、英米を初めとする諸国を敵に廻すことになった。大学卒業後の十数年間、何時でも戦争があり、それが終る時があるとは思われなかった。しかし、バドリオ政府の無条件降伏は、終る時があることを、日本にとっても、それがあまり遠くないであろうことを教えてくれた。私は、ニコニコ笑いながら歩いていた。今から考えても、当時、あの日のように気持の明るかった日はない。

それと同じ日が、日本にも来たのである。「あまり遠くないであろう」という予想に反して、それから二年間、戦争の日々が続いたことになるが、しかし、そのことよりも、同じ無条件降伏とはいえ、また、それで平和が訪れるとはいえ、外国のことであるか自国のことであるかによって、話が全く違うことを私は繰返し考えていた。二年前のあの日、私はニコニコ笑っていたのに、二年後の同じ日、一所懸命、私は涙を堪えている。しかし、二年前、私がニコニコ笑っていた時、多くのイタリア人は涙を流していたのではないか。或る外国でクーデタが失敗したとか、革命が成功したとかいう場合、私たちは、目の粗い客観的な尺度を持ち出して失敗や成功の意味を解釈し、その国民の失望や歓喜を想像するほかはないけれども、彼らの真実の気持は、こういう想像から遠く離れたところにあるのであろう。いや、外国のことだけが問題ではあるまい。この同じ日本の内部でも、私が涙を堪えているのに反して、敗戦と共に到来するであろう民主主義に大きな期待を持ち、これで万事がよくなると信じて、ニコニコ笑っている人がいるに違いない。私も民主主義の到来を喜ばないわけではないが、しかし、その裏側に縫いつけられているものの苦い重みに私は圧倒されていた。夥しい人命が失われ、数えることの出来ぬ富が空しくなり、名誉と独立とを奪われ、ただ世界に向って罪だけを負うことによって、今、戦争が終るのである。戦後、多くの人々の敗戦の日の颯爽たる感想を知るたびに、私は、あの日の自分の歯切れの悪い気持を或る恥ずかしさと共に思い出す。新聞社には、何事についても冷淡なポーズを示すという習慣があって、個々の記者の心中はとにかく、誰も涙など流しはしなかった。社にいる時、私は我慢していた。電車に乗っている時も、私は我慢していた。家に辿りついて、ドアを開けた途端に、涙が溢れ出た。妻は、直ぐにすべてを察して涙を流した。

私の家は、板橋区常盤台にあった。庭と呼べる程度の庭があり、広い縁側のある平家であった。私がビルマに行っていた間に、妻が市ヶ谷田町から常盤台へ移り、それで空襲を免れることが出来たのであった。本土空襲が始まる頃から、小学校（当時は、国民学校と呼ばれていた）の生徒は集団的に疎開することになり、それが「学童疎開」と呼ばれていた。私たちは、娘を学童疎開に参加させなかった。私たちは、みんなで一緒に死ぬことだけを考えていた。常盤台の四辺はまだ無事であったが、東京は、一面の焼野原になっていたし、その年の春の初めに、私は蔵書の殆ど全部を売り払っていた。私たちにとっては、私たちが生れ育った東京と一緒に亡びることだけが残っていた。

近所には、いろいろの事情で、学童疎開に参加しない子供が何人かいた。妻が東京女子高等師範学校の卒業生であり、教壇に立った経験もあるため、私の家の庭と縁側とを利用し、妻が教師になり、近所の子供たちを集めて、寺子屋のようなものを開いていた。娘も、寺子屋の生徒になった。私が涙を堪えて家に帰ったのは、寺子屋の授業中であった。私と妻との涙を見て、子供たちは、不思議そうな表情で、慌てて帰って行った。私は、どうしてよいか判らなかった。ただ、思いっ切り、何かを表現したかった。しかし、何を表現したらよいのか、それが判らなかったし、どう表現したらよいのか、それも判らなかった。苛々しながら家の中を歩き廻っているうち、大きな旧式の電気蓄音器が部屋の隅にあるのが眼に入った。その横のレコードのケースを調べたら、「海行かば」が出て来た。それを電蓄にかけて、私はボリュームを上げた。

2

八月十五日の玉音放送は、恵比寿駅に近い海軍技術研究所の庭に整列して聴いた。炎天下に立って、私だけでなく、整列した海軍の軍人は、みな涙を流した。放送が終ってからも、みな黙って立っていた。

その前年であろうか、早くから海軍技術研究所の嘱託になっていた宮城音弥が、嘱託になることを私にも勧めていた。彼の話によると、嘱託になれば、士官食堂で昼飯を食うことが出来る、定食は、洋食一皿とコッペパン一個とで五十銭だという。正午近くになると、町の雑炊食堂へ駆けつけて、長い行列を作るのが精一杯の当時としては、全く夢のような話である。彼に誘われて、二回か三回、私も昼食を食いに行ったことはあるが、嘱託の件は断り続けて来た。彼の好意を知りながら、私が頑固に断り続けて来たのは、私が海軍の嘱託というものに懲りていたからである。

昭和十五年の初夏であったと思うが、私が二階の部屋で原稿を書いていると、自動車の近づいて来る音が聞こえた。黒い大きな自動車が、市ヶ谷の濠端の電車通りから、細い横町へ入って私の家の方へ向って来るのが、窓から見える。その自動車には、佐官旗が翻っている。自動車は、私の家の前で止まり、誰かが玄関へ入って来た。殺されるのではないか、と私は咄嗟に思った。昭和十一年の二・二六事件以後、大規模な暗殺はなかったけれども、暗殺の季節は依然として続いていた。暗殺者の大部分は、陸海軍の将校であった。殺すのなら殺せ。そう腹を決めて、私は階段を下りた。お客は、佐藤治三郎中佐と名乗り、お願いの筋があって参上致しました、と言う。非常に鄭重な物腰である。拍子抜けして、私は中佐を二階の部屋へ通した。中佐の用件は、海軍省の嘱託になって戴きたいという依頼であった。一週間に一度、午後に海軍省へ来て、自分たちと話し合って貰いたいという注文である。私は即座に断った。私は天下国家のことは知らないジャーナリストで、海軍のお役に立つような人間ではありません。そう繰返した。天下国家とは関係なく、お茶を飲みに来て下さればよいのです。中佐は、それを繰返した。押問答を続けているうちに、私は、中佐の真面目な慇懃な態度に負けた。それでは、とにかく、一度、お邪魔してみましょう、と私は言ってしまった。

或る日の午後、私は海軍省の調査課へ出かけた。当時使っていた小さな手帳を見ると、課長は千田金二大佐で、佐藤中佐のほかに、藤尾勝夫中佐が課員であった。この小さな手帳は、三十数年前のものであるから、鉛筆で書いた部分は、もう殆ど判読出来ないように消えているが、それでも、丹念に調べてみると、七月の項に「金（金曜日）—navy」という文字が見え、また、その頃の日用品の値段、原稿料や報酬の金額、親しく交際していた人たちの名前がボンヤリと見えて来る。これらの名前の中には、その後の戦争で死んだ人間が多く、また、それと並んで、今日、共産党員として活躍している人間が何人かいる。

調査課の軍人は、あの佐藤中佐と同じように、みな真面目な物静かな人たちであった。和菓子とお茶とが供され、暫くの間、私たちは快い雑談をした。その日であったか、次の週であったか、私は、佐官のバッジを貰った。現在の国会議員のバッジに似たもので、これを背広の襟につけておくと、海軍省の出入の際、衛兵が威勢よく敬礼してくれる。これも快い経験であった。しかし、約二ヶ月後、私は、佐藤中佐に宛てて一通の手紙を書き、バッジを書留小包で返送して、二度と海軍省の門を入らないことにした。

　私の接した海軍軍人は、例外なく、非常に真面目な人であった。そういう人々に接すると、こちらも自然に真面目になる、真面目になると、世間を憚った嘘が言えなくなる。控え目な言い方ではあっても、自分の考えていることを正直に言うようになる。軍人たちは、それを静かに聴いていてくれた。しかし、私たちが話し合った席には、必ず天川勇という嘱託が同席していた。私が何か言った場合、軍人は黙って聴いていてくれたが、天川嘱託は必ずコメントを加えた。「そういうお考えは、結局、自由主義に通じるのではないでしょうか。」現在とは違って、当時は、自由主義が立派な危険思想なのであるから、私としては、慌てて否定しなければならない。海軍省へ顔を出すたびに、私は同じことを経験した。あぶない、と思った。軍人たちの真面目な気持に応えようとすると、私の地金が出てしまう。そして、天川嘱託のコメントによって、私は危険な立場へ追い込まれてしまう。追い込まれまいとすれば、軍人たちの真面目な言葉に嘘で答えねばならぬ。考えた末、私は、手紙とバッジとを佐藤中佐に送ることにした。短い期間ではあったが、そう決心するまでには、私はかなり迷った。衛兵が威勢よく敬礼してくれるだけでなく、あの時代に海軍省の嘱託になり、佐官のバッジをつけていることは、絶対の強味であった。大学、研究所、新聞社、会社……そういう組織と縁のない、フリーのジャーナリストにとっては、それは、身を守る堅固なトーチカであった。しかし、不正直に生きない限り、トーチカの内部も危険なのである。迷った揚句、やはり、トーチカから出なければならぬ、と私は心を決めた。天川嘱託は、慶應義塾大学で哲学を学んだ、私と同年輩の人であった。彼は、本当に私の言葉に自由主義の破片を見出したのであろう。そうして、それを指摘することが海軍のために必要であると信じたのであろう。それを私は疑わない。しかし、それと同時に、以前から嘱託として毎日勤務していた彼にとって、同年輩の私が外から迎えられて、俄かにチヤホヤされるのも快くはなかったであろう。私は、知らぬ間に、彼の大切な職場を荒していたのかも知れない。

あの軍人たちは、今、どうしているであろう。もし生きているなら、是非、会いたいと思う。戦後、天川嘱託には一度だけ会ったことがある。敗戦の翌年であったろう、或る出版社——国立書院であったか——から、企画の相談に乗ってくれ、と頼まれ、数寄屋橋に近い、焼け残りのビルへ大河内一男と一緒に出かけたら、そこに彼が来ていた。名刺をくれた。名刺を私に渡す時、なぜか、彼はそれを裏返しにした。表側を見ると、「文学博士」と印刷してあった。「京都帝大から戴きました」と彼は言った。名刺を眺めながら、私は、戦争中に活躍した謂わゆる京都学派の哲学者たちが海軍と深い関係を持っていたことを思い出していた。

3

以上のような経験があったので、宮城音弥がいくら勧めてくれても、二度と海軍の嘱託にはならないつもりであった。しかし、海軍技術研究所には、流言蜚語の資料が大量に集められているので、それを分析し、対策を工夫して貰いたいのだ、と彼が言った時、私は、嘱託になってもよいような気分になった。昭和十二年、私は『流言蜚語』という書物を日本評論社（戦後は、岩波書店）から出版しており、自分では、この問題の専門家のような気持であったから。

流言蜚語を研究する機会を私に与えてくれたのは、昭和十一年の二・二六事件であった。二月二十六日、陸軍の青年将校に率いられた反乱部隊が、元首相、海軍大将斎藤実、元首相、大蔵大臣高橋是清、陸軍大将、陸軍教育総監渡辺錠太郎を殺害し、海軍大将、侍従長鈴木貫太郎などに重傷を負わせ、これによって天皇親政の出発点を作ろうとした事件である。新聞やラジオ（NHK）が私たちに供給する舌足らずの情報は、驚愕と恐怖との中で私たちが求めていたものを与えはしなかった。大部分の流言蜚語がそうであるように、情報機関による供給と私たちの側の需要とのギャップから、忽ち多くの流言蜚語が発生した。二月二十八日であったと思うが、あの小石川の東大分院の坂の上に住んでいた私のところへ、午前は『中央公論』、午後は『文藝春秋』が、流言蜚語に関する文章を依頼して来て、私は二つとも引受けた。といっても、私に特別の準備があったわけではない。ただ、大学の二年生の時、ドイツで発行されていた『ケルン社会学クウォータリ』（Kölner Vierteljahrshefte für Soziologie, VII, 3～4）に載ったビューゾフ（L. A. Bysow）の「噂」という論文を日本社会学会の機関誌『社会学雑誌』(昭和四年九月号)に紹介したことがあったので、このドイツの論文を読み直したり、あれこれと考えたりして、曲りなりにも、二つの文章を書くことが出来た。それが機縁になって、私は、流言蜚語という問題に特別の興味を持つようになり、二・二六事件の翌年、『流言蜚語』という著書を出版したのである。

ビューゾフの論文は、Die Gerüchte と題するものである。私はそれを「噂」と訳したけれども、また、流言蜚語も噂の一種には違いないけれども、流言蜚語という言葉には、何処か暗い政治的な感じが漂っている。この感じは、流言蜚語が言論の自由の制限を前提しているところから来ている。或る重大な政治的事件が進行しているのは察しがつくが、それによって刺戟された私たちの関心(需要)に満足を与えるようなノーマルな情報(供給)が提供されない場合、何処からともなく、流言蜚語というアブノーマルな情報が現れて、残されたギャップを埋め、関心に満足を与える。一般的に言って、検閲が厳格であればあるほど、流言蜚語の数は殖える。これは、一種の法則と考えてよい。ソヴィエトや東ヨーロッパ諸国を初め、検閲の厳格な国々に現れては消える反政府的な「小咄」も、やはり、流言蜚語の仲間であろう。

流言蜚語の大部分は、普通、正しくない情報である。内容が真実に合致しない、虚偽の情報である。しかし、虚偽であることが明らかになっても、それで流言蜚語が消えるのではない。流言蜚語には、情報という側面のほかに、願望という側面がある。厳格な検閲が行われている社会は、単に情報の供給が制限されているだけでなく、国民の願望の表現が制限されている。表現を禁じられた願望は、活字や電波のような近代的なメディアを利用することが出来ず、口と耳とに頼る太古以来の原始的な――そして、証拠を残さぬ――方法によって表現され伝達されるようになる。如何に真実でないことが明らかになっても、願望が堂々と表現されず、況して実現されない間は、流言蜚語は生き続けるものである。私が昭和十七年四月にラングーンに到着した直後から絶えず生れては消えて行った「間もなく帰国命令が出る」という噂も、願望の表現であった。適切な例とは思わないが、アメリカ軍の日本本土空襲が始まってから、「お赤飯を炊いて、薤を食べると、空襲に遭わない」という流言蜚語が広汎な地域に行われるようになった。そのため、小豆や薤の闇値が大変に上った。誰かの解釈によると、あの頃、ラジオで空襲警報解除が報じられる時、「敵機ハ東方海上へ脱去セリ」という放送が行われることが多く、その「ダッキョ」が「ラッキョウ」に変ったのだという話であった。

私が海軍技術研究所の嘱託になったのは、敗戦の夏に入ってからであった。しかし、集められていた流言蜚語の資料は、そう大したものではなかった。当局の戦果発表を疑うものや、敗戦を予想したものが多く、新聞社へ来る沢山の投書を見慣れた私には、あまり重要とも思われなかった。むしろ、私が驚いたのは、実に多くのインテリが既に嘱託になっていることであった。私の記憶に誤りがあったら許して戴きたいが、渡辺一夫、中野好夫、大河内一男、坂西志保、尾高邦雄……というような人たちに、私は研究所で会った。

二日前に敗戦のことを知っていた私が、八月十五日、わざわざ海軍技術研究所へ出かけたのは、軍人たちの間で玉音放送を聴きたいという気持があったからであろう。整列していたのは軍人ばかりで、嘱託は、私のほかにはいなかったように思う。放送が終ってからも、みんな整列していた。空はよく晴れ、何の物音もしなかった。その静けさは、すべての人間の営みが終ったことを告げていた。

4

当然の話、私と海軍技術研究所との短期間の関係は、敗戦の日に終った。私は、読売新聞社へも直ぐ辞表を出した。論説委員は占領軍によって死刑に処せられるという噂が飛び始めていたが、私は、それも致し方がないであろうと受取っていた。その噂とは関係なく、この際、辞職するのが自然であると私は思っていた。しかし、もう一つ、敗戦の日に関係が切れたものに、太平洋協会のアメリカ研究室がある。

私がアメリカ研究室と関係を持つようになったのは、昭和十八年の初めであるように記憶する。太平洋協会は、鶴見祐輔氏の主宰する団体であり、以前から、中国大陸や南方諸国の調査に当っていて、その中心には平野義太郎氏がいた。昭和十七年一杯、私はビルマへ行っていたので、詳しい事情は知らないけれども、鶴見氏は、その年の七月に第一次の日米交換船で帰国した人たちの数名をメンバーとして、その後、新しくアメリカ研究室を作ったのだと思う。何れも長い歳月をアメリカで送った人たちである。室長は、現在は国家公安委員の坂西志保女史で、他に、一橋大学学長の都留重人、評論家の松岡洋子、上智大学教授の鶴見和子、その弟の俊輔、最近、自衛隊員締め出しで有名になった立川市長阿部行蔵、交換船組ではないと思うが、立教大学教授の細入藤太郎などが参加しており、どういう訳か、私も誘われて参加することになり、後に、福田恆存を誘った。アメリカ研究室は、初め、日比谷公園の市政会館にあり、その後、あの昭和研究会があった丸の内の仲四号館に近い建物へ移った。

後に加わった福田恆存を除けば、みな初対面の人たちであった。坂西さんだけは、かつてD. H. Parker, Human Values, 1931という本を読んだ時、著者が序文で彼女に感謝しているのを知って、私は名前を覚えていた。後に触れる折があると思うが、或る事情によって、私は正式に英語を学ぶ機会がないまま、大学卒業の後に、アメリカの社会学、社会心理学、プラグマティズムの哲学などに興味を持った、というより、惚れ込んで、一人で能率の上らぬ勉強を続けていただけに、私は、眩しいような気持で、本場で研究して来た人たちに接した。都合よく、論説委員の仕事は忙しくなかったから、私は頻繁に研究室に出入することになった。

知り合って間もない頃、坂西さんが私に向って、「三木清という人は馬鹿ですね」と言った。どういう点が馬鹿なのか、と尋ねるまでもなく、それは東亜協同体論のことを指しているのだと私は思った。私の誤解であったかも知れないが、そう思いながら、私は黙っていた。東亜協同体論のために三木清が馬鹿であるならば、私も同じように馬鹿なのである。日本の内部でも、東亜協同体論については、危険思想と見る人もあり、ファッシズムと見る人もあるのであるから、太平洋の彼方から眺めたら、馬鹿に見えても仕方がないであろう。しかし、三木清——だけではない——が馬鹿な主張をするまでには、説明せねばならぬ多くの事情がある。それを説明しても、納得して貰える自信はないし、説明する根気もなかった。三木清も私も、馬鹿なら馬鹿でよいではないか。

あの日のことを私は今でも忘れることが出来ないのだが、しかし、坂西さんは、「馬鹿」という言葉に、私たちとは違う意味や気持を託していたのかも知れない。私は、そうも考えることがある。交換船で帰って来た人たちは、長い間のアメリカ生活で日本語の通常の用法を忘れていたようであったから。鶴見俊輔は、初対面の私に向って、「清水さんは、遊び人のようですね」と言った。「遊び人」というのは、「やくざ」とか「博奕打」とかいう意味の言葉である。「君は、遊び人という言葉の本当の意味を知っているのか」と私が質問したら、どうも、彼は、私たちが知っているのとは違う意味で「遊び人」という言葉を使ったようであった。坂西さんも、「あの人は、眼から耳へ抜けるような人ですね」などと言い、私が、「眼から鼻へ抜ける」でしょう、と訂正したことがあるから、「馬鹿」という言葉にも、私たちとは違う意味や気持が含まれていたのかとも思う。

昭和二十年に入ってからの或る日、どういうグループであったか忘れてしまったが、私は、何百人という男たちと一緒に、日比谷公園で匍匐前進の練習をやらされることになった。砂利のある地面に伏し、両手で木銃を支えた姿勢で、膝と肘とを使って何百メートルか前進するのである。あの頃、男という男は、軍服に似た国民服というものを着ることになっていた。私は、あれが厭で堪らず、背広で押し通していた。ビルマにいた頃、インド人の洋服屋の店先を覗いたら、日本で用いられているのより黄色の強いカーキ色の木綿の生地があったので、それで軍服とも国民服ともつかぬものを作ってみた。背にバンドのついたスタイル画を描いて見せたら、「オー・チャンカイシェク・スタイル」とインド人が言った。私は、この蔣介石型の服を着て、匍匐前進の練習に参加した。頑丈な生地であったが、膝や肘の部分は破れ、皮膚からは血が出ていた。その帰途、アメリカ研究室に寄ったら、坂西さんは、「そういう服を着ると、清水さんのような人でも馬鹿に見えますね」と言った。それから考えると、彼女は、「馬鹿」という言葉を私たちとあまり違わぬ意味で使っていたようにも思われる。

匍匐前進の練習に近い頃、鶴見祐輔氏が私を昼食に招いてくれた。案内された家は、築地の待合であったらしいが、焼跡に一軒だけ焼け残った家で、女将らしい人がいた。そこで、精進揚を御馳走になった。それは、当時としては、本当に御馳走であった。無条件降伏は、もう眼前に迫っていた。南瓜の揚物を食べながら、私は、呟くように、「もう駄目ですね」と言った。その瞬間、鶴見祐輔氏は居ずまいを正して、「駄目とは、どういうことですか。清水さんのお言葉とも覚えません。皇軍は着々と勝利を収めているではありませんか。」私は呆気にとられると同時に、親米派と目されている鶴見氏にしてみれば、迂濶な相鎚は打てないという警戒心が絶えず働いているのであろうと気がついた。しかし、もう一つ、その頃、鶴見和子が、「私の家では、みんな英語で話しているのよ」と言ったことを思い出していた。「なぜ、わざわざ英語を使うの」と聞いたら、「だって、使わなかったら、発音が悪くなってしまうじゃないの。」

5

戦争が終ると同時に、読売新聞社に辞表を出したが、暫く出社していてくれ、と言われ、出社だけはしていたけれども、私は、既に退社した人間のような気持になっていた。ところが、意地の悪いもので、その頃から、私が社説を書く頻度が急に高くなり始めた。敗戦までは、何と言っても、戦局担当の四方田氏が一番忙しかったが、戦局という問題は完全に消えてしまった。その上、政治や経済の諸問題について積極的な具体的な主張を試みる機会も失われていた。日本政府が主体性を奪われ、未曽有の混乱の上に占領軍の権力が高く聳えていたのであるから。そうなると、敗戦に伴う大きな転換に関する一般的な思想的な諸問題を論じるほかはない。それは、結局、私の仕事になった。気持は早くから社外の人間の心算でありながら、私は頻繁に社説を書いていた。

戦争が終った直後の或る日、調査部員某と名乗る男が論説委員室に乗り込んで来て、「今日から、私が論説委員になるから、みんな出て行って貰いたい」と威丈高な調子で言った。聞いてみると、別に辞令が出ているわけでもなく、ただ自分でそう決めたのだと言う。その場は、とにかく、引き取って貰った。現在は違うであろうが、当時は、調査部というのは、あまり日の当らぬセクションで、彼は、恐らく、治安維持法に触れて、職場を失って困っているところを調査部に拾われたのであろう。その後、彼が共産党系の文化運動で働いていているのを見たことがある。日の当らぬ調査部に身を潜めて、敗戦の日を待っていたのであろう。その気持が判らないのではないが、あの威丈高な態度は愉快ではなかった。しかし、あの男と限らず、今まで慎ましい態度でいた人間が、敗戦と同時に、占領軍および共産党の威光を藉りて急に威丈高になることが多かった。あれは本当に厭だった。

調査部員某の例が示しているように、新聞社のビュロクラシーは急速に崩れて行った。ビュロクラシーは、複雑で大規模な活動をする集団にとって欠くことの出来ないもので、それは、上下関係にある多くのポジションに多くの人間を配置し、彼らにそれぞれ一定の行動範囲（権限）を指定することによって成り立っている。敗戦後、従来のビュロクラシーは名目の上では存在していても、実際には、ポジションおよび権限の輪廓が日一日と曖味になり、多くの人間が、今まで結びつけられていたポジションや権限を離れて、あちらこちらへ漂い始めた。敗戦、民主化、共産主義化の波の中で、或るものは弱い立場へ追いやられ、他のものは強い立場へ流される。何が上か、何が下か、それが判らなくなった。ビュロクラシーの崩壊は、無秩序の量としてのエントロピーの増大のように見え、どうして新聞が発行されているのか、それが不思議に思われた。

別の角度から眺めると、エントロピーの増大の過程と見えたものは、十月下旬に始まる第一次争議へ向う流れなのであった。争議は、正力社長、高橋副社長を初めとする首脳部の戦争犯罪を糾弾し、その退陣を要求するものであり、争議団の指導者は、私と同じ論説委員の鈴木東民、坂野善郎、その他の諸氏であった。私には、何も判らないが、この人たちには、首脳部に対する積り積った憤りや恨みがあって、それが爆発したのであろうか。いや、そんな小さな私情ではなく、恩怨を越えて、日本の民主主義化——共産主義化——のために首脳部を葬るという客観的意義があったのであろうか。私自身は、既に退社した人間のような気持で、争議の成行を遠くから見ていた。しかし、遠くから見ていなかったとしたら、私は、一体、どうすればよかったのか。罪を問われている人たちは、フリーのジャーナリストという不安定な境涯から私を救い上げて、終始、私を寛大に取扱って来てくれた人たちであり、罪を問うている人たちは、論説委員室の同僚として、私をリベラルな空気の中へ温く迎え入れてくれた先輩である。時代の勢は、罪を問う人々に有利な方向へ力強く動いているように見える。しかし、私は、この勢に乗って、首脳部を糺弾する側に廻ることは出来なかった。

私としては、一刻も早く退社したかったが、辞表は、まだ正式に受理されていなかった。そして、或る日、争議団側の命令で、全員が編輯局の大部屋へ集められることになった。噂によると、争議団が社内の戦争犯罪人の追放を行うのだという。大部屋へ向って歩きながら、何時までも辞表が受理されないくらいなら、少し体裁は悪いが、戦争犯罪人として追放して貰った方がサバサバする、と私は考えていた。私は、一種の期待を持って大部屋へ入った。入ってみると、多くのデスクが片隅に寄せられ、入口の辺りには、印刷局の工員であろう、強そうな青年が居並んでいた。大部屋の真中にあるデスクの上に、鈴木東民氏が立ち、その周囲に、争議の指導者たちが立っていた。沢山の人間が集った頃、鈴木東民氏による「戦犯の発表」があった。彼は、大きな声で、「戦犯第一号……論説委員……」と叫んだ。私の名前が呼ばれたら有難い、と思った。しかし、私ではなかった。「……木下半治君……。」第二号が私ではないか、第三号が私ではないか、と思っていたが、そうではなかった。鈴木東民氏は、デスクの上から、私に微笑みかけている。入口に立っていた数名の工員は、私の近くにいた木下半治氏を引立てて、大部屋から連れ出した。木下氏は柔道四段で、銀座の真中で阿部知二を投げ飛ばしたという噂もあったから、何か事件が起るのではないかと思っていたが、何も起らなかった。木下氏は、戦争の末期に、論説委員として入社した人で、戦後は、東京教育大学教授になった。今でも覚えているが、入社して私たちの論説委員室へ初めて来た時、どういうつもりか、「失礼ながら、僕は、あなた方とは違って、正力社長のお声がかりで論説委員になったのです」と言った。どうも、それ以来、みんなの反感を買っていたようである。

十二月、正力社長が占領軍から戦犯容疑者として指名され、馬場恒吾氏が新しく社長になり、私は社長室へ呼ばれた。「これからが大切な時期で、是非、あなたに存分の活躍をして戴きたいと思うから、あの辞表は撤回して貰いたい。」新社長は熱心に言ってくれた。しかし、私は、最後まで頑張って、辞表を正式に受理して貰った。

6

八月十五日後になると、今まで何の交際もなかった町内の有力者たちが、自分たちに民主主義の話を聞かせて戴きたい、と頼みに来る。代議士の或るグループから民主主義の講義を依頼される。用紙や印刷の事情が悪かったのに、次々に新しい雑誌が創刊され、編輯者が原稿の依頼に訪れる。長い間、諸雑誌に何も書かなかった私を、どうして覚えていてくれたのか、急にチヤホヤされるようになった。そういう空気のあったことが、一部分、読売新聞社を退社して、定収入のない人間として、混乱と窮乏とインフレとの世界へ入って行く勇気を私に与えていたのであろう。

しかし、どういう団体へ招かれても、どういう雑誌に書いても、私は、人々が求めているものに十分に応えていなかったように思う。聴衆も、読者も、編輯者も、歯切れのよい発言を私に期待していたのに、私は、何時も歯切れが悪かった。八月十五日から年末までに書いた文章は、『日本の運命とともに』(河出書房、昭和二十六年)という評論集に収められていて、それを読むと、当時の私の考え方がよく判る。それは、次のような考え方であった。

日本の無条件降伏というのは、ポツダム宣言の受諾ということである。ポツダム宣言には、「日本における民主主義の復活」ということが記されている。日本に新しく民主主義を持ち込むのでなく、かつて日本にあった民主主義を復活するというのである。確かに、大正年代の日本には、民主主義——或いは、民本主義——の思想や政治があったと言える。それを亡ぼして、無茶な戦争を始めたのが軍部であるから、その軍部を一掃すれば、日本に民主主義が復活する、とアメリカ人は考えているのであろう。アメリカ人にとっては、軍部が諸悪の「原因」に見えるのであろう。しかし、日本人の立場から言えば、軍部が政治を壟断するようになったのは、かつての民主主義がうまく機能しなかった「結果」、特に経済問題の解決に失敗した「結果」なのである。軍部が一掃されれば、それでアメリカ人は満足するであろうが、日本人は満足するわけには行かない。かつて経済問題に無力であった民主主義がそのまま復活したところで、敗戦後の諸問題を乗り切れる筈はない。しかも、これは、日本だけの話ではない。そもそも、旧来の自由主義的民主主義が経済問題に無力であるところから、一九三〇年代の世界の諸国の失業、窮乏、混乱、暴力が生れたのではないか。古い民主主義の単なる復活でなく、リベラル・デモクラシーからコレクティヴィスト・デモクラシーへ、自由と計画との調和へと進むことが、英米を初めとする世界諸国に共通の必要なのである。日本も同じである。――こういう趣旨の話を、私は語り且つ書いていた。

私は、当時、「デモクラシーの流行」――「流行」という文字を使ったことで、方々から非難された――という文章を『評論』（河出書房）という雑誌に書き、次のように書き始めた。「食糧の不足といふ退引ならぬ困難はあるが、全体主義や日本主義に代つて日本を支配しようとするデモクラシーの歓迎を中心として国民生活は非常に明るい空気のうちに包まれてゐる。……デモクラシーを讃へ且つ迎へる声は、野に充ち、巷に溢れてゐると称して過言ではない。……だが新聞や放送を通して表面に現はれてゐる浮き立つやうな気分は、つくづく眺めてゐるうちに、何処か見憶えのあるものであることが判る。満洲事変、支那事変、特に太平洋戦争を通じて国民の間に滲透して行つた軍国主義の讃歌。あの歌もやはり同じ調子で声高く歌はれたのだ。」

こういう空気は、大部分、民主主義というものを通して、自分たちをアメリカと一体化しようという願望から生れていた。私を初め、人間というものは弱いもので、何時でも、自分を何か大きいものと一体化していないと気持が落着かない。かつては、軍部と一体化していたのだが、今は、アメリカとの一体化を願っている。その願いに応えたら、私は単純明快であり得たのであろう。しかし、本当に一体化出来るような外国があるものか。あったら、それはもう外国ではなく、祖国である。私は、占領軍の検閲を顧慮しながらも、依怙地になって、アメリカとの一体化の危険を説いていた。「現在のかういふ不健全な浮ついた明るさの底には、恐らく若干の誤解が根を張つてゐるのであらう。第一の誤解は、アメリカが日本に与へたデモクラシーの枠と、日本がその再建に当つて自ら課するところのデモクラシーの枠とを簡単に同一視するところにある。換言すれば、アメリカは慈善事業のためでなく、政策の遂行のために日本を占領してゐるといふ最も平明な事実が忘れられてゐるのだ。……アメリカによつて日本に与へられたこのデモクラシーの枠は、……アメリカの世界政策の表現としての意味を持つものであり、その利害と信念とに立脚するものである。それは何よりも先づアメリカの必要に基づく。……この（枠の）中で日本が完全に亡びることも可能ならば、大いに繁栄することも可能である。」

スターリンの夢

1

　敗戦の日に続く数年間、私は、如何にも歯切れの悪い態度で生きて来たようである。自分では、正直な気持で考え抜き、大いに筋の通った文章を書いていた心算であったが、敗戦による価値の転換というのであろうか、新しい善玉と悪玉とで組立てられた張りつめた状況の内部に自分を据えてみると、私の態度は、われながら中途半端なものに思われた。この態度は、昭和二十三年の秋、後に述べるような事情で私が平和運動へ入って行った頃まで続いたようである。

　もっとも、運動へ入った当初は、まだ従来のような調子で済んだのだが、次第に深入りするにつれて、それでは済まなくなった。どんな運動でも、何かを善玉に見立て、何かを悪玉に見立てて、前者を擁護し、後者を攻撃するという明確な態度を参加者に要求するものである。参加者は、何時も歯切れがよくなければいけない。換言すれば、参加者には、必ず守らねばならぬ約束がある。或る幸福な参加者にとっては、この約束に従って行動することが、そのまま、自分の素直な気持を生かすことになるが、他の不幸な参加者にとっては、それが自分に無理な背伸びを強い、複雑な気持を手荒く割切らせることになる。それに堪えさせるものは、運動が大義を目標として掲げているという事実であろう。大義の前へ出ると、どうしても、自分の経験や誠実の目方が少しずつ減って来るものである。しかし、この問題については、後に述べることにして、今は、歯切れの悪かった時期について書いておこう。

私が、自由主義的民主主義を讃える大合唱に加わることが出来なかった点については、前に少し触れた。しかし、私には、そういう思想の問題より以前に、どうにもならぬ事実の問題があり、それが思想の問題に対する関心に絶えず水をかけていた。

第一は、八月の六日および九日、アメリカ軍が広島および長崎に原子爆弾を投下したことである。既に戦う力が尽きている日本の、しかも非戦闘員に向って、また、その威力のデモンストレーションを事前に行うことなしに、彼らは原子爆弾を私たちの頭上に投じた。彼らがそれを投じることが出来たのは、私たちがアジアの有色人種であったからである。もし相手が彼らと同じ白色人種――例えば、ドイツ人――であったならば、彼らは容易に投下することが出来なかったであろう。少くとも、躊躇したであろう。最後は投下したとしても、その威力を十分に相手に知らせる機会を作ったであろう。当時も、現在も、そう私は考えている。アメリカ人――広く西洋人――の眼から見れば、アジアの有色人種というのは、百パーセントの人間ではなく、それ以下の或るものなのである。当時も、現在も、これは変っていない。「人種」という生物的なものの前では、どんなに美しい言葉で編まれていても、「思想」というのは、吹けば飛ぶようなものである。

第二は、広島への原子爆弾の投下に続くロシアの対日開戦である。原子爆弾の使用は、ロシアが対日戦に一人前の勝利者として登場するのを避けようというアメリカの方針によると説明されているし、また、それが避けられたのは、明らかに、私たちの幸福であった。あの頃、ロシアに占領して貰った方がよかった、と言うインテリが少くなかったが、彼らは、ロシア軍によって「解放」された東ヨーロッパ諸国の実情が明らかになった今日でも、そう信じているであろうか。何れにせよ、北方領土の掠奪など、あの時期のロシアの行動は、「火事場泥棒」と評するよりほかのないものである。それに似たことを日本がやらなかったとは言うまい。しかし、社会主義という理想を掲げて、久しくインテリを魅惑して来た国が、国際政治というジャングルの掟に従ったのか、ドサクサに紛れて、火事場泥棒のような行動に出た上、それを、ツァーのロシアの敗戦に対する復讐であると声高く宣言したのであるから、普通の人間であれば、真面目に思想の問題を論じる元気はなくなるであろう。その掲げる理想が何であろうとも、国家は要するに国家で、この「国家」という絶対的なものとの関係においては、「思想」というのは、所詮、一種のアクセサリに過ぎない。

太平洋協会のアメリカ研究室に出入していた時、私は、Nicholas John Spykman, America's Strategy in World Politics, 1942 という、大判五〇〇頁の書物を読み、その概略を『アメリカの世界政策』という三〇頁のパンフレットに纏め、非売品としてアメリカ研究室から出版したことがある。その中で、スパイクマンは次のように言っている。「外交を指導する政治家が正義、公正、寛大の如き価値に意を用ひ得るのは、これ等の価値が権力といふ目的に役立つか、乃至は、これと牴触しない限りのことである。かういふ価値は、権力の追求の道徳的弁明のために道具として利用することは出来るが、そのために弱くなるやうな場合には放棄せねばならぬ。道徳的価値の実現のために権力が追求されるのではなく、権力の獲得を容易ならしめるために道徳的価値が利用されるのである。」

その通りであると思う。何分にも、戦争中のことなので、詳しい事情を知ることは出来なかったが、このスパイクマンの言葉については、いろいろの批判があったらしく、有名な林語堂（Lin Yutang）は、Between Tears and Laughter, 1943 の中で、「これを読めば、十人のうち九人までは、『わが闘争』の一節と思うであろう」と書いていた。しかし、ヒトラーであろうと、スパイクマンであろうと、この言葉が冷い真実を語っていることに変りはない。

けれども、都合の悪いことに、右に挙げた二点は、占領下においては大きな声で叫ぶことが出来なかったし、それが出来るようになった時、私は平和運動の中に生きていた。そして、平和運動は、右の二点――特に後者――をタブーとするという約束の上に成り立つものであった。

2

後から考えると、私の予測が甘かったことになるが、或る時期、私は、敗戦によって「思想問題」という厄介なものが消えるであろう、消えたら本当に有難い、と考えていた。年少の読者には理解が困難であると思うので、少し注釈を加えると、思想問題というのは、国体および私有財産制度に対するマイナスの効果という尺度で言論や行動を評価するところに成り立つ諸問題のことである。「治安維持法」は、そういう尺度の代表的なものであった。

この法律は、私が高等学校に入学した直後、大正十四年四月に公布されたもので、第一条は、「国体ヲ変革シ又ハ私有財産制度ヲ否認スルコトヲ目的トシテ結社ヲ組織シ又ハ情ヲ知リテ之ニ加入シタル者ハ十年以下ノ懲役又ハ禁錮ニ処ス。」この第一条は、私が大学に入学した直後、昭和三年六月、次のように改正された。「国体ヲ変革スルコトヲ目的トシテ結社ヲ組織シタル者又ハ結社ノ役員其ノ他指導者タル任務ニ従事シタル者ハ死刑又ハ無期若(もしく)ハ五年以上ノ懲役若ハ禁錮ニ処シ……。」そして、敗戦の日の二ヶ月後、十月十五日に廃止された。改正から廃止までの期間、この法律によって検挙されたもの六万、起訴されたもの三千（朝日新聞、昭和二十年十月十四日附）。

あれは、九月六日の午後であった。何という団体か忘れてしまったが、或る団体の発起人会が、御茶ノ水駅に近い神田の焼け残りの建物で開かれ、私は、空襲で焼け落ちた建物の瓦や壁を踏んで、道路とは関係なく、その建物へ近づいて行った。その団体は、自由と文化とを愛する人々の団体であった。お互に生死を知らなかった仲間が、生きていることを確かめ合い、喜び合った。人々に勧められるままに、私も立ち上って、何かを話した。話し始めると、久しく動かなかった感情が流れ始め、忘れていた言葉が思い出され、そのうち、私は次第に昂奮して来たのであろう。誰かが叫んだ。「まだ治安維持法があるんだぞ。」それは、好意ある忠告であった。私は蒼くなって、話をやめた。その日のことを思い出しながら、私は次のように書いたことがある。「問題は、ただ共産主義者が逮捕され処罰されたところにあるのでなく、凡てのものが共産主義者の疑ひの下に逮捕され処罰されたところにある。さうではない。本当の問題は、日本人の日常の行動を決定するものが恐怖といふ原始的な感情になつてしまつたといふ点にあるのだ。」

思想問題が消えるであろう、と私が予測したのは、敗戦によって天皇の地位が低下し、言論が自由になるであろう、そうなれば、私たちは、余計な気を使わずに、具体的な問題を取上げて、それを出来るだけ科学的に取扱えばよい、と考えたからであった。今までは、何か具体的な問題を取上げるたびに、それを取上げたことや、それに与えられた解答が或る絶対的な信仰や制度に背く意図から出ているのではないか、意図はなくても、背く結果を生むのではないか、そういう角度から私たちを監視する人々、それに対する私たち自身の恐怖心や警戒心、それは、もう沢山であった。みんなも懲りているであろう。そう私は考えていた。

それに加えて、占領軍が日本国民にプラグマティズムを勧奨するであろうという予想も働いていた。前にも述べたように、私は、或る時期から、アメリカのプラグマティズムに興味を持つようになり、日米間の空気が切迫して行く日々も、両国が戦争状態に入った後も、この方面の文献を熱心に読んでいた。しかし、一人でコッソリと読んでいてこそ面白いもので、それが占領軍の権力によって日本中に強制されるようになるのは、あまり愉快なことではなかったけれども、それで日本のインテリがプラグマティックな態度を身に着けることが出来るのなら有難いことだ、と私は考えていた。ここでプラグマティズムの講義をするつもりはないが、私の見るところ、anti-particularism と呼ばれているものが、プラグマティズムの大切な要素であるように思う。

これは仮に「多元論」とでも訳したらよいのであろう。particularism というのは、神、精神、物質、本能、風土……というような、或る一つの力で一切を説明しようとする一元論を指しているのに対して、anti-particularism は、必要に応じて、いろいろな力を持ち出そうという態度である。一元論が体系的な美しさを持つのに対して、多元論は、何処から見ても、颯爽としていないし、見映えもしない。しかし、一元論というものは、過去の出来事を説明するのには役立つけれども、現実の問題の解決となると、なかなか役立たない。過去は死者の世界であるから、観念論で説明されても、唯物論で説明されても、それに異議を唱えはしない。死者は、黙って、一元論的な体系の材料や証人になってくれる。歴史を論じる人は、時々、弱いもの苛めをやっているのではないか、という反省を持つべきである。

これに反して、どんなに小さい問題でも、現実の問題を解決するとなると、容易に一元論では片づかない。現実の問題は現在から未来に亙るもので、これは生者の世界である。どんな解決法でも黙って受け容れてくれるというわけには行かない。生きている人間は、気に入らぬ解決法に向っては、反抗し、文句を言うであろう。それは、現実の問題が処理されないということ、そのために多くの人間が苦しむということである。それを処理し、苦しみを除くためには、見栄も外聞も忘れて、役に立つと思われる力を四方に探さねばならぬ。それを恥ずかしく思う必要はない、と説くのが、あの anti-particularism である。そこには、思想と呼ぶにせよ、何と呼ぶにせよ、観念のシステムの価値は、美しい体系的整合性や威勢のよいラディカリズムにあるよりは、地道な問題解決能力にあるという信仰が生きている。この信仰は、健全なものである。しかし、この信仰がやがて私たちの間に力を持つようになるであろうという私の期待は、間もなく空しいものであることが明らかになった。勿論、その形式や方向は大きく変化したけれども、敗戦後、思想問題は、或る意味では本格的に始まることになった。

3

それが本格的に始まるようになったのは、やはり、長期間に亙る言論の抑圧が一度に除かれ、今まで自由に働くことの出来なかった諸思想が、今度こそ存分に働いて、諸問題の解決を助けるであろう、と多くの人々が信じたためである。私たちの間には、食糧における飢餓と一緒に、思想における飢餓があった。ただ、私自身、まだ結論らしいものに到達していないが、抑圧ということを考える上で、二つの見方があるような気がする。

第一は、抑圧は、思想にとって単に外的な力であったという見方である。広く多くの人々によって支持されている見方であるが、これによると、抑圧は、物理的な力として外部から思想の上に加えられていたことになり、その物理的な力が占領軍によって除かれた以上、今度は、思想が自由に飛翔して、世界の真実を示し、私たちの魂を高めるということになる。事実、過去における野蛮な抑圧のことを考えると、それが文字通りの意味で物理的な力であったと感じないわけには行かない。

第二は、抑圧も、それはそれで思想の内部の問題ではないかという見方である。明治以来の歴史の過程で、多くの思想の間の闘争が行われ、それに勝った思想が権力として結晶し、それが敗れた思想を支配し抑圧して来たと見ることも可能である。抑圧が除かれたのは、決定的な事件には相違ないけれども、肝腎な点は、それを除いたのが、かつて敗れた思想の力ではなく、敵国の軍隊の力であるということである。そうなると、抑圧が除かれたからといって、かつての敗者が右から左へ勝者になるわけには行くまい。抑圧が姿を消しても、かつての勝者が再び勝者になるのではないか。

それなら、かつての勝者の名は何か。何という主義、何というイズムか。しかし、それは既に現実そのものに化しているから、もう思想としての名はない。それは、自己を実現することの出来なかった思想、敗れた思想が何時も立派な名称を持っているのに対して、謂わば匿名の思想である。強いて言うなら、それが、他の機会に述べたように、「開明的保守主義」と呼ばれるものなのであろう。従って、この見方を進めて行くと、敗戦によって抑圧から解放された思想というのは、明治以来、この開明的保守主義との闘争に敗れて来たことになる。しかし、仮に開明的保守主義と呼んでみても、それは、整った体系があるわけではなく、専ら現実によって課せられた大小の問題を実際に解決しようと努力する間に自ら鍛えられて来た方法のようなものである。そう言えば、プラグマティズムのanti-particularismと同じようなもので、高級な思想からの軽蔑や批判を平気で受ける一方、過去との連続性を失わない限りの近代化に役立つものとあれば、何でも彼でも平気で取入れるような方法なのである。こういう、謂わば身を落した方法に出会うと、理想や体系を貴ぶ思想は、なかなか太刀打出来るものではない。右に触れたようなことは、私も進んで認めたくはないのだが、しかし、私以上に、多くの人々はそれを認めたくないのであろう。その人たちは、開明的保守主義というような中立的な名称でなく、それを封建主義、軍国主義、ファッシズム、天皇制などという名称で呼び、そう呼ぶことによって、これを思想と縁のない物理的な領域に追放して来た。私は、これらの名称がすべて不適切であるとは考えない。しかし、天皇制という名称については、若干の注意が必要であるように思う。

常識に従えば、日本の歴史は、天皇が精神的権威を擁し、貴族や武士が政治的権力を揮うという独特の二元性によって貫かれている。これに似た構造が中世のヨーロッパにも見られるらしいし、また、短期間ながら、二元性が曖昧になった時期が日本の過去にもあるらしいが、この二元性——連続の原理と前進の原理との二元性——は、日本人の心の深いところに根ざしているのであろう。明治のエリートも、この歴史に学んで、二元性の伝統を利用するほかはなかった。ただ、諸外国の圧力を受けながら、また、国民に窮乏と労働とを強いながら、急速な近代化を進めて行く過程で、日本社会の統合を確保する必要から、天皇に未曽有の高い権威を与え、併せて、権力の外観も与えねばならなかった。しかし、現実に権力を駆使したのは、リアリスティックなエリートの群であった。

敗戦に先立つ短い期間、天皇の統帥権を楯にして軍人が政治を独占したのは、私たちの記憶に新しく、そこから生れた結果も重大であったけれども、長い歴史の流れのうちで見ると、これは例外的な現象のようである。それは日本に限ったことではない。恐慌、失業、飢餓、暴力で塗り潰された、一九三〇年代という異常な時代は、世界の多くの国々に、何らかの意味で例外的な現象を生んだ。著しい例は、ドイツのナチズムであろう。また、スターリンが一千万を越える自国民を殺害した大粛清も、或る程度までは、その例になるであろう。現在も信じ難い言論弾圧が行われているソヴィエトは姑(しばら)く措くとして、一九三〇年代という異常な時代の例外的現象を一般化して、過去の諸時代を一九三〇年代と同じように見るのは、稍々公正を欠いているように思われる。

4

「天皇論」(『諸君！』昭和四十八年三月号)という文章でも触れた通り、権威と権力という二元性のほかに、私は、天皇信仰の形式性という特徴があって、それが日本の近代化に有利な作用を営んだのではないか、という解釈を持っている。形式性というのは、天皇への尊敬ということのほかに特別の知的内容を含んでいないということである。時代を遠く遡れば、それに或る知的内容が含まれていた時期もあるに相違ないが、権威と権力との二元性が確立するにつれて、また、自然や社会に関する経験的知識が蓄積されるにつれて、天皇信仰の知的内容が次第に稀薄になって行ったのだと思う。乱暴な言い方を許して戴けば、天皇への尊敬という態度——単に儀礼的であっても——を欠きさえしなければ、何でも行うことが出来る、少くとも、多くのことが許されるということである。

近代化に必要な統合の機能は、或る国ではキリスト教が果して来たし、また、他の国ではマルクス主義乃至スターリン主義が果して来た。キリスト教にも、マルクス主義乃至スターリン主義にも、或る知的内容があったため、それが、社会諸科学はもとより、天文学、進化論、物理学などの学説と衝突して多くの面倒な問題を惹起したことがある。それは、現在もある。これに反して、日本では、当事者が天皇への尊敬を欠かない限り、いろいろの学説を輸入し、これを近代化に役立てることが出来た。言うまでもなく、近代化は、全般的な合理化を要求するものであって、今まで神秘的な意味が附着していた事物を科学的に取扱わねばならない。そうでなければ、近代化の根柢である科学、技術、産業は発展することが出来ないであろう。もし天皇信仰に予め特定の知的内容があったとしたら、全般的な合理化に役立つ諸観念は、一々、権威ある知的内容との衝突を繰返すことになったであろう。私たちは、幸いなことに、それを避けることが出来た。しかし、すべてが合理化されればよいというものでもない。社会が急激な近代化のショックで解体してしまわないためには、何処かに非合理的なもの、神秘的なものがあって、それへの信仰が社会の全メンバーによって共有されていなければならない。その必要があるから、或る国々でキリスト教が大切にされたのであり、他の国々でスターリンや毛沢東が神秘化されたのである。

最も望ましいのは、この神秘的なものが知的内容と関係なく、全般的な合理化の過程から隔離されていることである。諸外国では、それが難しかったのに対して、日本では、天皇信仰の形式性によって、そこに大きな困難がなかった。こうして、天皇信仰は、一方、社会の高度の安定を保証しながら、他方、科学、技術、産業の急速な発展を可能にすることになった。

自分を戒める心算で言うのだが、権威と権力との二元性にしろ、天皇信仰の形式性にしろ、こういうものは、本当はソッと取扱うべきものである。歴史に学ぶというのは、そこに祖先の智慧が潜んでいるのではないか、と立ち止って考えてみることから始まる。しかし、実際は、あの異常な一九三〇年代に、或る人々がそれを手荒く取扱い、そこから、天皇信仰と近代思想との間の不幸な関係が、少くとも、その大部分が生れることになったように思う。

最初に手荒く取扱ったのは、スターリンであった。次いで、日本の共産主義者や進歩的インテリが、スターリンの指令に従って、それを手荒く取扱うようになり、敗戦後は、それが一種の常識になっている。コミンテルンは、一九三二年、「日本における情勢と日本共産党の任務に関するテーゼ」において、天皇制の打倒を日本の共産主義者の第一の主要目標と定めた。コミンテルン（第三インタナショナル）は、モスクワにあった世界革命の総司令部で、日本共産党というのは、その日本支部であった。第一次世界大戦直後の一九一九年にコミンテルンが設立された時、ロシアの革命家たちは、世界の諸国に続々と革命が起ると信じていたから、それは或る程度まで世界革命の総司令部という意味を持っていたと言える。しかし、いくら待っていても、諸外国に革命が起らないために、ロシアは「一国社会主義」へ進むことになり、その後、コミンテルンは、諸外国からの亡命者や寄食者の集団になり、当然、スターリンのロシアの国益追求の機関になった。実情はそうであっても、一九三〇年代の初めに大学を卒業した私自身の経験から見ると、恐慌に続く諸事件の波に揉まれていた私たちには、マルクスの予言が見事成就し、資本主義が終に最後の日を迎えたように思われ、その半面、実は資本主義諸国とは比較にならぬほど惨めな飢餓と恐怖との底にあったロシアが地上の天国のように宣伝されていた。私たちは、宣伝を信じることによって僅かに慰められていた。そういう空気の中であれば、一九三二年のテーゼが、絶対の権威を持っていたとしても仕方がなかったであろう。

友人の話によると、テーゼの原文では「君主制」という言葉が使われているそうで、日本の共産主義者が、それを「天皇制」という刺戟の強い言葉に移したらしい。何れにしろ、このテーゼを受け容れることによって、日本の共産主義者および進歩的インテリは、日本史上初めてであろう、自ら公然と「朝敵」を名乗ることになった。スターリンの機関であるコミンテルンが、何処まで詳しく日本の歴史を研究していたかは知らない。しかし、少くとも、それをソッと大切に取扱うべきものとは考えていなかったであろう。

国際政治というジャングルでは、ＡＢ二国が接している場合、Ａが弱くなれば、それだけでＢは強くなり、反対に、Ａが強くなれば、それだけでＢは弱くなるものである。長い歴史を貫いて社会的統合の機能を果して来た天皇が本当に廃されたら、如何に収拾のつかぬ混乱へ日本が叩き込まれるか、また、治安維持法が改正された後の日本に、自ら進んで朝敵を名乗る集団が現れた場合、どんな事態が生ずるか、それは、スターリンも知っていたであろう。いや、恐らく、それを望んでいたのであろう。そう私は想像する。思想に高貴な超国家性があるとすれば、そういう想像は不可能であろう。しかし、あのスパイクマンの言葉を俟つまでもなく、敗戦前後のロシアの行動や最近の中ソの対立などを考えただけでも、残念ながら、思想は国家の道具である。私たちは、どうも、スターリンの策略にかかっていたような気がする。自分の権力を維持するために、一千万を越える自国民を平気で殺害したスターリンが、日本の民衆の幸福を心から願って天皇制打倒を命令したと考える方が不自然ではないか。スターリンは、日本に大混乱の起ることが自分の権力とロシアの利益とに役立つと考えていたのではないか。

形式性ということが天皇信仰の大きな特色である、と私は言った。この形式性のゆえに、それは近代化に有利な作用を営んだ、と私は言った。しかし、如何に天皇信仰の形式性が高度であったとしても、「天皇制打倒」という内容まで受け容れはしない。明治以来、地動説を受け容れ、進化論を受け容れ、スペンサーを受け容れ、ルソーを受け容れ、他の多くのものを受け容れたのと同じように、「天皇制打倒」も受け容れてくれ、というのは無理な注文である。換言すれば、テーゼは、結果として、形式的であった天皇信仰に或る知的内容を入れてしまったのだ。マルクス主義、共産主義、社会主義、近代思想への反対というネガティヴな知的内容を、それへ押し込んでしまったのだ。敢えて不適切な比喩を持ち出せば、日本の歴史を大切に扱おうという立場から見ると、天皇信仰へ内容を押し込むことは、黄金の卵を生む鶏の腹を割くようなものであった。そして、似たことを別の方向から企てたのが、「天皇親政」を実現しようと企てた二・二六事件の青年将校であった。

敗戦後、私は、天皇は御退位なさるべきである、と信じていた。天皇御自身も、そうお考えであったと思うのだが、恐らく、周囲の事情がこれを許さなかったのであろう。もっとも、御退位なさったとしても、スターリンの指令に従う人間が減りはしなかったであろう。思想問題が終るであろう、という私の甘い期待を裏切って、敗戦後の思想問題は、治安維持法への復讐という形式を帯びることになった。避け難いことであったかも知れないが、天皇制の否認と私有財産制度の否定ということが、つまり、共和制および社会主義という方向が、少くとも文字の上では、戦後思想の公理になった。

それに加えて、日本の絶対的後進性という公理がある。一九三二年のテーゼは、単に天皇制の打倒を要求しただけでなく、それを絶対主義と規定した。そのために、天皇制が新しく形式を整えた明治維新は、フランス革命のような謂わゆるブルジョア革命と比較すべきものでなく、一段階遡って、遠く十六世紀におけるブルボン王朝の成立と比較すべきものとなった。明治の開国以来、一方、私たちは先進諸国に対する劣等感、後進国意識、西洋崇拝……そういう気持を持ち続け、他方、それに刺戟されながら、諸方面に亙る日本の近代化を急速に進めて来たのである。近代化が或る成果を収め、あの辛い意識から漸く少しずつ解き放たれようとしていた矢先、スターリンによって、私たちは、いくら足搔いても抜け出ることの出来ない深い底へ叩き込まれることになった。彼によれば、二十世紀の日本は、四百年前のフランスの状態にある。この状態は、私たちが天皇の権威を信じている限り、天皇がルイ十六世のように弑されない限り、何時までも続くことになった。スターリンの学説が初めて私たちの間に現れた時、一九三〇年代の窮乏と恐怖とが、それに大きな説得力を与え、講座派と呼ばれるインテリの一群は、この学説を立証するために、明治維新および日本資本主義発達史を研究するようになった。そして、戦後、日本が先進諸国に敗れたという事実によって、あの混乱と絶望との中で、それは再び新しい説得力を与えられることになった。一九四三年にコミンテルンが解散されても、一九五六年にスターリンが批判されても、高級なインテリの間では、日本の絶対的後進性の学説が依然として正統の信仰なのである。——これらの公理を中心とするグロテスクな光景については、河野健二氏の『フランス革命と明治維新』(NHKブックス、昭和四十一年)が有益な解説を与えてくれる。

勿論、明治維新を絶対主義の成立と見る人たちとは別に、これをフランス革命のようなブルジョア革命と見る人たちもいる。しかし、その人たちにとっても、フランス革命が優等生であるのに対して、明治維新は劣等生のようなものであるらしい。実は、最近、或る必要があって、フランス革命のことを少し調べているのだが、一体、どうして、あんなに沢山の人間が殺されねばならなかったのか、私には不思議で堪らない。フランス人というのは、よほど融通の利かぬ、血を見ることの好きな国民なのであろう。有名な登場人物は、必ず何人かを殺しているし、また、その当人が、やがて、必ず仲間と一緒に殺されている。無名な人間の殺戮に至っては、殆ど数えることが出来ない。そういう莫大な犠牲を払いながら、肝腎の共和制は一向に安定しないし、革命も一度では済まず、その後も何度か起って、そのたびに夥しい血が流されている。流される血が多ければ多いほど、混乱が深ければ深いほど、革命は模範的なものになるのであろうか。仮に損益勘定を試みたら、不徹底とか、妥協の産物とか、日本人の不名誉のように非難されている明治維新も、一概に劣等生とは言えないのではないか。民主主義の理想から見れば、いろいろの欠陥はあったにしろ、流された血が非常に少く、その後の長期的な安定の基礎を作り出したことを考えれば、近代化の政治的出発点としては相当の成績だったのではないか。私は、時々、そんな風にも考えてみる。明治の「富国強兵」という散文的なスローガンと違って、「自由、平等、友愛」という美しい理想は、広く世界中の人間を鼓舞したであろう。しかし、どの革命にしろ、それで何一つ痛い目に遭わなかった後代の外国の評論家の見地より、その時代の当の国民が何を得たのか、何を失ったのかという見地から評価すべきもののように思う。

5

ここまで書いて来て、私はヘトヘトに疲れてしまった。なぜ、こんなに疲れたのか、よくは判らないが、敗戦後の私のドンヨリ曇った気持に強い光を当てて、そこに骨格らしいものを探し出そうという試みが、対象が他人であればとにかく、それが私自身であるために、こんなに私を疲れさせたのであろう。あの頃は、右に述べたように万事が割切れていたわけではない。もし割切れていたら、到底、生きていられなかったであろう。ここに書いたようなことを漠然と感じながら、拗ねていたというか、私は万事を斜めに見ていた。そして、好んで冗談を言っていた。戦後に知り合った友人たちから、「清水さん、もっと真面目に話しましょう」と何度か言われた。この人たちの多くは、官立大学の研究室の奥深く住んでいて、敗戦の後に初めて発言するようになった清純な人たちである。私にとっては、川の向側にいた人たちである。人によってニュアンスの差はあったにせよ、概ね前述の三つの公理を認め、また、思想の超国家性を信じているようであった。惨めな敗戦国は、誰の眼にも、思想によって簡単に超えられるものに見えた。国家が軽く、思想が重く見えた。軽いものに未練のある私にとって、その人たちの言葉は、何時も少し大袈裟に聞こえた。厳粛過ぎるように思われた。この清純な人たちの文章を読んだり、彼らと話したりしている途中、私は、以前からの癖で、「話半分」という意味の cum grano salis というラテン語を思い出していた。

冗談でなく、真面目なことを話したり書いたりする必要に迫られると、私は、馬鹿の一つ覚えのように、科学的方法の尊重ということ、それから、人間の非合理性ということを述べた。この時期の多くの文章は、ヴァレリを気取った『現代の考察』（思索社、昭和二十四年）という評論集に収められている。科学的方法の尊重というのは、宗教的ドグマのような傲慢なポーズで現れて来たマルクス主義への反対を、人間の非合理性の確認というのは、自由主義的民主主義の前提である合理的人間観への反対を意味するものであった。

科学的方法と人間の非合理性とに加えて、控え目に、というより、恐る恐る、私は「民族」という問題を持ち出していた。或る期間、私は、中央公論社の顧問になっていたが、これという仕事はなく、『中央公論』の巻頭言（匿名）を書くのが、まあ、仕事といえば仕事であった。私は、昭和二十三年正月号の巻頭言に「誰が民族を得るか」という文章を書いた。「日本のインテリ、進歩的分子は民族について語るとき、何故にあの物怯（ものお）ぢした恥づかしさうな様子を示すのか。民族を云々することはインテリにふさはしくないといふ習慣はどのやうにして出来上つたものであらうか。」敗戦までは謂わば絶対者であった民族が、敗戦の日から禁句になっていた。民族というのは、罪深いものであり、軽く思想に超えられるものであった。しかし、民族を避けている限り、私たちは、戦前、戦中、戦後を結び合せることが出来ないのではないか。私たち自身の存在の形式がないのではないか。

当時も、論壇時評という——現在と同じように——ナンセンスなものがあって、そこでの私の評判はよくなかった。二つの陣営が弾丸の撃ち合いをやっている最中へ、清水は何も知らずにヒョロヒョロと出て来る、危くて見ていられない、と或る批評家は書いた。一体、清水は誰の味方なのか、それをハッキリさせてから書くがよい、と他の批評家は書いた。あの時期の清水さんは生彩を欠いていた、と日高六郎は書いた。論壇時評はナンセンス、と言ったが、私もそれを試みなかったわけではない。

私は、東京新聞（昭和二十一年四月十六、十七、十八日附）に「戦後の論壇」という文章を書いた。「編輯者や執筆者を支配してゐるのは、よく言はれる通り、一昔前の思想や手法であつて、久しくその活動を不可能にしてゐた条件が消えたため、それが再びオートマティックに動き出したとでも言はうか。雲が去つて月がまた現はれたといふのに似てゐる。その結果は、諸雑誌の上に戦争の痕跡が認められぬといふ不思議な事実を生み出してゐる。雲の残した痕跡を月の表面に求めても無駄なやうに、諸雑誌は戦争の痕跡をとどめてゐない。或る詩人の歌つた如く、この戦争もやはり一片の夢であつたかも知れぬ。しかし、十年に近い戦争がその痕跡を残さぬといふ不可解な現象は、多くの執筆者が戦争中の動揺や感激や絶望について、申し合せたやうに口を拭つてゐることにもよるのであらう。それに触れたら損をすると判つてゐれば、誰もそれを敢へてするほど馬鹿正直にはならない。だが執筆者たちが正直であらうと、不正直であらうと、大部分の読者には戦争の痕跡が生々しく残つてゐるといふ事実だけは看過出来ない。大方の読者は、戦争中、あぶない、情ない、駄目だ、厭だ、などと感じてゐたにしても、自由主義やマルクス主義で最初から事態を割り切つて終戦に至つたのではなく、執筆者諸君よりも遥かに深い程度で動揺、感激、絶望の波に揉まれて来たのだ。戦争の残した痕跡は、今日も依然として疼いてゐるのである。」

表向の思想を見れば、戦前、戦中、戦後は、それぞれ違う。特に戦中と戦後とでは、何も彼も違う。その期間を通じて全く変らなかったのは、民族という実体である。それゆえ、民族を持ち出せば、否応なしに、戦前、戦中、戦後を貫く連続性に自ら直面しなければならぬ。それを避けるために、人々は、民族を避けていたのであろう。連続性は、如何に変化を含んでいても、必ず何らかの同質性を含んでおり、すべての理解は、この同質性という液体があってこそ可能になる。ヒトラーに関する研究文献は、戦後のドイツに夥しく現れたが、それらに共通な大きな傾向は、ヒトラーを変質者に仕立て上げるところにある。変質者にされることによって、ヒトラーは、研究者を初めとする正常のドイツ人との間の同質性を失う。ヒトラーは、理解の不可能な、理解の不必要な人格になる。ヒトラーが変質者に仕立てられなかったら、人々は彼を理解せざるを得ない立場、僅かにしろ、ナチズムへの責任を自ら認めねばならぬ立場へ追い込まれるであろう。ドイツで、みんなが潔白であり得るために、ヒトラーを変質者に仕立てたのと同じように、日本では、みんなで民族を捨象したのであろう。

当時、朝日新聞社から『朝日評論』という綜合雑誌が発行されていた。噂によると、昭和二十五年、私の書いた「運命の岐路に立ちて」という文章が占領軍の忌諱に触れ、その号で廃刊になったという話であるが、その昭和二十一年六月号に、私は「戦争の経験」という一篇を書き、戦前、戦中、戦後を自分の内部で一本に結び合せようとした。そう長い文章ではなかったが、あれを書いた時も、ヘトヘトに疲れたことを覚えている。

思索社発行の『思索』という雑誌で私のこの文章を取上げて、こちらが恥ずかしくなるような讃辞を与えてくれたのは、大熊信行氏であった。もっとも、大熊氏は、私のものだけでなく、大河内一男、高島善哉、中野好夫、羽仁五郎というような人たちの論文も同時に批評の対象にしていたが、私は特に良い点を与えられた。「清水氏は、……もはやぎりぎりの自己そのものの世界へ、すべてを消え入るもののやうに、引き入れてしまつてゐる。……その表白は、ほとんど文学的な高さに達してゐるのである。……内省のふかさと、抽象のうつくしさと、そして表現のもの柔かさは、無類であるといはなければならない。」

この過分の言葉を読みながら、私は、ああ、戦争は終ったのだ、と感じた。なぜなら、戦前から敗戦までの時期、私の気持では、大熊信行氏は、最も恐ろしい人々の一人であったから。軍部や警察も恐ろしくはあったが、彼らは、私たちの仕事については素人であった。これに反して、何人かのインテリは、私たちの仕事の内情に通じた玄人であった。私たちが世を憚って書いた小さな言葉の蔭にあるもの――軍部や警察が気づかなかったであろうもの――を素早く見つける眼を持ち、それを巧みに指摘するペンを持っていた。どうも、私には、大熊氏がその一人であるように思われていた。大熊氏を恐ろしく思わなくてもよくなったというのは、とにかく、本当に戦争が終ったということであった。

明治四十年——昭和十六年

微禄の涯

1

少年の朝は、「おめざ」で始まった。目が覚めると、枕元に古い食籠(じきろう)があって、それに何かお菓子が入っている。お菓子は日によって違っていたのだと思うが、なぜか、何時も「時雨(しぐれ)」であったように覚えている。それを食べてから、私は起きる。私の家は、日本橋区薬研堀(やげんぼり)(現在は、中央区東日本橋二丁目)にあった。私が物心ついた頃は、私の家と隅田川との間に千代田小学校の建物があったけれども、暫く前までは、隅田川が家の前まで来ていたという話であった。その家は、私や私の弟妹ばかりでなく、私の父も生れた家であった。

それが一日の朝であると、母は、「今日は涼雲院様と愛蓮院様の御命日」と私に告げた。涼雲院は、私の父の長兄で、現在の東京大学の前身である南校に学び、若く死んでいる。愛蓮院というのは、皆川島之助という人の妻であることだけは判っているが、その他は不明である。また、五日の朝であると、母は、「妙理院様の御命日」と言う。妙理院が私の曽祖父の妻であり、曽祖父が常光院で、十二日が命日であることは判っているが、十八日が命日の貞操院となると、村山喜兵衛という人の妻であることしか判らない。

大正十二年の関東大震災で家財道具と一緒に過去帳が焼けたので、何も彼も判らなくなってしまったが、当時は、毎日が必ず誰かの「御命日」で、私は、毎朝、小さな家に不釣合の、沢山の位牌が並んだ仏壇の前で手を合せた。しかし、過去帳が無事であった時期でも、愛蓮院や貞操院を初め、多くの故人が私の家とどういう関係にあるのか明らかではなかった。父や母に尋ねても、満足に答えることが出来ず、すべて、結局、「お屋敷の人」ということになった。この言葉は、徳川家の家臣という意味であった。旧幕臣でも、才能や野心のあった人たちは、明治維新後の近代化の過程で、力や富に近づいて行くことが出来たけれども、それを欠いた人たちにとっては、日本の近代化の過程が、そのまま、自分たちの没落の過程であった。私の家は、祖父(阿光院)の代まで旗本であった。その祖父が才能も野心もない人物であったらしく、私の家も急速に没落して行った。しかし、いろいろな事情で、私の家よりも早く没落して行った家が多かったのであろうか、「お屋敷の人」が次々に私の家に寄食し、私の家で死に、その位牌が私の家の仏壇に並べられることになった。私が生れる五年前に死んだ祖父にとっては、その人たちとの関係が明らかであったのであろう。しかし、明らかになったとしても、その人たちとの関係は、血縁というものではなく、同じように旧幕臣であったという因縁であった。

昭和四十八年の夏、『文藝春秋』の座談会で、植草甚一、池波正太郎両氏と話し合った時、右のような点に触れたら、池波氏から、それはよほど御大身であった証拠です、と言われて、私は訳もなく恐縮した。その祖父が本所の割下水に下屋敷を持っていて、趣味で諸国の竹を集めていたため、「竹屋敷」と呼ばれていたということをお話ししたら、愈々御大身ということになってしまったが、禄を離れた祖父には、新しい時代の政治や産業に乗り出して行こうという積極性が全く欠けていた。竹屋という商売を始めて、それで趣味のうちに衣食の道を得て、ヒッソリと暮して行こうという消極的なことを考えたようである。今日と違って、建築に竹を用いることが多かったとはいえ、この商売に大きな前途がある筈はなく、没落は当然のことであった。父の次兄は、他家へ婿に行き、私が小学校に通っていた頃、何かの事情で、私の家へ帰って来て死に、次いで、その息子も私の家へ来て死んだ。三兄も、私の生れる前に、二十歳にならないうちに死んだ。長兄、次兄、三兄は、みな学才のある人であったらしいが、結局、末っ子の父が祖父の始めた仕事を継ぐことになり、明治四十年の夏、そこへ私が生れた。生れた私は、第十五代将軍徳川慶喜が着たという産衣を着せられた。

2

私はよく病気にかかった。小学校へ入ってからも、無欠席で過ぎた月は殆どなかった。

病気で床に就くと、枕元に小さな屏風が立てられた。それは貼り交ぜの屏風で、私は、それを熱のある眼で眺めながら育って来たような気がする。初め、絵は判ったが、字は読めなかった。そのうち、字も少しは読めるようになった。屏風の左側には、山岡鉄舟が祖父に宛てた長い手紙が貼ってあり、右側の右の端には、幕臣の狂歌師であり戯作者であった大田南畝（蜀山人）の短冊があった。よく覚えていないが、「あらたまの年も六十三番叟」と書いてあったように思う。その左に、江戸の画家谷文晁の絵があった。どんな絵か、もう忘れてしまった。山岡鉄舟が、勝海舟、高橋泥舟とともに「三舟」と呼ばれていたことは、幼い頃から教えられていた。三人とも幕臣であった。海舟の事蹟は広く世に知られ、特に江戸城の明渡しを西郷隆盛と交渉して、江戸を戦火から救ったことは有名である。泥舟は新徴組を率い、後に徳川慶喜の護衛の任に当った。鉄舟も、幕府と官軍との間を奔走して徳川家を守り、後に、明治天皇の侍従になった。何れも、徳川時代から明治時代への転換を出来るだけ犠牲の少いものにし、それで日本の独立を守ろうとした人々であり、血で血を洗うフランス革命の尺度では考えられない人々である。鉄舟の手紙には何が書いてあったのか、これは最後まで読めなかったし、読もうという努力をすることもなかった。年長の海舟は文政六年（一八二三年）の生れであるが、泥舟は天保六年（一八三五年）、鉄舟は天保七年、祖父は天保五年の生れであるから、三人は同じ年輩である。他の二人はとにかく、鉄舟と祖父との間にどういう関係があったのか、私には全く判らない。ただ想像されるのは、維新後、鉄舟が功成り名遂げてから屏風が作られたであろうということである。祖父が彼を尊敬していたとしても、彼が有名な人間になっていなければ、その手紙を文晁の絵や蜀山人の短冊と一緒に屏風に貼りはしなかったであろう。祖父は、日本橋の片隅に貧しく生きながら、かつて何かの関係があり、今は世に時めく鉄舟の手紙に、或る誇りと或る妬ましさとを感じながら、この屏風を作らせたのであろう。そして、この屏風は、次々に私の家に寄食し、私の家で死んで行った人たちの枕元に、何度も逆さに立てられたものであった。

幼い私は、半ば過去の中に生きていた。そうは言っても、私自身が過去を懐かしんでいたわけでもないし、過去を回復しようと考えていたわけでもなく、漠然と過去との繋がりを意識していただけのことである。そもそも、私は、維新以前の過去に生きた経験がないのであるから、知らないものを懐かしく思うことも、その回復を考えることも出来るわけはない。父は明治十六年、母は明治十七年の生れであるから、父母も昔のことは知らない。しかし、維新以前の過去に生きたことのある老人たちが、夜になると、よく私の家へ来た。私の家とどういう関係があったのか知らないが、とにかく、「お屋敷」に関係のあった人たちであろう。その人たちにとって、過去は、もう手の届かぬところに完結しているもの、美しく結晶しているものであった。その人たちが私の家へ来るのは、父を相手に亡んだ過去のことを話し、現在の窮境の愚痴をこぼすためであったように思う。私は早く寝かされたが、寝た振りをして、夜遅くまで襖越しに老人たちの話を聞いていた。老人たちは、「世が世なら」と何度も言った。最後には、必ず涙を流した。「世が世なら、あの子だって……。」私のことであった。「……小刀を手挟んで……。」これも私のことであった。小学校に入って間もない頃、私は、「微禄する」という言葉を知っていた。要するに、老人たちは、徳川幕府が続いていたら、みんな仕合せであったであろう、と嘆いているのであり、「みんな」の中には私が含まれていた。しかし、私が漠然と過去との繋がりの中に生きていたというのは、未来との繋がりが曖昧であったということにほかならない。あの老人たちのように、過去と私とを結びつける人は訪れても、未来と私とを結びつける人は訪れて来なかった。そういう人が訪れていたら、恐らく、過去の姿は崩れていたであろう。そういう機会がないままに、明治維新に始まる没落の下降線の上を、私たち一家は滑り続けていた。父は、自分の代で家運を挽回出来るとは考えていなかったらしいし、多少は私に期待していたとしても、私の代でそれが出来るとも信じていなかったらしい。あまり具体的でもない過去との繋がりが私の内部で奇妙な生命を持つことが出来たのは、専ら没落の空気のゆえであった。幼い少年にとって、未来の代りに過去だけがあった。

それでも、建築材料としての用途が日を逐って狭くなって行く竹に、繊維産業の発展が、或る期間、新しい機能を与えたことがあった。東京紡績や大日本紡績というような企業が、孟宗の竹片を製品の包装に用いることになり、それを納入することによって私の家は少し景気がよくなった。私の家で扱う竹の産地は、現在の国電の大崎や五反田の駅に近いところで、当時、あの辺は一面の深い孟宗藪であった。しかし、包装材料としての需要の増加を追いかけて、海上輸送の発達が起ったようである。元来、竹というのは、南国の産物である。九州では、東京近郊の竹よりも遥かに太い長い孟宗が安く買える。東京までの輸送に費用がかかったので、大崎や五反田の竹が用いられていたのである。海上輸送が発達し、費用が安くなると同時に、九州の竹が東京に進出して、私の家と紡績会社との縁は切れてしまった。

3

縁が切れたのが原因になって、私が小学校六年生の時、私の家は、時代遅れの竹屋という商売をやめ、日本橋区薬研堀から本所区柳島横川町（現在は、墨田区横川四丁目）へ移り、母方の親戚の世話で、洋品雑貨の商売を始めることになった。紡績会社との関係が怪しくなり始めてから本所に落着くまでの父の苦しみを考えると、今でも、私は涙が出そうになる。いや、この期間ばかりではなく、父の苦しみは、私が生れる以前からあったのであり、それは四十歳台の末に死ぬまで続いたのであろう。三人の兄がそれぞれ学才があったのに反して、父は、小学校で二度も落第し、謡曲や義太夫を除くと、何事にも自信がなかった。ひどく気が弱く、他人に向って「ノー」と言うことが出来なかった。しかし、私も同じように自信がなく、気が弱いのか、どんな場合でも、父の気持は痛いほど私に通じた。当時、薬研堀に近い隅田川の浜町河岸には、大きな大名屋敷が残っていた。或る晩、私は、右側の大名屋敷の暗い木が風に揺れ、左側の隅田川の波が音を立てている道を父と一緒に歩いていた。後に、「魔王」を聴くたびに、この夜のことを思い出した。何も事件があったわけではないが、父は黙って私の手をシッカリと握っていてくれた。その手から、父の優しい気持が私の内部へ静かに流れ込んで来ていた。

薬研堀の家の右隣には、或る時期、松旭斎某という有名な奇術師が住んでいた。その一家が何処かへ移った後、その息子の一人であろうか、私の家へ来て、居合わせた私に高価なチョコレートをくれて、見え透いたようなお世辞を言う。怪しい、と私は感じた。彼の用事は、或る外国人に見せたいので、一日だけ、錦絵を貸して貰いたい、というのであった。私の家には、値打のありそうなものをすべて売り払った後に、広重の東海道五十三次など、沢山の錦絵が残っていた。貸したら返って来ない、と私には何となく判っていた。駄目です、と怒鳴りたかった。しかし、父は承知して、その人は大きな風呂敷に錦絵を包んで帰って行った。それっきり、錦絵は私の家から消えてしまった。父は、それが二度と返って来ないであろうと知りながら、錦絵を渡したように思う。

父は、誰にとっても無害な人物であった。しかし、これは、「母以外の誰にとっても」と訂正すべきであろう。母にとって特に有害であったというわけではないが、母には、万事に消極的な父が歯痒く、それに腹の立つことが多かったのだと思う。母は、浅草の油屋に生れ、私の家へ来てからは、絶えず平民の娘ということを意識していたようである。油屋というのも、ランプが広く用いられていた間は繁昌したらしいが、電気やガスが普及するにつれて、竹屋と同じように、時代遅れの商売になって行った。そのことと関係があるのかどうか知らないけれども、娘時代、舞の稽古の帰りに、或る橋を渡りながら、こんな稽古をしている時ではないと考えて、扇を折って川に捨てたという話があるから、父の背後でヤキモキすることが多かったに違いない。父と母とが言い争う場合、半分以上は母が正しかったように思う。しかし、私には父の気持の方がよく通じた。父が四十歳台の終りに死んだのに対して、母は九十歳を越えてまだ元気である。

父は、きっと、祖父の消極性を承け継いでいたのであろうし、私も、或る程度まで、同じような消極性を父から承け継いでいるように思う。そして、この消極性の或る部分は、先祖代々、江戸や東京で生れたところから来ているように思われる。勿論、一般的な言い方は慎まねばならないが、以前から、私はそんな風に考えている。現在の東京は、世界第一か、世界第二か、昔の東京とは比べものにならない、大きなものに膨れ上っている。それでも、私にとっては、この東京が、昔と同じように小さなものに感じられる。そこでは、みんなが私のことを知っていて、私のすることを見ている……そんな筈はないのだが、しかし、そういう気持が片時も離れない。小さい東京で小さくなって暮している。毎日、国電で研究室へ通っているが、運よく席に腰かけられても、脚を組むことなどは考えるのも恐ろしく、なるべく深く腰かけて、自分の占有する空間を出来るだけ小さくしようとする。そして、誰かに席を譲るべきではないのか、と周囲を見廻す。まあ、一種の臆病である。そういう気持があると、何事にも控え目になり、よほど特別の機会がない限り、思い切ったことが出来ない。父は、自信のないままに、一生、そういう態度で生きて来たように思われる。祖父も、そうだったに違いない。私は農村の生活の経験がないけれども、狭い農村の生活には、こういう条件が一層強いのであろう。しかし、それだけに、農村の生活を捨てて東京へ出て来た人たちは、一方では、不案内というマイナスがあるけれども、他方では、広い東京で何でもやってやろうという自由な態度があるのではないか。その後、勉強や事業のために東京へ出て来た人たちから、初めて上野駅に着いた時の緊張した気持というか、戦闘的な気分というか、そういうものを説明されて、私は、到底、太刀打出来ないと悟った。

4

同じ東京に住んでいても、私たちが没落の空気の中に生きていた時、薩長土肥の出身者を初め、力と富とを求めて東京へ来た人たちは、進歩の空気の中で力強く生きていたのであろうか。没落というのは、時間の経過につれて価値が失われて行くことである。そういう事実であり、そういう信仰である。言い換えれば、何の意味もない時間というものに、価値の喪失という意味が与えられることである。私の家へ来て愚痴をこぼしていた老人たちが使っていた「微禄」という言葉も、没落と同じ意味のものであった。老人たちの話を聞いていた頃から約三十年の後、学習院大学に勤めていた私が、安倍能成院長と話していた途中、何かの拍子で「微禄」という言葉を用いたら、院長は聞き咎めて、如何にも不潔な言葉を耳にしたという表情で、「それは没落した旗本などの使う言葉です」と強い口調で言い、急に不機嫌になった。あの時、私は少し驚いた。後から考えてみると、院長は、私の父と同じ明治十六年の生れである。父が東京に生れ、下降の過程を辿って、昭和八年に死んだのに反して、この期間は、愛媛県に生れた院長が笈を負って東京に上り、東京帝大に学んで、上昇の道を進んで来た期間である。表通りを歩いて来た院長にとって、裏通りの話は聞きたくなかったのであろう。

没落とは反対に、進歩というのは、時間の経過と共に価値が増大するということである。そういう事実であり、そういう信仰である。もともと意味のない時間というものに、価値の増大という意味が与えられることである。その後、いろいろな書物を読み、いろいろな人々と交際するようになってから、進歩を信じるのが健全な人間で、没落などということを考えるのは異常な人間だけである、というのが世間の常識であると知るようになった。しかし、何と言われても、少年の私にとっては、没落というのが儼然たる事実であった。

この事実には、一方では、前に見た家業の不振という内容があったが、それと同時に、他方では、これも既に少し触れた死の影という内容があったように思う。父の次兄は脳出血であったが、長兄、三兄、次兄の息子は、すべて肺結核で早く死んでいる。祖父は、四度も結婚した人で、父の母は祖父の四度目の妻であるが、三人の妻は、みな若く死んでいる。どうも、肺結核らしい。私の家で死んで行った「お屋敷の人」の多くも、肺結核で死んだのであろう。現在と違って、肺結核ということは、死ということであった。そして、すべての病気は、何処かで肺結核と関係があるように思われていた。もともと、時間には、思想家が騒ぎ立てるほどの意味が最初から備わっているわけではない。カラッポのものである。しかし、それでも、何か自然の意味とでもいうようなものがあるとすれば、それは刻々に過ぎて行く自分の生命という意味であろう。自分の寿命という意味であろう。この寿命としての時間は、精々、数十年に限られ、その前半は活力に満ちているかも知れないが、後半は衰退のプロセスであり、最後には必ず惨めな死が待っている。近頃は、「論理」という文字の好きな人が多く、下らないものに「論理」という文字を添えて喜ぶ傾向が強いが、右に述べたことは、「論理」などではない。単純な「事実」である。遠い昔から、この事実を人類は知っている。この事実を知っている人間にとって、進歩を信じるというのは、かなり難しいことではないのか。時間の経過と共に価値が増大すると考えるのは無理なのではないか。何か特別の事情がなければ、人間は進歩ということを思いつかないのではないか。

約二十年前になるが、一九五四年の夏、私は初めてパリへ来て、リュクサンブールから西南へ走る、パリで最も長い通りだという、ヴォージラールという通りの、稍々場末の空気が感じられる辺りにある安いホテルに泊っていた。メッシドールというホテルであった。Messidor というのは、フランス共和暦の第十月、「収穫の月」で、グレゴリオ暦の六月二十日から七月十九日までのことである。共和暦は、一七九二年の秋の昼夜平分時から使用され、一八〇五年末に廃止された。この共和暦を作ったのは、劇作家で国民議会議員のファーブル。しかし、ファーブルは、この暦の使用が始まって間もなく、革命に活躍した大部分の人間と同じように、一七九四年、ダントンと一緒に死刑に処せられている。このホテルには食堂がなかったので、時々、筋向うの安いレストランへ食事に行った。レストランの名は、Progrès、つまり、「進歩」というのであった。このレストランには、自慢のケーキがあった。何の変哲もないケーキであったが、それも Progrès という名であった。

私は西洋の事情は深く知らないけれども、「進歩」――「メッシドール」も同じかも知れない――という言葉に特別の重みがなければ、店やケーキの名前にはならないのではないか。パリの町を歩きながら、私は、そんなことを考えていた。ヨーロッパの古い伝統であるキリスト教から見れば、人類の歴史は、アダムとイヴとが楽園を追われて以来の堕落の歴史と言える。時間の経過と共に価値が増大して来たプロセスではない。そのキリスト教の桎梏から人間を解放したのがルネサンスと言われているが、あれは、キリスト教以前の古代の学芸を理想化し、それへ帰ろうという復古の運動であるから、これも進歩の信仰とは縁がないようである。そうなると、フランス文学史が説いているように、一方、ルイ十四世の栄光、他方、デカルトやニュートンに見られる科学の発達、それによる自然の征服、そういうものが相結んで、刻々に過ぎて行く自分の生命という、古くからの平凡な人間の自然な気持を押し除けて、時間の経過と共に価値が増大するという信仰を打ち樹てることになったと考えるほかはない。何処の国でも、政治の栄光に加わって力や富を得た人々、科学や技術の発達に自ら貢献することが出来た人々は、正直に進歩ということを信じることが出来るのであろう。そうでない多くの人々は、没落を信じるか、或いは、それを信じる辛さに堪え兼ねて、肉体の死を越えた彼岸における永生を信じようとし、または、政治、科学、技術の発達に輝く国家や民族に自分を同一化して、この超個人的なものの永遠の生命のうちに自分もまた生き続けることを願うのであろう。——とにかく、平凡な人間にとって、進歩の観念というのは、何かに浮かれてでもいない限り、相当の無理をしなければ、夜中に目が覚めた時、これを正直に信じることは困難なもののようである。

5

没落の過程から抜け出す一つの道、というより、殆ど唯一の道が教育にあることは明らかであった。明治維新以後の近代化は、維新前における文盲率の非常な低さによって大きく促進されたし、また、近代化の著しい特徴は、高等教育を広く国民に開放したところにあった。諸外国の高等教育が——或る国々では、今日も——力と富とを有するものにのみ開かれていたのに対して、日本では、才能がある限り、出身の如何を問わず、広く力と富とを求める人々に開かれていた。しかし、父母は、私に高等教育を受ける機会を与えて、没落の過程から抜け出そうとも考えていなかったようである。それは、私が格別の才能を示さなかったという理由にもよるのであろうが、それだけではないようである。

今まで、私は、没落士族の歴史という形で私の身辺を書いて来たけれども、維新から半世紀も経ってしまえば、維新前は何者であったにせよ、私の家は、薬研堀の貧しい商人であるに過ぎない。その上、薬研堀界隈というのは、柳橋と浜町という二つの花柳界の間にある狭い土地で、近くに何軒か待合があったし、また、横山町や馬喰町という問屋街に接していたため、紙、玩具、香水などの問屋が数軒あり、魚屋、豆腐屋、小間物屋、象牙細工の店、文房具屋、乾物屋、牛乳屋などの小売商、床屋、髪結、長唄の師匠、それから、二十八日が縁日の不動様と、十日が縁日の金毘羅様とがあった。山の手の役人や会社員の間とは違って、そういう土地では、教育というもの——或いは、学校というもの——の意味は大きくはなかった。私のクラスの生徒は、五十名ぐらいで、大きな問屋の息子も多かったが、卒業後、中学校や商業学校へ進んだものは、三人か四人、また、高等小学校へ進んだものも、三人か四人で、他はみな家業を継ぐか、何処かの店の小僧になった。薬研堀は、そういう土地であった。

私の学校は、家の筋向うに正門のある千代田小学校であった。今日の小学校教育に比べると、授業の内容が大変に稀薄だったのに違いない。記憶しようという努力は、全く必要ではなかった。教室で見たもの、聞いたもの、読んだものは、それだけで心に刻み込まれて行った。予習や復習や試験の準備というのは、一度もやったことがない。先生を初め、大人たちは、「勉強しなさいよ」と言ったが、勉強とはどういうものか、それが判らなかった。二年生になった時、机を買って貰った。学校から帰って来ると、鞄から教科書を出して、机の抽斗に入れる。翌朝になると、教科書を抽斗から鞄へ移す。机はどう使うものか、私には理解出来なかった。私の仲間も、みな同じようなものだったのであろう。学校から帰れば、掃除を初め、いろいろと家事の手伝いをせねばならぬ。妹や弟の守をせねばならぬ。暇があったら、近所の子供たちと遊ぶか、家にいて、貸本屋から借りた講談本、大阪で出版されていた『立川文庫』、実業之日本社発行の『日本少年』などを買っては読んでいた。私が何かを読んでいれば、勉強しているものと思ってくれた。あの頃は、優等生という制度があって、学年末に、クラスのうちの三人か四人が優等生として表彰された。私も何度か優等生になった。しかし、家へ帰って報告しても、「ああ、そうかい」と言われる程度のことであった。

六年生になった年（大正八年）に、日本橋から本所へ移転したので、それからは、市内電車で千代田小学校へ通った。間もなく、私は卒業する筈であった。しかし、卒業の日が近づいても、卒業後の方向は何一つ決まっていなかった。私を含めて家族一同が、新しい土地で始めた新しい商売に追われていたのであろう。担任の先生も、それを私に聞きはしなかった、というより、家の商売を手伝うか、他の店へ小僧に行くものと考えておられたのであろう。先生が私に冷淡であったわけではなく、それが、大部分の卒業生の進む道であったし、また、事実、私の家の事情から見て、それが自然の道なのであった。上級の学校へ進まないとすれば、四月という月に特別の意味はなく、何も慌てる必要はなかった。

卒業式の直前であったろう、千代田小学校まで通うのが無理なため、妹は既に近所の柳島小学校へ転校していたが、その担任の先生が私の家へ来て、両親に向って、私を神田の或る商業学校へ入れるようにと熱心に勧めた。どうして、あんなに熱心に勧めたのか。何かの事情で、その学校から生徒の勧誘を頼まれていたのではないか、と私は想像している。何分にも、こちらに確乎たる方針があったわけではないので、先生の熱心な勧めのままに、雑誌でも買うような気持で、私は、その学校へ入学した。学校は、神保町の交叉点の近くにあって、東京商工学校と呼んだ。入学して二週間と経たぬうちに、私は、飛んでもない学校へ入ってしまったと気がついた。入学してから知ったのだが、それは、中学校と同格の学校ではなく、それより低いランクの学校のようであった。しかし、それは、どうでもよいことであった。それより、失礼な言い方を許して戴くなら、先生たちが、小学校の先生たちに比べて、何処となく卑しいように感じられた。卑しい空気が学校中に満ちていた。取返しのつかぬ過ちを犯した、と私は思った。これは私のいるべき場所ではない、と私は思った。そして、間もなく、退学届を出した。あの時、確かに、私は何かに気づいたのだ。しかし、何に気づいたのであろう。何れにしろ、そこに私は何かを認め、その何かから自分を引離そうとしたのである。それと知らずに熱いものに触れて飛び上ったようなものであろうか。いや、それに似てはいるが、やはり、それとは違う。外部の何かに気づいて、そこから逃げ出したと同時に、私は、自分の内部の何かに気づいたのである。それなら、私は、何処へ行ったらよいのか。何時か、小僧になるという気持は遠いところへ行ってい た。家業は喜んで手伝うけれども、やがては、別の世界に生きようと考え始めていた。慌てて、幾つかの中学の受附を訪れたが、当然、何処でも相手にしてくれなかった。最後に相手にしてくれたのは、水天宮に近い日本橋区高等小学校であった。秋から、そこへ通うことになった。

6

月も日も覚えていないが、大正八年の或る日、家財道具を積んだ馬車の後について、両国橋を西から東へ渡って行った。父にとっても、私にとっても、これは最初の引越であった。単なる引越でなく、落ちて行くような引越であった。橋の中途で、妹は、「いつ日本橋へ帰るの」と私に聞いたが、私は聞こえない振りをしていた。近頃は、「下町」という言葉が見境もなく用いられているが、当時の古い小さな東京では、本所でも、回向院や旧吉良邸辺りまでの、隅田川に近い地帯は、下町と呼ばれたかも知れないが、東へ進むにつれて、「場末」になる。柳島横川町は、力と富とを求めて、というより、生きる道を求めて東京へ流れ込んだ人たちの住んでいる地帯である。公害という言葉のない時代であったが、一日中、空気が臭かった。江戸時代からの言葉や趣味や人情を探す方が馬鹿で、そこに住む人々は、各地の方言や風習を無遠慮に持ち込んでいた。それでも、表通りには商店が並んでいたが、その裏には、折り重なるように長屋の列があった。表通りの私の家に近い長屋の二軒は、家中がハンセン氏病の患者であった。

すべてが、貧しく、汚く、臭かった。それでも、少年の私にとって、そこへ移ったのは一種の解放であった。日本橋は、人々がもっと豊かであった、もっと清潔であった、こんな臭気はなかったが、同時に、もっと狭い、閉された世界であった。あのまま、日本橋にいたら、どうなったであろう。また、日本橋にいるということは、過去との繋がりが生きているということである。貧しく、汚く、臭い世界へ入り込むことによって、この繋がりは一度に切れた。私は、新しいオープンな世界へ入ったことに気がついた。しかし、父から見れば、また一段と没落したように思われていたであろう。私は、学校へ通う傍、神田の岩本町辺りの問屋へ自転車で仕入れに行き、チンドン屋と一緒に広告のビラを撒いて歩き、ミシンを踏んで下着類を縫ったりした。

日本橋から本所へ引越した大正八年は、一九一九年に当る。現在の少年の場合は全く違うであろうが、私は、この年に、キリスト紀元というものがあることを初めて知った。その前年は、第一次世界大戦が終った年であるから、大戦および大戦後の空気が、六年生の私に、西洋というものの存在を教えたのであろう。

大正九年に入ってからの或る日、何の用事があったのか、私は、本所の或る洋服屋の店先に腰かけていた。易者は、大きな天眼鏡を袋に入れながら、「医者になりなさい」と私に言った。その店へ私が行った時、彼は先に来ていた。なぜか私に興味を持って、天眼鏡を取り出して、私の顔をつくづく眺めた末、彼はそう言った。「医者になれば、直ぐ博士になるし、直ぐ金持になる。」彼は、そう附け加えた。後から思えば、大部分の医者は学位があり、金持であるから、これは、私と限らず、誰にでも当て嵌まる言葉なのであったが、あの時は、そうも思わず、私だけが選ばれているような気がした。そうだ、医者になろう、と私は決心した。両親も、私が医者になることに賛成してくれた。間もなく、高等小学校の第一学年が終ることになり、私は退学して、日本中の医者の息子が集まる独逸学協会学校中学という長い名前の中学校へ入学した。学校は、小石川の目白台にあった。その頃は、日本の医学は、ドイツ医学の強い影響を受けていたらしく、医者になるのなら、ドイツ語を勉強せねばならぬということになっていた。こうして、日本中の中学生が英語を勉強している時に、私たちはドイツ語を習うことになった。

7

私が入った学校は、現在の独協学園の前身である。独協学園は、高等学校の上に大学も設けて、次第に発展しているようであるが、私が入学した頃は、私の家の場合とは意味は違うが、やはり、没落の過程にあった。先生たちの誇りは、専ら過去の栄光にあった。昭和八年出版の『独逸学協会学校五十年史』という本があって、表紙には、わざわざ、Die Geschichte des 50 Jährigen Bestehens der Deutschen Vereinschule というドイツ語が記されている。これによると、「独逸学協会」(Der Verein für Deutsche Wissenschaften) が設立されたのは、明治十四年で、創立者は、品川弥二郎、桂太郎、青木周蔵、平田東助、加藤弘之、西周というような人々で、総裁に北白川宮能久親王を仰いでいる。この協会が明治十六年に設立した学校が、「独逸学協会学校」(Die Vereinschule für Deutsche Wissenschaften) である。第一代の校長は西周、第二代は桂太郎、第三代は加藤弘之である。学校設立と同時に、向う十年間、毎年二千四百円の御下賜金が出ることになり、また、明治十九年以後、文部省から毎年一万円の補助金が出ることになり、明治二十年以後、司法省から毎年二万円の補助金が出ることになった。同様の補助が他の学校にもあったのかどうか知らないが、『独逸学協会学校五十年史』によると、明らかに、協会および学校の設立には一つの政治的な意味があった。明治十年代というのは、自由民権運動の時代であり、この運動は、周知のように、イギリス、フランス、アメリカという民主主義国から輸入された学問や思想と深い関係を持っていた。明治のエリートは、そこに脅威を見た。「独逸学」は、この脅威に対抗する使命を託されていたのであろう。西洋の学芸は大いに導入しなければならないが、同時に、それが日本の伝統を危くすることがあってはならぬと考えて、彼らは、ホーエンツォレルン家のドイツ第二帝国の学芸に大きな期待を持つようになった。初めは、専門学校として出発し、その後、中学校になったため、肝腎の生徒でも覚えられないような、「独逸学協会学校中学」という奇妙な名称に改められた。そして、それと同時に、医師志望者のための中学校になってしまった。卒業生名簿を見ると、極めて少数の例外を除くと、すべて医者になっている。毎年、卒業式のたびに、校長は、「本校ノ卒業生ニシテ医学博士ノ学位ヲ取得シタルモノ何百何十名」と報告した。勿論、中学校としては日本で一番多かったであろうが、そういう報告をする学校は他になかったであろう。しかし、卒業生がみな医者になってしまったというのは、独逸学によって日本を過度の民主主義の危険から救おうという創立者たちの理想が達成されなかったことを意味するのであろう。

学校では、一にもドイツ、二にもドイツであった。私たちの徽章は、ドイツを意味する

𝔇という文字であったし、応接室の扉には、Empfangzimmer と記されていたし、卒業式には、ドイツ大使が祝辞を述べ、優等生にドイツの書籍を贈り、卒業生総代がドイツ語で謝辞を述べた。

私たちの教室のシステムもドイツ式であったのかも知れない。入学試験は、簡単な筆記試験と、「ドイツの首府は何と言いますか」という程度の口述試験とであった。あんな試験で果して成績の判定が出来たのか、大いに怪しかったが、私は、入学後、副級長になり、二学期からは級長になって、そのまま、四学年終了で高等学校へ進むまで、ノンビリと級長の席に坐っていた。私たちの教室では、教壇から最も遠く横に並んだ第一列の席の右端が級長、その左が副級長、それから、三番、四番……と続いて、七番辺りが第二列の右端になるという風に、生徒の席は、完全に成績順に定められていた。そして、級長および副級長の机は、他の生徒の机よりも一段高く作られていた。一学年が三学期に分れていたから、一年に三回、前学期の成績によって、生徒の坐る机が変化することになる。新しい学期が始まるたびに、或る生徒は上り、他の生徒は下ることになる。入学して、このシステムを知った時は、これは忙しいことになったぞ、と私は驚いたが、四年間を通じて、ドラマティックな変化は殆どなかった。或る生徒が二列も三列も飛び越えて上るようなこともなかったし、また、大きく下るようなこともなかった。動くとしても、精々、三番か四番、上ったり下ったりする程度のことであった。優等生には優等生の徽章があり、級長には級長の徽章があった。私は、家へ帰れば、問屋に仕入れに行ったり、ミシンを踏んだり、小僧の生活をしていたが、学校では、制服に二つの徽章をつけて、毎時間、同級生を校庭に整列させ、軍隊式の号令をかけ、教室へ引率して行き、授業の開始と終了とに当っては、「起立！　礼！」という号令をかけていた。当時は、日本中、ドイツと縁のない学校でも、これは同じであったのであろう。

落第は遠慮なく行われた。学年末になると、極く少数の生徒が優等生に選ばれる半面、それより多い数の生徒が落第した。癖になるのか、落第が一度で済まないケースもよくあった。私自身は経験がないので、断定的なことを言う資格はないが、一度や二度、落第しても、みんなカラカラしていて、陰気なところはなかった。それに、彼らの多くは、何となく、「人生意気に感ず」というような気風があって、小心な勉強家たちよりも遥かに気持のよい仲間であった。当時の私の愉快な経験の大部分は、彼らとの共有物である。戦後、優等や落第という制度は、民主主義を支える平等の原則に反すると考えられ、特に最近は――厭らしい言葉を我慢して使えば――「差別」の野蛮な歴史と見られている。級長の席にばかり坐っていた私が言うのは気がひけるし、また、説得力も乏しいが、野蛮な「差別」と言われているものは、能力と努力との総和としての学力による区別であって、それは、身分、家系、貧富などによる伝統的な差別に代って現れた近代的な区別なのである。近頃の教育界に見られる、この近代的な区別に対する批判、というより、甘ったれた恨みのようなものを眺めていると、昔のシステムの方が健康であったように思われて来る。いや、昔ではない、『諸君！』連載（昭和四十八年七月号から四十九年二月号まで）の北詰由貴子さんの「ロンドンの小学校」を読めば、教育にとって、どんなに「差別」が大切であるかが判るだろう。「差別」さえなくせば万人平等の夢が実現するかのように、通信簿を廃止したり、落第した生徒の親が先生を告訴したりする現在の日本には、「民主主義は多くの領域で成功したが、道徳および教育の領域では失敗した」という誰かの言葉がそのまま当て嵌まるような気がする。

偽善の勧め

1

大正九年の春、中学校に入学した私は、初めてドイツ語というものを学ぶことになった。フランス語を教えていた暁星中学校を別にして、日本中の中学生が英語を勉強している時に、自分たちだけがドイツ語を学ぶというのは、妙に張り合いがあるものであった。或る時期までは、現在の日比谷高等学校の前身である東京府立第一中学校にもドイツ語のクラスがあったらしいが、当時は、私たちの学校だけであった。しかし、張り合いがあったからといって、少数の勉強家を除けば、私を初め大部分の生徒は暢気な怠けものであったから、ドイツ語が着実に進歩したというわけではない。ドイツ語を知らない少年に向って、手術に使う「メス」というのは、ドイツ語のMesser（小刀）という中性名詞の略語だよ、などと、誰かに聞いたことを自慢そうに言って喜んでいた。

まだドイツ語のアルファベットも碌に覚えないうち、授業時間の終り頃、突然、先生が、「今日からアーベルボーをやる」とおっしゃった。確かに、アーベルボーと聞こえたが、しかし、アーベルボーとは何か、私たちには全く見当がつかなかったし、先生も教えては下さらなかった。ただ、黒板に、beginnen-begann-begonnen というような文字を大書して御自分でお読みになり、それに和して、私たちが一斉に大声で唱えることを命令された。「ベギンネン―ベガーン―ベゴンネン。」それが済むと、今度は、geben-gab-gegeben と大書されて、私たちは同じことを繰返した。「ゲーベン―ガープ―ゲゲーベン。」次の時間の終り頃、先生は、何人かの生徒を指名して、正しく諳記しているか否かを確かめ、再び一斉に唱えさせ、それから、新しく、nehmen-nahm-genommen とか、tun-tat-getan とかについて、同じことが繰返された。あの頃は「アーベルボー」と思っていたが、何十年か後に調べてみたら、ラテン語の Averbo であった。動詞の主要変化形のことである。言うまでもなく、beginnen は「始める」、geben は「与える」、nehmen は「取る」、tun は「行う」という動詞で、アーベルボーは、その不定法、直説法過去、過去分詞である。こういう強変化および不規則変化の動詞の主要変化形を早くから諳記していたら、その後の勉強にとって、どんなに便利であろう。けれども、先生は、これらの動詞の訳語もおっしゃらなかったし、アーベルボーが主要変化形であることも黙っておられたし、その用途も明らかにされなかった。何一つ私たちに説明なさらずに、ただ、或る愉快な節をつけて唱えさせ、諳記させた。私たちは、黒板に書かれた文字を眼で読んで覚え、口で唱えて覚え、耳で聞いて覚えた。殆ど努力せずに、また、何も知らずに、しかし、全身で覚えた。

私たちのドイツ語は、アーベルボーから出発した。当時も、現在も、中学の英語教育で同じことが行われているか否かを私は知らない。しかし、とにかく、短期間のうちに、私たちは、強変化および不規則変化の動詞のアーベルボーを諳記してしまったし、後に、それで大変に助かった。あれは全く機械的な一方的な教育であった。あの時、先生が、これらの動詞の訳語のこと、動詞の主要変化形ということ、その用途のことなどを一つ一つ御説明になったとしたら、アルファベットも碌に知らない私たちにとって、それは容易に理解出来なかったであろうし、また、それを理解し記憶するというのは、殆ど堪え難い重荷であったであろう。また、もし先生がアーベルボーを諳記することの意義を詳しく説明し、私たちの同意を得た後に、民主的に授業を始めようとなさったとしたら、私たちは、もっと先へ延ばして下さい、とお願いしたであろう。その結果、万事は手遅れになったであろう。

ドイツ語だけの話ではない。どんな教育でも、或る段階においては、また、或る側面においては、必ずアーベルボーの合唱や諳記のようなところがなければならない。理窟抜きの、有無を言わせぬところがなければならない。それがないと、教育というものの底が抜けてしまう。教育というものの出発点が出来ない。事前に親切な説明を与え、民主的な同意を得ようとすると、説明を理解するだけの予備知識もなく、同意するだけの能力もない生徒の負担が重くなるだけで、教育の出発が徒らに遅れることになる。この点は、知識の教育も、道徳の教育も同じである。もともと、先生と生徒との関係は、教育に関する限り、全く不平等なものである。先生は、知識の蓄積や道徳の伝統を所有しているものであり、生徒はそれを所有していないものである。教育とは、先生が右の蓄積や伝統を生徒に伝達し、生徒がこれを受容するということである。その他に何があるにせよ、その他は、すべて第二次的なもの、アクセサリのようなものである。教育雑誌や新聞の投書欄には、時々、生徒に教えられたという先生の経験が「美談」として紹介されているが、あれは珍しいから「美談」なのであって、生徒に教えられるのが先生の本業ではない。伝達すべき内容を持たぬ先生と、それを受容する態度を持たぬ生徒との間には、他のいろいろな関係は成り立っても、教育という関係だけは成り立たないであろう。個性とか創造性とかいうのは、肝腎の伝達が確実に行われた後のことで、子供の個性や創造性を口実にして肝腎の伝達を怠ったら、それはもう教育とは別のものになってしまう。人間の教育は、或る段階および或る側面において、必ず犬の調教と同じようなところがある。もし人間が犬よりも大切な動物であるならば、人間の調教は、犬の場合よりも徹底的に行われねばならぬ。正しく調教されていない犬は、飼主にとっても不幸であり、近所の人たちにとっても不幸であるが、とりわけ、犬自身にとって不幸である。同じことは、人間についても言える。数年前に学習院を退いてから、私は、国電の車内でしか学生を見ていないが、座席に浅く腰かけて、寝そべったような姿で漫画本を読んでいる彼らは、調教される機会のなかった犬のように思われる。

2

生徒の方がドイツ語を学ぶのに或る張り合いを感じていたように、先生の方も、それを教えるのに或る誇りを感じておられたように思う。誇りは、多くの場合、気取りとして現れていた。授業中、私たちへの指示にドイツ語を用いられたのも、教育上の必要というより、先生たちの気取りであったような気がする。指示に用いられたドイツ語の大半は、もう忘れてしまったが、或る先生は、Der nächste, den nächsten Satz!（次の生徒が、次の文章を〔読むべきである、或いは、訳すべきである〕）と言われた。生徒が立って、その文章を読んだり訳したりして行くと、先生は、Soweit! と言われた。何のことか判らなかったが、「終り！」とか、「ストップ！」とかいうような感じだったので、そこでやめた。先生は、Setzen Sie sich!（坐りなさい）と言われた。やはり、やめてよかったのである。

あれから半世紀ばかり後の昭和四十六年の夏、私は久しぶりで Soweit に出会った。といっても、これは甚だ平凡な言葉であるから、半世紀間、ドイツ語の本を読むたびに出会っていたのであるが、私が久しぶりで見たのは、その半世紀前の表情であった。箱根山中の茅屋（ぼうおく）に暑を避けながら、私は、有名なマックス・ヴェーバーの『社会学の根本概念』(Max Weber, Soziologische Grundbegriffe) という論文を翻訳していた。これは、翌年一月、岩波文庫の一冊（星一つ）として出版された。この論文は、宗教、経済、政治、法律などの領域で個別的な社会学的研究を積み重ねて来た彼が、その死の直前、社会学上の主要な諸概念を定義的に明らかにしようとしたものである。その中に、或る生理学者が講義中に言ったという、半分冗談のような言葉が出て来る。「第一〇節　脾臓。諸君、脾臓のことは何も知りません。」さて、その次に、Soweit die Milz! とあるのである。die Milz は脾臓のことである。この生理学者は、脾臓の位置や形態は知っていたが、その機能が判らなかったため、それで右のように言ったというのである。そこまで訳して来た私は、懐かしい「終り！」「ストップ！」に巡り合ったような気持で、一も二もなく、Soweit die Milz! を「これで脾臓の話を終ります」と訳してしまった。しかし、翻訳の仕事というのは、どんなに小さな誤訳でも生命とりになるものである。念のため、辞書で調べてみると、「それまでは」という副詞と、「……の限りは」という接続詞とが載っているだけで、「終り！」や「ストップ！」など載ってはいない。心細くなって、阿閉（あとじ）吉男・内藤莞爾訳『社会学の基礎概念』（角川文庫、昭和二十八年）を覗いてみると、「……脾臓についてはわれわれは何も知らない。脾臓にかんする限りは！」となっている。また、『社会学論集』（青木書店、昭和四十六年）に収められている浜島朗訳『社会学の基礎概念』によると、やはり、「……脾臓についてわれわれはなにも知らない。脾臓にかんするかぎりは！」となっている。私は、愈々心細くなった。「終り！」や「ストップ！」という感じで、「これで脾臓の話を終なのか。迷った末、結局、私は、少年の日の感じを重んじることにした。それとも、「脾臓に関する限りは！」と訳すべきなのか。

ドイツ語の先生は、何人かおられた。多くの方々は、私たちの中学の古い卒業生で、東京外国語大学の前身である東京外国語学校に学んでおられた。一年生の二学期であったろう、担当のドイツ語の先生がお休みで、代理に副校長の司馬亨太郎先生が教室へ入って来られた。先生の父上は、日本で最も早く幕末に独逸学を研究し、日本最初の独和辞典を編み、「日本人で独逸語を話し得た最初の人」（『独逸学協会学校五十年史』）である司馬凌海である。私たち少年の眼には、先生は既に御高齢のように見えた。何時も遠いところからばかり眺めていたドイツ語の神様が、急に私たちの教室へ現れたので、私たちは大いに緊張した。先生は、暫く生徒の名簿を見ておられたが、顔を挙げて、「清水、Buch を曲げて御覧」と言われた。

在学中、あんなに慌てたことはない。第一に、司馬先生が私に当てたのは、一種の契約違反であった。どの時間でも、先生が私たちに質問する時は、教壇に最も近い席の生徒から始められることになっていた。彼が正しく答えなかった場合は、その次の席の生徒が答えることになり、彼が正しく答えなかった場合は、その次の席の生徒……という風に、次第に私の方へ近づいて来るのだが、私の近くに勉強家の一団がいて、大抵、誰かが正しく答えてしまうため、質問が私のところまで上って来ることはなかった。私は、勉強家の一団という壁に守られて、何時もノンビリしていた。副校長として授業の現場から離れておられた司馬先生は、そういう事情を知らずに、私に当てられたのであろう。チェッと言いたかった。

第二に、「曲げる」とは何のことか。Buch が英語の Book に対応する言葉で、本という意味であることは知っているけれども、本を曲げる、というのは、どういうことなのか。「曲げる、というのは、どういうことでしょうか。」そう私はお尋ねすべきであったのであろう。しかし、気がついてみると、クラスの仲間は、みんな振返って、殆ど質問されたことのない私が立っているのを面白そうに眺めている。こん畜生。先生にお尋ねするのも口惜しい。曲げる、というのは何のことか、全く見当はつかないが、どうせ、Buch という言葉に何か手を加えることであろう、変化させることであろう、それ以外に考えようがないではないか。私はそう思った。英語やフランス語と違って、ドイツ語の名詞には四つの格がある。本は、本の、本に、本を、という四つの形があり、それに単数と複数とがある。一つの名詞に八つの形がある。ままよ、と思って、私は、定冠詞――これも変化する――をつけて、das Buch, des Buches……die Bücher, der Bücher……という格変化をさせてみた。それでよかった。先生は、Sehr gut! とおっしゃった。しかし、「曲げる」には驚いた。先生がドイツ語を勉強した明治時代には、格変化のことを「曲げる」と言っていたのであろう、と私は思った。もっとも、後年、「曲げる」という言い方がそう珍しいものでないと知るようになったが、あの時は、司馬先生がひどく旧式に感じられた。

第二学年が終る時であったろうか、例年の通り、ヴァイマル共和国のドイツ大使が卒業式に出席し、講堂の壇上に、校長の金杉英五郎博士や司馬先生と並んで椅子に腰かけていた。愈々大使が祝辞を述べる番になった。ところが、演壇へ向って歩き出した大使が、途中で、司馬先生のところへ戻って、小声で何か尋ねているらしい。私たちには何も聞こえないし、聞こえたところで、何も理解出来なかったであろう。しかし、どうやら、司馬先生にも理解出来ないらしい。当惑した先生が何かおっしゃって、大使が再び何か言ったが、それも先生に理解出来ないらしい。声は聞こえて来ないが、壇上を見つめている私たちには、二人の様子ですべてが判った。大使は、気の毒そうな表情で先生の前を離れ、演壇に立って祝辞を述べた。祝辞は、最初から最後まで判らなかった。ただ記憶に残ったのは、何度となく繰返されたdie Abiturienten（卒業する生徒）という言葉だけであった。「司馬先生も、大したことはねえな。」私の周囲では、そう囁き合っていた。ドイツ語の神様が全校生徒の前で恥をかいたのであるから、壇上の先生の御様子は、全くお気の毒であった。

ドイツ語の会話は、エーミル・ユンカー先生の担当であった。先生は、有朋堂から出版されていた小さな『和独辞典』の編者であったが、先生の日本語は、「蓄音器」を「オトバコ」（音箱）とおっしゃる程度のものであった。それでも、片言の日本語はお話しになるので、他の先生方は、日常、本式にドイツ語で話す必要はなかったのであろう。また、ユンカー先生の方は、私たちに会話を教えるのを既に諦めておられた。その代りに、講堂に私たちを集めて、御自分でピアノを弾いて、「タンネンバウム」や「ローレライ」のような歌を教えて下さった。何時からか、先生が会話を教えるのを諦めるようになったのは、私たちの側に学習の意欲が全く欠けていたためで、これは、ドイツ風の厳格なシステムでも、どうにもならなかったようである。講読や作文は、出来不出来はあっても、とにかく、本気で勉強すべきものと思われていたが、会話となると、誰もそうは考えていなかった。下等なもの、余計なもののように思っていた。多くの先生方も、似たように考えておられたと思う。これは、ドイツ語と限らず、すべての外国語について言えたことであろう。

3

それ以前の小学校の生活に比べても、それ以後の高等学校の生活に比べても、私には、中学校の生活が面白かった。仲のよい同級生の大部分は、罪のない不良少年であったし、また、三年生の時、関東大震災に遭って、私たち一家はルンペンのようなものになってしまったのだが、それにも拘らず、全体として、中学校の生活は非常に愉快であった。しかし、この愉快な生活の真中に、小さな黒い点のようなものがポツンと一つある。

何年生の時であったか、相手が同級の誰であったか、すべての不愉快なものがそうであるように、今は何も覚えていないが、私が誰かに何かを尋ね、その誰かは、「僕は知らない」と答えた。それだけのことである。それだけのことであるが、私は、そういう返事を生れて初めて聞いた。少くとも、生れて初めて聞いたように思った。本当は、それまでにも何度か聞き、その時は何も感じなかったのに、青春期に入った私が万事に敏感になっていて、それで事新しくショックを受けたのか、とも考え直してみるのだが、しかし、やはり、あれが初めてであったような気がする。それまでは、相手は何と答えたのか。私が相手に何かを尋ねて、相手が知らなかった場合、「何だろうね」、「どうしたんだろうね」、「それが僕にも判らなくてね」……そういう返事が与えられた。家族の内部でも、親戚との間でも、友だちとの関係でも、何時もそうであった。相手が知らないことに変りはないが、それには、「自分も知りたいのだが……」という含みがある。私と同じ関心を共有しているという態度がソッと示されている。そういう言葉を互に使うことによって、私たちは、仲間であること、味方であること、好意を持ち合っていること、一つのコミュニティのメンバーであることを小さく確かめて生きて来たし、育てられて来た。そういうことは実際はなかったが、もし幼い私が「僕は知らない」と父に向って言ったら、あの優しい父でも、「知らないとは何だ」と叱ったであろう。「僕は知らない」と同級生に言われた時、私は、乳児の時から住み慣れて来た世界の外の、寒い風の中へ引き出されたのであった。「僕は知らない」というのは、私に与えるべき情報を相手が持っていないことを意味するだけでなく、彼が私と同じ関心を持っていないこと、私たちが仲間でないこと、私が彼にとって関係のない人間であることを宣言するものであった。「僕は知らない」と答えられた時、私は、古い、貴い、脆いものが毀れたように感じた。

社会とか人間関係というものが諸個人の空間的並存以上のものであるとすれば、それは、人々が或る関心を共有していること、いや、人々が共有の事実を表明することを最低限の条件とする。それが満たされなかったら、人間が小石のように並んでいることはあっても、社会や人間関係は生れようがない。誰でも経験したことがあろうが、列車の座席に並んでいる未知の乗客の一人が「よいお天気ですね」と言い、他の一人が「本当に……」と言っただけで、何時間かの旅行があまり不愉快なものにならない最低限の条件が満たされる。また、バスの運転手が乱暴な運転をして、立っている乗客が一様に倒れそうになる時、倒れそうになった危い姿勢のまま、乗客同士が顔を見合せて、ニヤリとすることがある。「ひどい運転ですね」と互に眼で語り合い、そこから微かな親しみが生れる。座席に坐っている幸福な乗客たちは、そういう関心を共有しないから、横を向いて、眼の会話に加わらないようにする。

「何だろうね」、「どうしたんだろうね」、「それが僕にも判らなくてね」……そういう言い方は、江戸、下町、没落士族……というような条件の或る組合せから生れた古い道徳である。江戸や下町ばかりではあるまい。同じような道徳が、かつては日本の各地にあったのであろう。それを誰かが毀したのである。勿論、あの少年が毀したとは言えない。あの少年の親たちを含む、近代化の過程で力と富とを握った人々が毀したのであろう。或いは、毀すことによって、その人たちは力と富とに近づいたのであろう。それを毀さなかったら、日本の近代化が進まなかったという面もあろうし、近代化を進めて行く途中で、それが自ら毀れてしまったという面もあろう。現在、多くの開発途上国の近代化が進むためには、或いは、それが進む過程で、仏教、ヒンズー教、回教のような宗教上および道徳上の伝統が或る程度まで毀されねばならぬように。しかし、同じ毀すにしても、愛惜の心で手放すのか、威勢よく破壊するのかで、事情は大きく違って来る。前者にあっては、破壊が或る限度で止まり、今まで狭いサークルで統合の機能を果して来た行為規則が、水で薄められながらも、マーケット・メカニズムの裏側で、広いサークルにおける統合の機能を何とか果し続けるであろう。これと反対に、後者にあっては、世の中は、「僕は知らない」と互に呟き合う砂粒で出来た砂漠になるであろう。「僕は知らない」という返事に私がショックを受けたのは、第一次世界大戦が終って数年後のことであるが、第二次世界大戦後の民主主義には、この砂漠化を進んで弁護し促進するようなところがある。

少し酒を飲むと、居合せた人たちに絡んで、乱暴を始めるような人間がいるものである。彼の細君は、「根は良い人間なんですから、勘弁してやって下さい」と言う。私は、不幸にして、彼の「根」というものを見たことがない。私に見えるのは、少しの酒を飲んで、他人に絡み、乱暴をする人間だけである。私は、見たことがないものを信じるよりも、見たものを信じる。細君が「根」と呼ぶのは、きっと、心というようなものであろう。ペダンティックに言えば、内面性というものであろう。それは、私には見えないけれども、長い年月、一緒に暮して来た人間には、少しは見えるのであろうし、見えると思わねば諦めがつかないであろう。細君には申訳ないけれども、道徳の根本は「根」というようなものにあるのではない。心や、魂や、精神にあるのではない。仮にそういうものが存在するとしても、また、仮にそれが立派なものであるとしても、それは、細君や少数の友人は別として、広い世間の多くの人間には何の関係もないもの、何の影響も与えないものである。多くの人間に関係を持ち、影響を与えるのは、酔漢の行為だけである。再びペダンティックに言えば、外面性だけである。もし私があの酔漢の「根」というものに興味を持つとすれば、彼の行為から極めて下等な「根」の存在を推定せねばならないであろう。道徳は、「根」の問題でなくて、行為の問題である。酔漢が、細君の詫びねばならぬような行為を慎み、周囲の人々に或る快感――どんなに小さいにせよ――を与えるように行為することが大切なのである。最も広い意味で道徳というのは、人間が、いろいろな状況において彼の行為を従わせねばならぬ多くの規則のシステムのことである。

こういうシステムは、如何に遠く歴史を遡っても、すべての社会に必ず存在する。戦後の日本の教育観のように、児童絶対善玉説を奉じていれば別であろうが、現実の人間は、何をやるか判らないものであるから、社会の崩壊を避けるためには、どうしても、彼らの行為を或る規則に従わせねばならない。その意味では、多くの時代の多くの社会の行為規則のシステムは、細部はとにかく、大筋では殆ど同じようなものである。それを体系化した釈迦の教、孔孟の道、キリストの教訓、教育勅語の内容、どれもそう違ったものではない。人間関係の不愉快を出来るだけ少くし、社会の存立を保証するための行為規則から成り立っている。或る社会へ生れた人間は、その社会に備わったシステムを頭から叩き込まれる。叩き込まれる人間にとって、意味や理由が判らないことは、あのアーベルボーと同じであり、後になって意味や理由が判るのも、アーベルボーと同じである。後になって意味や理由が判るというのが、言ってみれば、「良心」が生れるということである。子供に向って、良心を持て、と言うのはナンセンスである。良心とは何かを説明するのは、もっとナンセンスである。道徳教育は、美しい魂を育てることから始まるのでなく、美しい行為を強制するところから始まる。美しい魂の裏づけを欠いた外面的な善行を偽善と呼ぶなら、偽善でよい。というより、偽善だけが、美しい魂を作り上げ、真の善へ至る唯一の道なのである。——「何だろうね」、「どうしたんだろうね」、「それが僕にも判らなくてね」……これらの言葉は、古い道徳のシステムの破片だったように思う。

4

中学校時代——ばかりではない——の私は、何処から考えても、着実な勉強家ではなかった。半分は小僧の生活をしていたという事情もあるが、事情が許した場合でも、学校の勉強は「その日暮し」で済ませて、授業と全く関係のない書物ばかり読んでいた。何かの必要によってではなく、虚栄心のゆえであった。そういう書物の一冊に、大西祝(はじめ)の『西洋哲学史』があった。大西祝は、岡山県の出身、元治元年に生れ、明治の論壇に活躍して明治三十三年に三十六歳で歿している。短命な方であった。本がもう手許にないので、確実なことは言えないが、小型の厚い本で、紺色のクロースの装幀、警醒社から出版されていたように思う。熱心に読みはしたけれども、何分、こちらは幼い中学生なのであるから、大部分は理解することが出来なかった。しかし、哲学というもののムードのようなものだけは、それなりに呑み込めたような気がした。

それは、哲学には実に沢山の学説があるようであるが、その多くは、というより、そもそも、哲学というものは、現象と本体という二つのものを区別するところから始まるらしい、そういう区別をしないと、哲学というものが成り立たないらしいということであった。現象というのは、眼に見えるもの、手で触れられるもの、そこにあるもの、嬉しかったり悲しかったりするものである。この現象のために努力したり、それで安心したり、満足したりする人間にとっては、哲学は用のないもので、この現象に不安や不満を感じ、現象を超えて、その背後にある本体を求めようとするところから哲学は出発するもののようである。それなら、本体とは何なのか。多くの学説は、現象については殆ど完全に一致しているように思われるが、本体については容易に一致しない。古代から現在に至るまで、涯しない批判および論争が続いている。子供心にも判ったのは、現象について哲学者たちが一致しているのは、現象というのが、哲学者自身を含めて、私たち人間の眼に見えるものであり、そこに存在するものであるからであろう。これに反して、本体について彼らが一致しないのは、誰もそれを見たことがないからであろう。本体という言葉は確かに存在しても、本体そのものが果して存在するかどうか、それが怪しいからであろう。そういう怪しいものについて、みんなの意見が一致したとしたら、むしろ、その方が不思議ではないか。

こういう調子で書いて行くと、中学生の私が気づいたことと、それから多少は進歩している現在の私の考えとが一緒になってしまうが、それは御勘弁願うとして、私は、或る時期から、本体、本質、実在、絶対者などという名前だけ厳めしい観念は、実は、動かしようのない事実の世界での自分の不幸にわざわざ現象という軽い名前をつけて、吹けば飛ぶようなものに見せかけ、それで人間にせめてもの慰めと諦めとを与えるための道具であろう、と考えている。それはそれで、人間の智慧である。酒を飲んで乱暴する姿は単なる「現象」であり、その奥には善良な「根」が隠れている、というのも、酔漢の細君に慰めと諦めとを与える智慧である。誰も疑わぬ現世を仮の世と呼び、誰も見たことのない来世を真実の生活と説く多くの宗教も、同じような智慧から生れている。

私は、酔漢の細君に哲学的根拠を提供しようと思っているのではない、反対に、本体というものよりも現象の方を大切にしよう、というのが私の考え方である。然るべき大学の教授の中には、物凄い学殖があると言われながら、業績らしい業績のない人がいる。その友人や弟子によれば、彼の学殖は、日本に——或いは、世界に——並ぶものがないという。しかし、彼は一向に何も書かない。稀に論文のようなものを書くことがあっても、私が読む限りは、支離滅裂、でなければ、曖昧模糊、何一つ教えられるところがない。怪しんで彼の友人や弟子に聞いてみると、学殖があまりに深く、その上、思索が徹底的なので、ジャーナリストのような文章は書ける筈がありません、と答える。ジャーナリストとして生きて来た私は、なるほど、そういうものかも知れない、と頷く。しかし、頷きながら、私は、友人や弟子は、ひょっとすると、あの酔漢の細君のようなものではないかとも思う。業績という「現象」しか信じない私には、この大学教授の「深い学殖」は、哲学上の「本体」に、また、酔漢の「根」に似ているように思われる。この学殖の持主と何れは庇い合わねばならぬ立場にある友人や、今後の昇進を学殖の持主の手に委ねている弟子にしてみれば、酔漢の細君以上に、学殖の持主を弁護し讃美する必要があるのであろう。

こういう学殖の持主には、或る種の美人と共通なところがある。多くの女性にとって、加藤剛や竹脇無我が抗し難い魅力を持っているように、男性にとっては、世の中に美しい女性ほど美しいものはない。美しい壺とか、美しい花とか、美しい空とか、そんなものは、美しい女性の前へ出たら何物でもない。最初から、美しさの質が違うのかも知れぬ。しかし、私の貧しい経験によると、大なり小なり、彼女たちは自分の美しさを自覚してはいるが、その自覚の仕方が違うのか、美しい女性も二つの種類に分れるようである。第一の種類は、自分の美しさを意識しながらも、積極的に活動し、問題を賢明に処理する。仮に美しくなかったとしても、称讃に値すればとて、非難の余地などないように行動する。これに対して、第二の種類——この方が多い——は、自分の美しさを意識していることは同じでも、そこでストップしてしまう。よく知っている筈のことを尋ねても、「存じませんわ」と静かに答える。他の人々が忙しく立ち働いている中で静かに坐っている。第一の種類が活動派であるならば、第二の種類は存在派である。存在派は、美しい女性として存在しているだけで、自分も満足し、世の男性に満足を与えていると信じているようである。私は、如何に美しくても、存在派の女性は御免蒙りたい。「深い学殖」があると言われながら、碌な論文も書かない大学教授は、その勤務する大学が高名なものであればあるほど、私には、存在派の美女のように見えて来る。これという活動をしなくても、その大学の教授として存在することによって本人も満足し、それで両親や家族にも満足を与えている心算なのであろう。

「根」が善良の酔漢も、業績のない碩学(せきがく)も、存在派の美女も、みな昔からあったもので、そう珍しくはない。珍しくないと同時に、どれも個人的な、或いは、散発的な事柄である。

ところが、第二次世界大戦後の日本では、一気に、すべての人間が、性もと善なるものになってしまった。これは注目すべき事件である。すべての人間といっても、自ら順序があって、性もと善なるものの筆頭は子供であり、次に大きな組織を擁して強力な運動を進めている人々であり、次に、組織や運動の周囲で活潑に発言しているインテリである。とにかく、この風潮によれば、人間の「本性」は善良なもので、何か悪いことがあれば、それは「現象」であって、この現象は、人間の外部から持ち込まれたものである。人間は純真無垢、悪いのは社会や政治である。勿論、こういう議論にも、人々を慰めたり励ましたりする効能はあるけれども、何処か、デパートの火事の原因を空気中の酸素の存在に求めるようなところがある。この学説は、同じ空気の中にある沢山の家に火事が起っていないという事実を、一体、どう説明するのであろう。更に、戦後の人間学によると、人間は、単に善良であるだけでなく、無限の可能性を——不潔な表現を我慢して使えば——秘めているという。これは、その通りで、何千万分の一かの確率でノーベル賞受賞者や野球の三冠王になる可能性があり、何万分の一かの確率で麻薬患者や殺人犯になる可能性がある。しかし、人間は性もと善であるという公理があるから、論者が人間の可能性に触れる時は、必ずノーベル賞受賞者や三冠王になる可能性だけが問題になり、しかも、この可能性の実現が阻まれているのは、外部の力による、社会や政治の力によるということになって、人間の側の能力や努力という要素は殆ど問題にならない。外的障碍が除かれさえすれば、すべての人間がノーベル賞受賞者や三冠王になれるかのように説かれている。しかし、或る人間がノーベル賞受賞者や三冠王になったのは、外部の力に恵まれたという点も無視し難いであろうが、決定的なのは、生れつきの能力と超人的な努力とにある。遺伝と鍛錬とにある。遺伝や鍛錬というものを認めないで、ただ「無限の可能性」を宣伝するのは、無邪気な人たちに錯覚と不幸とを与えるだけであろう。

どうも、恐ろしく平凡なことを書いてしまった。しかし、この平凡なことが一向に通用しないのが、戦後の人間学なのである。けれども、少し見方を変えると、諸悪の根源を専ら外部に求めるということは、環境の作用の大きさを認めることではないのか。つまり、教育の意味の重さを認めることではないのか。正直のところ、企業にしろ、映画館にしろ、週刊誌にしろ、人間に強い作用を与えてはいるものの、「教育」という看板をかけているわけではない。それだけに、「教育」という看板をかけて、望ましい刺戟と圧力とを人間――特に、子供――に加える筈の施設や集団や人員が思い切って活躍すべきではないのか。或る場合には、犬の調教師やアーベルボーを叩き込んだ先生のように振舞うべきではないのか。ところが、そこまで踏み込まずに、子供というものを――人間を――遠巻きにしているところに、戦後の教育の著しい特徴があるように思われる。

5

一九五四年の夏至の前後、十日間ばかり、私は、スウェーデンの首府ストックホルムに滞在していた。私が泊っていたのは、本当のホテルではなく、暑中休暇の間だけ、大学生の寄宿舎を安いホテルとして開放したもので、フロント・デスクには学生が坐っていた。簡素な清潔な施設であった。

あれは、エール・フランスの四発のプロペラ機で羽田からパリへ行き、そこからストックホルムに着いて間もない頃であった。或る日の夕方、散歩から帰って、一階のエレベーターの前に立った。私の部屋は四階にあった。私がエレベーターを待っているうち、同じようにエレベーターに乗るのであろう、私の近くに何人かのお客が集まって来た。このホテルのお客の多くは、スウェーデンの人間らしかったが、諸外国の人間も何人かいたようである。エレベーターが来て、私の前で止まった。私は、それへ入り、一番奥へ進み、入口に背を向けて立った。ところが、誰も入って来ない。不思議に思って、振返ってみると、十人ばかりのお客が入口で、「どうぞ、お先へ」と互に譲り合っている。やがて、みんな乗り込み、エレベーターは上り始めた。私は、どうしたらよいか判らなくなり、四階で下りずに、エレベーターがカラッポになるまで、入口に背を向けて立っていた。自分の部屋へ帰ってから、私は居た堪れぬほど恥ずかしく、淋しかった。それから三ヶ月半、私は、まだ何処を眺めても日本人の姿が見当らぬヨーロッパの国々を歩き廻ったのだが、ヨーロッパの入口で、ツルリと滑ったようなものであった。見当が違っていたのだ。私自身、小さい東京で小さくなって生きて来たので、そう不作法な人間であるとも思っていなかったし、かねてヨーロッパの学芸を深く尊敬していたにも拘らず、現代ヨーロッパの人間は、合理的というのか、サッサと行動するものと思い込んでいたのであろう。「何だろうね」などと曖昧なことを言うのは前近代的な日本人だけで、「僕は知らない」とキッパリ言うのが近代的な西洋人である、という敗戦後に——現在も——流行した見方を私も受け容れていたのであろう。入口でツルリと滑った後、私は非常に臆病になった。滑った後の私が学んだのは、東京の日本橋に住んでいた少年時代、徳川幕府の下で生きた経験のある、あの微禄した老人たちが守っていた作法通りに行動していれば、まあ、ヨーロッパの何処へ行っても恥をかかないで済むであろうということであった。ヨーロッパの人々が、人間関係を滑らかにするために古くから用いられて来た油を如何に大切にしているか、それを学ぶために、私はヨーロッパへ行ったようなものである。その二年後、ハンガリア動乱の最中、ポーランド、チェコスロヴァキア、ルーマニア、ブルガリアという共産圏諸国を歩き廻った時も、私が学んだのは、前回同様、学問、芸術、政治、経済ではなく、道徳であった。人間行為の規則であった。礼儀作法であった。

彼らの方が美しい魂を持っていると考える必要はない。しかし、彼らは、私たちに比べると、美しい魂を持っているように振舞っている。内面性は知らず、外面性において、そのように行為している。そして、行為という外面性だけが私たちの眼に見え、私たちに影響を与える。誰かが或る人間の親切で謙虚な行為（現象）を見て、その背後に美しい魂（本体）の存在を想像することがあっても、それを否定するような行為（現象）が他に見当らない限り、その誰かを非難することは出来ないであろう。それと同じように、誰かが他の人間の傲慢で粗野な行為を見て、その背後に野卑な心の存在を想像することがあっても、それを否定するような行為が他に認められない限り、その誰かを非難することは出来ないであろう。

もう何年になるであろうか、私の研究室に近いので、ホテル・ニューオータニを利用することが多く、従って、二階のロビーの横にあるトイレット・ルームを利用することが多い。私がドアを押して入ろうとする時に、出ようとする人がある。私が出ようとする時に、入ろうとする人がある。ドアが不透明である以上、これは避け難いことであるし、世の中の何処にもある平凡な事柄である。また、ドアの幅がよほど広くない限り、どちらかが相手に譲らねばならぬというのも判り切った話である。しかし、相手が日本人である場合、悲しいかな、私は一度も譲られたことがない。一歩下って相手に譲ろうとする私を、相手は睨みつけ、押し除けるようにして出て行く、或いは、入って行く。相手が西洋人である場合、悲しいかな、十中八九までは、出合頭にニヤリと微笑んで、「どうぞ」という身振りで私に譲ろうとする。何も彼らが善人であるというのではない。譲りながら、彼らは、内心、私のような有色人種を百パーセントの人間以下の或るものと考えているのかも知れない。また、相手を睨みつけ、押し除ける日本人の姿を見るたびに、彼らは右の考え方の正しさを確認しているのかも知れない。

地震のあとさき

1

私たちの中学校は、やはり、珍しい学校であったように思う。私たちが英語でなくドイツ語を学んでいたという点も珍しかったが、大部分の生徒の職業が既に決定していたという点も珍しかったのではないか。生徒の父親は、十中八九、医者、歯医者、薬剤師であり、私の仲間は、家業を継ぐために中学に入って来ていた。卒業後は、医科、歯科、薬学の大学や専門学校へ進み、やがて、父親と同じように、医者、歯医者、薬剤師として一生を送る筈である。幼い中学生でありながら、将来の自分の社会的な役割について明確な予想を持っていた。そういう中学は、日本中を見渡しても、そう多くはなかったであろう。

人生問題と呼ばれるものの大半は職業問題である、と私は信じている。後年、大学の教師になってから、何人かの学生が、人生の意味というような問題について多くの哲学書を読み、読むに従って苦しみを増し、どうなることかと案じていたのに、就職先が決った日から、まるで何事もなかったような明るい表情に戻るという例を幾つか見ている。人生論と呼ばれているものの全部ではないにしろ、その大部分は、職業問題に被せられたペダンティックなベールではないか。近頃は、レジャー業者が先に立って、人生の意味はレジャーにある、と言う人々が現れているが、本来、レジャーというのは、何もしなくてもよい時間、何をしてもよい時間のことである。しかし、そういう摑みどころのないものを立派に使いこなせるのは、聖人や賢者だけで、私たちのような普通の人間にとっては、レジャーは、到底、器用に使いこなせるものではない。むしろ、現代の最も恐ろしい問題の一つは、レジャーという重荷が凡俗の大衆に課せられているところにある。それを使いこなすことの出来ない人々が、刻々に殖える自由な時間という不気味なものを押しつけられているところにある。私たちのような人間の素直な気持から見ると、忙しい仕事の中にしか人生の意味はない。それを措いて、満足も充実感もあるものではない。或る成果を目指す活動に自分の全エネルギーを叩き込む、次々に現れる大小の障碍と戦い、それを乗越えて進む、こうして到達した成果、また、そこに至るまでの活動、それが他の人々の役に立ち、社会的に認められて、それに相応しい収入が得られ、名誉が与えられる……こう書くと、如何にも俗物的に見えるかも知れないが、私を初め、普通の人間はみな俗物なのである。聖人や賢者は別として、私たちにとって、人生の意味というのは、外部へ向う自分の全体的な活動と、外部から自分に与えられる広い意味の報酬とのバランスの上に成り立つものである。人生の意味が人間の内部にあるというのは、近代思想の錯覚である。「思想家」

が何と説こうと、人間は、そんな高尚なものではない。神と人間との直接的関係、人間の本質としての理性、人間の権利や尊厳、そういう観念を持ち出して、如何に人間の地位を高めようとしても、人間は、絶えず外部から物質やエネルギーを摂取し、また、絶えず不潔な老廃物を排泄せねば生きて行かれない生物である。同様に、人間は、外部の堅いリアリティとの間の張りつめた関係の発展、そこでの苦労、挫折、勝利、報酬、満足を通して、自分というものの意味を少しずつ学んで行くものである。

私たちの中学の特色に気がついたのは、間の抜けた話であるが、数十年後、私が学習院大学の教師になって或る期間を経てからのことであった。教師になって以来、私は、身辺の学生に向って必ず卒業後の進路を聞くことにしていた。或る学生は、新聞記者になります、と答え、やがて、それになった。他の学生は、労働組合で働きます、と答え、やがて、そこで働くようになった。初めのうちは、そういう調子であった。そのうち、調子が変って来た。あれは、一九六〇年の安保闘争の少し前であったろうか、或る学生は、「バーテンになります」と真面目に答えた。ビックリしている私を追いつめるように、彼は、「いけないでしょうか」と尋ねた。結局、私は何も言えなかったように思う。しかし、あの時は、まだよかった。私の記憶では、それから数年後、「判りません」と答える学生が急に殖えたような気がする。知らぬ間に、日本の社会が大きく変り、大学も大きく変ったのであろう。「判りません」と答えるだけでなく、何という愚劣な質問をする先生だろう、というような顔をする学生がいる。聞いてみると、もし新聞社の入社試験に合格したら新聞記者になる、もし銀行が採用してくれたら銀行員になる、もし石油会社に入社出来たら石油屋になるというわけで、自分が何になるかは、自分が決めることではなく、企業が決めることです、と言う。それは判るが、是が非でも何者かになろうという志がないまま、自分の社会的役割に関する理想や決意がないまま、宙ぶらりんの状態で大学の四年間を過ごせるというのは、私には不思議に思われる。一人一人の学生がどの方角へ向って緊張しているのか判らない。というより、大部分の学生にとっては、方角も緊張も存在しないのであろう。どうも、そうらしい、と知って間もなく、私は教師という仕事をやめることにした。

私たちの中学の場合は、少し異常であったかも知れない。しかし、当時は、二年間の高等小学校を終ってから入学する公立の師範学校が全国各地にあって、その卒業生が教育者――「労働者」ではない――として日本の義務教育を支えて来た事実を考えれば、あまり異常とは言えないであろう。そこに学ぶ年少の男女にとって、職業は既に決定していたのである。むしろ異常なのは、戦後教育における職業および職業教育の著しい蔑視ではないのか。どうも、そう思われる。恐らく、敗戦後の教育改革の中心に、旧制高等学校心酔者がいて、旧制高等学校が極端な少数者――旧制帝大の学生より遥かに少数者――のためのものであったことを忘れ、自分たちの享受した特殊な教育を最良のものと思い込み、プラトンの対話篇に登場するソクラテスを理想の人物と仰ぎ、日本の敗戦を自分たち以外の国民の視野の狭さに由来するものと信じ、教育改革に人文主義的方向を与えることになったのではないか。かつて全国各地の誇りであった各種の専門学校は、一斉に姿を消し、目鼻のハッキリしない大学が日本中に林立することになり、それらの大学は、若干の学部を除けば、方角も緊張もない学生で充満することになった。

これらの大学の多くは、教育施設であるよりは、レジャー施設である。学年試験になると、大学当局は、慌てて、平常の授業に使っていた教室の三倍ぐらいの教室を用意せねばならぬ。学生の三分の二は、平常は、喫茶店、マージャン屋、パチンコ屋のような他のレジャー施設を利用していて、試験の時だけ大学へ戻って来るのである。国鉄労働者の「順法闘争」の真似をして、学生全員が規則を重んじ、他のレジャー施設の利用をやめて、講義に出席するようになったら、多くの大学は忽ち破産するであろう。大学は、学生の三分の二が他の施設へ流れて行くことを前提して教室を作っているのであるから。大学がレジャー施設であることは、大学より低い職業教育機関として軽蔑されている「各種学校」(理髪、美容、料理、デザインなど)へ一歩踏み込んでみると明らかになる。そこには、多くの場合、既に自分の職業を決定した人間の群がいる。自分は社会に対して何を与え得るか。自分は社会から何を与えられるか。与えるものと与えられるものとを最大にするためには、知識および技術を積極的に習得しなければならぬ。ここには、大学には見当らぬ方角と緊張とがある。

2

勿論、私も医者になる心算であった。しかし、仲間と違って、父親が医者であるという客観的条件が作用していたわけではなく、何処かの店の小僧になるより医者になる方が……という程度の気持に過ぎなかった。それに、医者になる筈の同級生も、既に医者への道を歩き始めているとはいえ、喜び勇んで、というのでもなかった。誇張もあったとは思うが、彼らの中には、医者くらい損な商売はない、と言うものが多かった。父親の生活を観察して得た感想なのであろう、どんなに忙しい仕事か、どんなに汚い仕事か、それを彼らは私に説明して、医者の息子でもないのに、馬鹿な奴だな、つまらぬ真似はよせ、と本気で忠告した。医者になれよ、と勧めた仲間はいなかった。三年生になる頃、私の医者志望は、少し影が薄くなっていたように思う。

朝は、市電で錦糸町から江戸川橋まで行った。本所区の隅から小石川区の隅までであるから、当時の東京市を縦断するようなものであった。帰りは、歩くことが多かった。目白坂を下りて、江戸川橋から矢来へ出て、神楽坂から九段坂上へ抜け、坂を下りてから、神保町と駿河台下との間の古本屋を一軒一軒覗いて、須田町、浅草橋、両国橋という道順で家へ帰った。約十キロ、道路は舗装していなかった。途中で、一杯五銭のコーヒーを飲んだ。或る年齢以上の人はみな同じであろうが、私は、歩く癖（？）がある。現在でも、何処かへ行こうという場合、先ず、歩いて行くことを考える。それでは時間がかかり過ぎる、と気がついてから電車の利用などを考える。しかし、「歩く癖」というと体裁がよいけれども、本当は、交通費の節約と本に対する興味との結果なのであろう。何処で乗降車してもよい定期券があったら、電車で神田まで行き、古本屋を覗いてから電車で本所へ帰ったのであろうが、小学生および中学生のための通学回数券は、乗降車の停留所が明記されていたので、仕方なく、私は歩くことになったのであろう。目標は、神田の古本屋にあった。電車で帰宅した日は、夜になってから、徒歩で神田へ出かけて、東京堂や文房堂のある裏通りの夜店を歩いた。多くの夜店には、ゾッキ本が出ていた。御存じの方が多いであろうが、金詰りに追い込まれた出版社が在庫の書物を二束三文で売り払ったのがゾッキ本で、定価一円五十銭の新本が、夜店では二十銭か三十銭で売られている。ゾッキを出したことで出版社は信用を失い、破産したであろうが、その本に罪がありはしない。人間にも不運な人間があるように、これは不運な書物なのである。安いのが魅力で、私はあれこれとゾッキ本を買った。同じカントの翻訳でも、立派な出版社から出版されて、大きな小売店の書棚に並べられていると、近寄り難い厳めしいものに見えるが、貧しい夜店にゾッキ本として並んでいると、如何にも気安い感じがする。「カントさん」と私が声をかけたら、「ハイ」と答えてくれるような気がする。

前に触れた大西祝『西洋哲学史』を買ったのは、こういう夜店ではなかったが、『近代思想二十講』を買ったのは、夜店であった。本が手許にないので、正確な書名も著者名も判らない。小型で、薄茶色の布装の本であったと思う。あの頃は、同じような標題の本が何種類も出ていた。十講とか、十二講とか、二十講とか。私は、講の数が一番多く、値段が一番安かったので、その本を買ったように覚えている。安い筈で、これはゾッキ本であった。その本で、私は、トリスタン・ツァラを指導者とするダダイズムのこととか、『唯一者と其の所有』の著者マックス・シュティルナーの本名はカスパル・シュミットであるとか、要するに、あまり役に立たぬことを知った。この本と限らず、同じ種類の書物は、A思想、B思想、C思想……に簡単な解説を施したもので、レストランのメニューに似ていた。好きなものを注文すればよいようであった。

第一次世界大戦やロシア革命から四年ばかり経った時期で、日本は、漸く西洋の諸思想を輸入する余裕と必要とを持ち始めていたのであろう。前にも、敗戦前後の思想問題について少し述べたことがあるが、私は、或る時期から、「思想」という言葉自体が私たちに対して望ましくない役割を果しているのではないかと考えている。この言葉は、或る完結した形式における観念のシステムを示している。もう出来上ってしまったものを示している。事実、どんな観念でも、解説者の手にかかると、体系的に整理される。そうせねば、解説者の出る幕がないからであろう。しかし、如何に美しい結晶体のような「思想」でも、少し遡れば、或る個人の「思考」という流動体である。解説者が観念の整然たるシステムとして私たちに見せてくれるものは、或る時代の、或る国の、或る性格や境遇の個人が、或る条件や必要に迫られて、或る問題を解くために、彼の経験に反省や秩序を加えようとした試みの――つまり、思考の――産物なのである。私は、「或る」という言葉を殖やして喜んでいるのではない。如何なる時代の、如何なる国へ持ち出しても通用すると思われている思想も、実は、幾重にも特殊な条件に囲まれた個人の思考の産物だという点に注意したいだけである。確かに、思想と呼ばれるほどのものは、或る程度の一般的問題解決能力を持っているであろうが、それでも、全く条件を異にする場所へ持ち出して、さて、実際に問題を解決し得るかとなると、非常に怪しくなる。怪しくなるのが当り前である。そればかりではない。一体、当の思想は、その故国において本当に問題を解決したことがあるのであろうか。前にも少し触れたことであるが、現実の問題の解決に本当に役立った思想は、それ自ら現実と化して、もう思想――という言葉のシステム――としては存在しないのが通例である。人間が摂取した食物が体内に消えて、もう食物として存在していないように。現実と化することなく、現実の外に思想として存在して、あのメニューに現れる思想は、そのことによって、問題の解決に失敗して来たことを告げているのではないか。故国で問題の解決に失敗したからといって、外国でも失敗するとは限らないけれども、しかし、成功の確率は愈々低くなるであろう。

昔は、みな慎ましく「経験」によって生きていたのに、今は、誰も彼も「思想」によって生きているようなことを言う、と或るスペイン人は書いた。スペインでも、そうなのか。思考というのは、所詮、経験に反省を加えて、これを拡大する活動にほかならないし、経験の外部に知的生活の源泉を求めることは出来ないのだが、自ら後進国民と自覚した場合、先進諸国から輸入される思想に接した時、私たちの経験は何と軽いものになることであろう。経験は、否みようもなく私たちのものであるにも拘らず、海外の諸思想――それも何れは先進諸国民の経験に発している――と食い違う場合、諸思想を審くどころか、それと正面から向き合う度胸もなく、却って、われとわが経験を疑い始める。海外から輸入された美服は、それが如何に立派なものであっても、こちらのバスト、ウエスト、ヒップに合わなければ、残念ながら、これを諦めるほかはない。これに反して、私たちの経験、その反省から生れた観念のシステム、そういうものには、何センチと測れるような、バストも、ウエストも、ヒップもない。輸入されたシステムに合わぬ自分の経験を恥じ、システムに合う方向に経験を無理にでも解釈し直そうとする。そして、洋服の場合と違って、それが可能なのである。日本が後進国であると知れば知るほど、私たちは、先進諸国から輸入された「思想」の前に自らの「思考」を投げ出し易い。

　あのメニューには、アナーキズムがあった。いや、それは、メニューだけでなく、至るところにあった。幼い私が覗いたインテリの世界では、それが大勢であり、その指導者は大杉栄であった。そして、彼は、思考というものを大切にした人間であった。彼の『正義を求める心』（大正十年）の巻頭に、「個人的思索」という短い文章が載っている。

「……いい加減の嘘つぱちを、馬鹿でも金さへあればはいれる大学の学生等に読ますやうに、いかにも本当らしく巧みに書き上げた社会学や、政治学や、法律学や、経済学の書物などは、その嘘つき具合を研究する外には何の用もないのだ。また、政府的思想から脱け出た自由主義者の学者や、社会学者や、無政府主義者の書物を読むにしても、只だ此の個人的思索を進める補助にさへ役立てればいいのだ。……研究や思索は遊戯ではない。僕等は僕等の日日の生活に於て、必ず何事かを考へ、又其の考へをあくまでも進ませて行かねばならぬ、或る要求に当面する。どうしても放つては置けない何等かの事実にぶつかる。僕等の思索や研究は、此の事実に対する、僕等自身の止むに止まれぬ内的要求であるのだ。僕等は、僕等自身のこの内的要求を、何よりも先づ他人の著書によつて、即ち他人の観察と、他人の実験と、他人の判断とによつて、満足さすといふやうな怠け者であつてはいけない。……此の個人的思索の成就があつて、始めて吾々は自由なる人間と成るのだ。」

3

私の一生のうち、中学に入ってからの二年あまりの期間が、一番仕合せであったと言えば言えるように思う。幸い、家の商売は順調であったし、学校は万事ノンビリしていた。

しかし、仕合せな期間は、大正十二年九月一日正午に終った。私は、一生のうちで最も大きな経験にぶつかることになった。

二学期の始業式を終えて家に帰り、裸のような姿で昼飯を食い、食い終ったところへ烈しい震動が来て、家は簡単に潰れ、外出していた父を除いて、私たち一家は、潰れた二階家の下敷になってしまった。私たちが死なかったのは、落ちて来た天井が卓袱台で支えられたお蔭である。高さ三十センチくらいの卓袱台が僅かに残してくれた小さな真暗な空間は、周囲の壁土が崩れたため、呼吸が困難であった。私は狂人のようになっていた。何分間か、夢中で上へ上へと天井や屋根を毀して行った。毀して行くうちに、小さな穴が出来て、強い日光が射し込んで来た。その穴を大きく拡げて、そこから屋根へ這い上り、一人一人、家族を引き上げた。巡査の勧告か命令かに従って、妹と上の弟とを近くの小学校に預け、父が帰って来るのを待って、火に追われるままに、工場の廃水で出来た泥沼を渡って、東京府下亀戸町の方へ逃げた。これで、私たち一家は、完全な無一物になった。

その夜は、東武鉄道の線路の枕木に坐っていた。夜露に濡れた草の中で、蚊に食われながら、眼前に聳える火の壁を眺めていた。私のほかには、父、母、母の妹、下の弟がいた。妹と上の弟とは、あの火の壁の中で死んだのであろう。私たちは黙っていた。言うことは何もなかった。私たちは、まだ最初の震動の瞬間から始まった放心状態の中にいた。そして、放心の底で、半日の経験を思い出していた。

判り切ったことであるが、私がしみじみ感じたのは、地震の恐ろしさであった。しかし、そう言っただけでは、理解して戴けないであろう。災害という言葉で一括されているが、地震の恐ろしさは、火災や洪水などの恐ろしさとは全く性質が違う。焼ける家に水をかける時も、河岸に土嚢を積む時も、私たちは足下の不動の大地というものを前提している。どんな敵が現れても、大地だけは私たちの味方でいてくれる、と暗黙のうちに私たちは信じている。その大地が揺れ始める途端に、私たちは最後の味方に裏切られたような気持になる。火事や洪水は、外部から私たちを襲うのに対して、地震は、内部から私たちを襲うように感じられる。人間というのは、大地から生れ、大地に縛りつけられている存在であるためか、大地が揺れ始めると同時に、人間そのものの最も深い個所が揺れ始める。

それとどう関係するのか明らかでないが、往々にして、地震は――私が後に作った言葉を使えば――「災害の立体化」の出発点になる。火事が起ったからといって、地震や洪水が起ることはない。また、洪水が起ったからといって、地震や火事が起ることはない。普通、火事は火事で済み、洪水は洪水で済む。ところが、地震は地震で済まないことが多い。大きな地震が起ると、必ず火事が起る。火事のために大旋風が起る。堤防の決潰によって洪水が起る……。最後まで味方である筈の大地が真先に人間を裏切ると、われもわれもと、四方八方に敵が現れて来る。自然が一種の発狂状態に陥る。泣いても笑っても、自然の一部分であるほかのない人間は、これも一種の発狂状態に陥る。人間の理性というものは、平穏無事な時、つまり、理性の活動が必要でない時は、活潑に活動しているらしいが、自然の発狂状態のような、理性の活動が本当に必要な時になると、何処かへ消えてしまうもののようである。

亀戸へ逃れてからは、横十間川に沿った空地で暫く休んでいた。そこには、もう多くの避難民が集まっていた。怯えた子供のような顔で、川を距てた東京市内の、真赤に燃える空を眺めていた。そのうち、空を蔽って一面に灰のようなものが降って来た。少くとも、それは灰に見えた。それが地上に近づいて来るに従って、灰よりも大きい、紙片のように見えて来た。しかし、実際に地上に降って来たのは、何百枚か、焼けたトタン板であった。それが風を切って落ちて来て、それで何人かの避難民が怪我をした。衣類がギッシリ詰った簞笥も降って来た。トタン板も簞笥も、火災に伴う旋風で天へ巻き上げられたものなのであろう。空地も危険という気持が私たちの間に生れたためか、誰とはなしに、鈍く動き始め、亀戸天神の方へ歩き出した。鈍く動いているのは、私たちだけではなかった。沢山の避難民が道路一杯にノロノロと流れて行く。誰にとっても、行先があるわけではない。燃えていない土地なら、何処でもよいのである。どの人間も、今まで他人に見せたことのないような裸同然の姿である。私たちは、お互に、洋服にしろ、和服にしろ、或るノーマルな服装でいて初めてノーマルな気持でいられるのであろう。お互に裸同然の姿になってしまうと、それだけで、もうノーマルな気持ではなくなる。手に持っているものも、鞄や風呂敷包というような筋の通ったものではない。薬罐などを提げているのは、まだ恰好のよい方で、私は、屋根へ這い出した穴のところに転がっていたお鉢と枕とを後生大事に抱えていた。時々、群集の中から、思い出したように、見失った家族の名を呼ぶ声が起る。何処かで起ると、方々で起る。私たちも、妹や弟の名を何度か呼んだ。呼びはしても、無駄なことは判っている。呼ぶ声が途絶えると、今度は、何処からともなく、ウォーという呻き声のようなものが起って来る。誰も泣いてはいなかったが、ウォーというのは、泣く代りのものであったのであろう。この呻き声が何処からか起ると、自然に、私の身体の奥の方からウォーという呻き声が出てしまう。

群集の流れの中で、私の前を小さな老婆が歩いていた。周囲の人間がみな放心状態に陥っているのに、この老婆だけはシャンとしていた。そして、周囲の人たちに聞かせるような調子で、彼女が経験した安政の大地震の話をしていた。東京は何十年に一度か必ず大地震があるとか、安政の大地震の方がもっと大変であったとか、次第に薄暗くなって行く町を歩きながら、彼女は明らかな誇りをもって私たちに語った。それを聞いても、何一つ救いが与えられるわけではなかったが、この地震が唯一無二のものでなく、先例があり、その先例を経験した人がいると知っただけで、理由の判らぬ小さな慰めのようなものが与えられた。

私は、蚊に食われながら、眼前に聳える火の壁を眺めている。そして、……verwüstet

worden と口の中で繰返していた。どうしても、この個所しか思い出せない。一年ぐらい前であろうか、ドイツ語の読本で、「リスボンの地震」(Das Erdbeben von Lissabon) という文章を読んだことがある。地震のことを Erdbeben というのも、その時に初めて知った。この文章は、小さい活字で二頁ばかりのもので、私は諳記していた。先生に命ぜられて、教壇に立ち、得意になってペラペラ喋ったこともある。それなのに、正午の震動以来、頭が狂ってしまったのであろう、いくら努力しても、或る句の末尾にある……verwüstet worden (〔家屋が〕破壊された) という言葉しか思い出せない。そのうち、私は眠くなって来た。

一七五五年十一月一日(土曜日)午前九時三十分、ポルトガルの首府リスボンは強い地震に襲われた。後に記録を調べてみると、リスボンでも「災害の立体化」が行われて、大火災や大海嘯(つなみ)が発生し、リスボンだけで一万乃至一万五千の死者が出ている。関東大震災の死者十五万に比べれば十分の一に過ぎない。ヴォルテールの『カンディード』(Candide ou l'Optimisme, 1759) に明らかなように、リスボンの地震が長く後世に知られるようになったのは、地震そのものの強度や被害によるよりも、ヴォルテールのような人たちが、それに啓蒙主義的な解釈を加えることによって、神の摂理のお蔭で現存の世界は最善のものである、というオプティミズムの哲学に致命的打撃を与えたところにある。以前、私は、ヴォルテールがリスボンの地震に献げた詩 (Poème sur le désastre de Lisbonne, ou Examen de cet axiome, Tout est Bien）の一部を翻訳したことがある。

如何なる罪を、如何なる過ちを犯したというのか、
母親に抱かれたまま潰されて血に塗れた子供たちは。
今はないリスボンの犯した悪徳は、
享楽に耽っているロンドンより、
パリよりも大きいというのか。
リスボンは亡び、
パリでは踊っている。
…………
君たちは言う、
一切ハ善、一切ハ必然、と。
…………
宇宙、動物、人間、すべては戦い合っている。
地上に悪のあることを、
われわれは認めなければならぬ。
この秘密の原理は、

全くわれわれに知られていない。

…………ヤガテ一切ハ善ナラン、ここにわれわれの希望があり、イマ一切ハ善ナリ、ここに幻想がある。

4

授業は、十月一日に始まった。九月一日に始業式は行われたのだが、地震のために授業の開始が延期されていたのである。十月一日という日は覚えているが、その日、何処から学校へ行ったのか、これは全く覚えていない。九月一日の後、千葉県国府台の兵営に暫くおり、それから、小松川の荒川放水路に近い知人の家に身を寄せ、その後、本所の焼跡に焼けたトタン板でバラックを作って住んだり、浅草の母の実家の焼跡のバラックへ移ったり、また、本所の焼跡に新しいバラックを作ったり……とにかく、あちらこちらへ移動していているうちに授業が開始されたのである。何しろ、一家が丸裸になってしまったのであるし、地方に身を寄せるべき親戚があったわけではないから、この間——その後も——どうして私たちが生きて来られたのか、考えれば考えるほど不思議に思われる。何れにしろ、気の弱い父が苦労を重ねたお蔭である。死んだものと諦めていた妹と弟とは、九段坂の上の富士見町の或るお宅に厄介になっていた。聞いてみると、預けられた小学校へ火が廻って来て、先生たちの誘導もないまま、私たちとは逆に、二人で西の方へ逃げ、何万人かが火と風と煙との中で死んで行く頃に被服廠跡の横を通り、両国橋を渡り、神田の通りを九段へ抜けたらしい。妹の友だちの親戚が富士見町にあって、一度、お邪魔したことがあるのを思い出して、そこへ弟と行くことにしたという。二人の小学生を導いたのは、理性が消えた後に現れた動物の智慧のようなものであった。

今までと同じように、私は、同級生を校庭に整列させ、号令をかけようとした。ところが、私の姿を見て、彼らはドッと笑った。相手が笑ってしまっては、いくら大声を張り上げても、号令は徹底しない。私は、馬方の被るような大きな麦藁帽子を被り、ゴム足袋を穿いていた。着ていたのは、夏物のシャツであったろう。これらの品物さえ、苦労して手に入れたものである。笑っている仲間は、九月一日以前と全く同じの制服制帽で、そうでないのは、級長の私だけである。学校へ来るまでは、多くの仲間が私と同じ運命に遭ったものと曖昧に想像していたが、来てみると、山の手の少年たちは全く無疵である。九月一日は、私にとってだけ存在し、彼らにとっては存在しなかったようである。笑い転げる仲間に号令をかけながら、私は腹が立ち、恥ずかしくなり、悲しくなった。

第一時間目の授業は、野村先生担当の「修身」であった。「起立！　礼！」と私は号令をかけた。先生は何もおっしゃらずに、黒板に「天譴（てんけん）」と大書され、更に、「天物暴殄（てんぶつぼうてん）」と大書された。前者は「天罰」というような意味であり、後者は「贅沢三昧」というような意味である。つまり、地震は、私たちの贅沢三昧を戒めるために下された天罰である、というのが先生のお話の大意であった。もし私が仲間から笑われなかったら、私はお話を黙って聞いていたかも知れない。しかし、私は、平静な気持ではなかった。いや、仮に笑われなかったとしても、もし先生の説明を受け容れるならば、このクラスで私だけが天物暴殄の罪を犯して、私だけが天譴を受けたことになるのではないか。私のことなど、どうでもよい。貧しい、汚い、臭い場末の人々、天物暴殄に最も縁の遠い人々、その人々の上に最も厳しい天譴が下されたことになるのではないか。私は、先生の説明が一段落つくのも待たずに、右のような趣旨の質問をした。先生が何とお答えになったかは覚えていない。何とお答えになったとしても、私は「天譴」および「天物暴殄」という観念を受け容れることは出来なかった。しかし、もし野村先生御自身が焼け出されたり、御家族を失ったりして、それでも、「天譴」や「天物暴殄」のお話をなさったのなら、私は強く反対しなかったであろう。しかし、先生は何の被害も受けていらっしゃらなかった。

「天譴」は、野村先生のオリジナルな見解ではなく、あの頃は、誰も彼も「天譴」ということを説いていた。初めに説いたのは、渋沢栄一子爵であったらしい。ケンドリックの『リスボンの地震』(T. D. Kendrick, The Lisbon Earthquake, 1956) という本を読むと、あの時も、「天譴」(visitation) という観念を用いて地震の意味を説明する試みが大いに行われていたようである。しかし、そういうカトリック教会側の神学的説明に対して、ヴォルテールたちは、反教会的な現世的な説明を試み、それによって、やがてフランス革命へ通じる啓蒙思想を発展させて行ったのである。単純な自然現象に過ぎないリスボンの地震は、それに外部から与えられた意味によって、フランス革命を用意し、長く歴史に残ることになった。関東大震災は、終にヴォルテールを持たなかった。その代りに持ったのが、芥川龍之介であった。

「……この大震を天譴と思へとは渋沢子爵の云ふところなり。誰か自ら省みれば脚に疵なきものあらんや。脚に疵あるは天譴を蒙る所以、或は天譴を蒙れりと思ひ得る所以なるべし。されど我は妻子を殺し、彼は家すら焼かれざるを見れば、誰か又所謂天譴の不公平なるに驚かざらんや。不公平なる天譴を信ずるは、天譴を信ぜざるに若かざるべし。否、天の蒼生に、——当世に行はるる言葉を使へば、自然の我々人間に冷淡なることを知らざるべからず。……自然は人間に冷淡なり。されど人間なるが故に、人間たる事実を軽蔑すべからず。人間たる尊厳を抛棄すべからず。人肉を食はずんば生き難しとせよ。汝とともに人肉を食はん。人肉を食ふて腹鼓然たらば、汝の父母妻子を始め、隣人を愛するに躊躇することなかれ。その後に尚余力あらば、風景を愛し、芸術を愛し、万般の学問を愛すべし。誰か自ら省みれば脚に疵なきものあらんや。僕の如きは両脚の疵、殆ど両脚を中断せんとす。されど幸ひにこの大震を天譴なりと思ふ能はず。況んや天譴の不公平なるにも呪詛の声を挙ぐる能はず。……同胞よ。面皮を厚くせよ。『カンニング』を見つけられし中学生

の如く、天譴なりなどと信ずること勿れ。」（『芥川龍之介全集』第八巻、岩波書店、昭和十年、二六六頁以下）

焼跡にバラックを作り、そこで細々と商売を始め、それを手伝いながら、私は学校へ通うようになった。形の上では、すべてが九月一日以前に戻った。しかし、私は、自分が全く別の人間になったことに気がついていた。文字通りの意味で無一物になってしまったのであるから、貧乏は絶対的なものであった。それに、妹や弟に再会するまでは、死んだものと思っていたから、町で死体を見るたびに、眼を背けるのでなく、近づいて、妹ではないか、弟ではないかと調べた。あんなに沢山の死体を見ると、見た人間が変るのであろう。とにかく、九月一日の後の私は――不適切な言葉を敢えて使えば――少し「やくざ」になった。何かの必要で、靴や下駄を捨てて、裸足で大地に立って、或る汚い仕事をしたことのある方なら少しは理解して下さると思うが、落ちるところまで身を落して、その辺の紳士諸君を尻目にかけ、笑わば笑え、何でもやってやるぞ、というような気分になった。下品なのは厭であったが、ザラザラした大地から距てられた場所で取り澄ましている人たちの間に入ると、故意にガサツに振舞うようになった。私は、青春と呼ばれる人生の猶予期間へ入り込む前に、そこから出て行った。現在と同じように、私は痩せていたが、あの放心状態から抜け出る頃、自分の内部に生れた新しい力に気がついていた。満目の焼野原に立つ裸一貫の自分とは知りながら、これから、自分が勝つに決っている試合が始まるように思われた。しかし、貧しい、汚い、臭い本所へ移転したことを新しい没落の開始と感じていた父にとって、九月一日の地震は、謂わば没落の完了であった。まだ四十歳であったのに、父はもう本当の老人になっていた。

「個人的思索」によって私を励ましてくれた大杉栄は、妻伊藤野枝、甥橘宗一（六歳）とともに、九月十六日、東京の憲兵隊内で、憲兵大尉甘粕正彦によって絞殺された。今から自分の気持の筋道を辿ることは出来ないし、どういう筋道をつけても、作りごとになるであろうが、乱暴な言い方が許されるなら、この事件によって、私の関東大震災は完成したようなものであった。私の物質界と精神界とが一度に崩壊して、見栄も外聞もないエネルギーだけが私の内部に残ることになった。このエネルギーは、何処へ流れて行ったらよいのか。それが職業という水路へ流れ込むことによって、私と社会との間に安定した関係が成立する筈であった。そして、私は、医者という職業を選んだ筈であった。しかし、やがて秋風が吹き始め、焼野原の涯に富士山が見えるようになった頃、気がついてみると、医者になるという気持は、もう何処にもなかった。

社会学へ向って

1

加藤光治先生のお宅は、大塚の市電の終点から遠くないところにあった。関東大震災の年（大正十二年）の暮であったか、翌年の正月であったか、私は、医者志望を捨てた後の気持を聞いて戴きたいと思って、或る晩、先生のお宅へ伺った。先生は、国語が担当で、入学以来、私たちのクラスの担任であった。一学年だけの担任でなく、謂わゆる「持ち上り」であったので、私たちは、加藤先生に対しては、他の諸先生の場合とは全く違う親しい感じを持っていた。今までも、困ったことがあるたびに、私は先生のお宅へ伺っていた。

それ以前の小学校や、それ以後の高等学校に比べて、中学校の生活が愉快であったのは、加藤先生が担任であったことと深い関係があるように思われる。年齢から見て非常に不安定な時期にあった私たちに対して、当時四十歳位であった先生は、或る意味で精神的指導者であった。といっても、決して強烈な人柄ではなく、寛大ということが先生の特徴であった。しかし、それは、或る距離の向側での寛大であった。諸先生がそうであったように、加藤先生も、私たちの所有していない知識の蓄積と道徳の伝統とを所有し、それに基づく権威を持っておられた。寛大は、権威を有する人間が寛大である時に一つの美徳になる。権威のない人間が寛大のつもりで振舞っても、それは卑しく見えるだけであろう。加藤先生に限らず、どの先生に対しても、私は、多くの場合、「……ございます」という言葉を使っていた。

私は、医者志望を捨てるようになった事情を申上げた。何となく厭になったというのが正直な気持であったが、先生に申上げるとなると、理窟らしいものを作らねばならなくなり、社会とか、階級とか、資本主義とか、アナーキズムとか、いろいろな書物から拾い集めた言葉を順序もなく口に出す破目になった。先生はセカセカと喋る私の言葉を黙って聞いておられた末、「法医学をやったらどうか」と言われた。私は、「医」も厭であったが、「法」も厭であった。どういうわけか、法律は、薩長土肥のやるもので、江戸っ子のやるものではないと思い込んでいた。先生もお困りになったのであろう。最後に、何か諦めたような口調で、「一つ、社会学という奴をやってみるか」というようなことを言われ、その言葉に私は飛びついた。こうして、私の一生は決定された。

先生は、国語が担当であったが、日本の初期の社会学の代表者である遠藤隆吉先生と何かの御関係があって、社会学について若干の知識を持っておられたようである。しかし、社会学とはどういう学問でしょうか、と私がお尋ねしたら、先生は、あまり正確な返事はお出来にならなかったであろう。また、私の方も、社会学という言葉は知っていたものの、どんな学問か、全く見当はついていなかった。何となくハイカラで頼母しいような感じがしただけである。後年、どういう動機で社会学へ進むようになったのですか、と若い研究者に質問されて、右のような話をすると、「へえ、そんなものですか」と呆れる人が多い。何という軽率な、という顔をする。私に軽率なところがなかったとは思わないが、しかし、社会学という学問のことをよく知った上で、また、他の多くの学問もよく知った上で、それらと比較して、社会学を一生の仕事に選ぶというような手順は、現実には不可能なものではないか。或る女性（A）をよく知った上で、また、他の多くの女性（B、C、D、E……）もよく知った上で、彼女たちと比較して、Aを妻に選ぶことが困難なように。少くとも、私の場合、社会学も、妻も、そういう手順で選びはしなかった。

「選ぶ」という、冷静な知的操作を思わせる言葉を使うべきではなかったのであろう。「社会学」という刺戟を与えられた瞬間に、以前から一つ一つ積み重ねられて来た材料が一度に爆発したようなものである。微禄の境涯から抜け出そうという気持、貧しい、汚い、臭い場末の生活、アナーキズムを初めとする社会思想の断片的知識、関東大震災で丸裸になってしまった身の上、捌け口を探していた荒くれたエネルギー……そういうものが積み重ねられていたところへ、「社会学」という小さな火花が落ちたのである。

2

加藤光治先生をお訪ねした翌日、早速、神田へ出かけて、私は社会学の本を探した。どの大学でも教養課程に社会学の講義があり、日本社会学会が約千二百名の会員を擁している現在とは違い、当時は、大学の数も少かったが、社会学の講義は更に少く、日本社会学会も漸く関東大震災の年に生れたばかりのことであるから、社会学の文献は僅かしかなかった。その日に私が買ったのは、『タルドの社会学原理』（岩波書店）という、大正十二年八月に出版された本であった。訳者は、戦後、日本共産党員として活躍している風早八十二氏、あの頃は、九州帝大の助教授であったかと思う。タルドという人のことは知らなかったが、小型の薄い本で、しかも、題名が、これさえ読めば社会学の大筋が判るような印象を与えていたので、取敢えず、これを買うことにした。

ガブリエル・タルド（Gabriel Tarde, 1843～1904）は、フランスの大社会学者で、「模倣」および「発明」という観念によって多くの社会現象を説明した人である。『模倣の法則』（Les Lois de l'Imitation, 1890）、『社会的論理』（La Logique Sociale, 1893）、『普遍的対立』（L'Opposition Universelle, 1897）は、彼の三大著作として知られている。私が買った書物の原本は、『社会法則』（Les Lois Sociales, 1898）で、この小冊子は、彼の三大著作の梗概を述べ、三者の間の関係を明らかにしたものである。熱心に読みはしたけれども、残念ながら、内容はよく判らなかった。しかし、誰でもそういうものであろうが、以来、私はタルドに或る親しみを感じるようになり、その後、碌にフランス語が読めもしないのに、彼の著書を古本屋の店頭で見つけるたびに買うようになった。戦前の或る時期に調べてみたら、彼の著書の殆ど全部が手許に揃っていた。私は、著述家の全集を揃えるという趣味を全く持っていないが、それでも一冊ずつ買っているうちに、何時か著作の全部或いは殆ど全部が揃ってしまった著述家が何人かいる。タルドを除くと、社会学の祖先に当るフランスのコント（Auguste Comte, 1798～1857）、ドイツの哲学者であり社会学者であるジンメル（Georg Simmel, 1858～1918）、アメリカのプラグマティズムの代表者デューウィ（John Dewey, 1859～1952）など。これらの著作の大部分は、いろいろな時期に丹念に読み、それで多くの影響を受けたと自分でも思っているが、しかし、タルドの場合は違う。本を揃えるばかりで、今日まで勉強らしい勉強をしていない。

最近、ミレの書いた『ガブリエル・タルドと歴史哲学』（Jean Milet, Gabriel Tarde et la Philosophie de l'Histoire, 1970）という大きな本を買い、「序文」を覗いて、私はひどく驚くと同時に、タルドを真面目に勉強せねばならぬと思った。それは、こう書き始められている。「歴史というのは、奇妙な不正を働くものである。歴史は、ガブリエル・タルドに対して特別に冷たかった。この人物は、当時の人々から当代最大の思想家の一人として迎えられていた。彼は、人の羨む数々の名誉を与えられていた。すなわち、アンリ・ベルクソンと並んでコレージュ・ド・フランスの教授であり、フランス学士院の会員であり、社会学および法学の国際学会の会長であった。彼が遺した十五巻を越える著作は、版を重ね、翻訳されることによって彼の名声をロシアやアメリカまで広めた。その死に当っては、彼は、オーギュスト・コントに、テーヌに、ルナンに、ダーウィンに、さては、スペンサーに比せられた。ベルクソンが彼に献げた讃辞は控え目なものではあったが、彼を卓越した大学者と見ている。しかし、その人物が、死後数年にして不思議に忘れ去られてしまった。重苦しい沈黙が彼の著作を蔽っている。過ぐる五十年間、偉大な社会学者であり哲学者であった人物の存在を思い出させるような研究や論文は殆どない。」

こういう文字を読んでいるうちに、私は、自分が悪いことをして来たような気分になった。タルドの沢山の著作を空しく机辺に並べながら、永い間、何一つ研究をして来なかった自分が恥ずかしくなった。何が原因か知らないが、彼も不幸な思想家の一人なのであろうか。西洋の思想史を振返ってみると、不幸な思想家が何人かいる。その祖先は、自分たちの著作によってでなく、彼らを悪玉として扱うプラトンの対話篇によってのみ後世に伝えられている古代のソフィストであろう。私が『倫理学ノート』（岩波書店、昭和四十七年）で取扱った、久しくデカルトの栄光の蔭に忘れられて来たヴィーコも、その一人であろう。エンゲルスの口汚い書物によってのみ知られ、ＩＱの低い大学生にも軽蔑されている盲人の碩学デューリングも、同じ仲間であろう。事情は違うであろうし、また、その事情が私には呑み込めないが、タルドも、このまま、みんなから忘れられて行くのであろうか。

3

タルドの次に私が読んだのは、高田保馬『社会と国家』（岩波書店）であった。この本は、大正十一年五月に第一刷が出ており、私が買ったのは、大正十三年一月の第二刷であった。読みはしたが、これも十分には理解出来なかった。しかし、それに気がついたのは、かなり後のことであるけれども、あの時期に、この書物を読んだのは、私の一生にとって、一つの仕合せであったように思う。その理由は、或る部分、この書物の「序」から知られる。「本書の立つ所の立場は所謂多元的社会観である。此言葉を今、国家と等しく他の種々なる社会にもその独立性を認め、国家も亦雑多の社会と共に全体社会内の一平民にして、後者は前者の臣隷たる事無しと見る見解の意味に解するならば、それは最近欧米の社会科学界に於ける新鋭の思想にして（或意味に於ては中世思想の復活と見られ得る点があるにもせよ）、而して漸次其勢力を加へつつあるを見る。私は勿論、此思想の創説者乃至代表者、例へばバアカア、ラスキ、マクイバア、コオル等の人々の影響の下に立てる一人である。然れども、私が此多元的社会観を懐抱することはこれ等の何人にも俟つ所に非ず、マクイバアがアバアディインに於て其父に捧げたる名著 Community を草しつつあつた時、ラスキがうら若き旅の身をハアバアドの研究室によせて『主権の問題』の考察を試みつつあつた時、私は糺の森の葉蔭を逍遥しながら孤寂の感を抱いて略ぼ相近き思想を練りつつあったのである。」

高田博士の著書を読むのは、これが最初であったが、タルドの場合と違って、名前は以前から知っていた。私の同級生に、鉄幹晶子夫妻の息子の与謝野麟がいて、私たちは仲がよかった。彼は、時々、両親の蔵書の一部を盗み出して、私にくれた。『明星』が発行されるたびに、この大判の立派な雑誌を持って来てくれた。私は、『明星』に短歌を載せている歌人として高田保馬という名前を知っていた。知っていたから、『社会と国家』(定価二円) を買ったのであろう。さて、前に一部分を引用した「序」に戻って、少し解説を施してみることにしよう。

「多元的社会観」というのは、政治的多元論などとも呼ばれ、第一次世界大戦後の民主主義の空気の中でイギリスやアメリカで有力になった学説である。一口に言えば、ヘーゲル流の国家一元論に対立するものである。ヘーゲル主義者によると、国家というものが人間の共同生活で唯一絶対の地位を占め、家族、村落、都市、教会、組合、政党というような社会集団は、国家に従属し、国家に吸収されてしまう。独立の地位を保つことが出来ない。国家万能主義である。これに反して、多元的社会観は、一方、国家の地位をもっと低いものと考えて、これを他の多くの社会集団と同列に扱おうとし、他方、多くの社会集団を国家の支配から解放して、その自発的な活動を大きく認めようとする。謂わば集団のリベラリズムである。

ところが、これは高田博士御自身には興味のないことであったかも知れないが、多元的社会観とアナーキズムとは、まあ、双生児のようなものである。多元的社会観は、紳士的な大学教授の問題であり、アナーキズムは、革命に一身を捧げた野生的な人たちの問題であるが、多元的社会観がヘーゲル流の国家一元論に対立するように、アナーキズムは、ヘーゲルの弟子マルクスの「権威主義」に対立する。一切の権力をプロレタリアへというマルクスの考え方とは違って、権力そのものの否定へ進んで行く。プロレタリア国家であろうと、社会主義国家であろうと、国家は要するに国家で、結局は、少数者による多数者の支配に陥る、と彼らは考える。アナーキストは、国家を否定して、自由な諸集団の自発的な関係を信じた。アナーキズムの空気を吸い、その文献を読んで来た私は、無理をしないで多元的社会観の中へ入って行くことが出来た。

高田博士は、多元的社会観について、「或意味に於て中世思想の復活と見られ得る点があるにもせよ」と軽く言い添えておられるが、むしろ、多元的社会観は、近代思想に対する明確な批判を含んでいる。敗戦後の日本と同じように、フランス革命に先立つ啓蒙思想では、生れつきの理性や美徳や力量が人間に備わっていると考えられ、それが旧来の桎梏によって発現を妨げられていると考えられていた。旧来の桎梏を打破して、人間の生得的能力に発現の機会を与えれば、人間の理性と自然とに基づく理想の国家が出現する、と人々は信じた。そして、桎梏の代表的なものは、教会、ギルド、組合、家族……のような古い社会集団であった。こういう信仰によって、フランス革命は、一方では、伝統的な諸集団を破壊し、他方では、新しい諸集団の発生を禁止した。それらが破壊され禁止された後に残ったのは、国家と個人とだけである。ルソーは、これらの集団を「部分的集団」(les associations partielles)とか「部分的社会」(les sociétés partielles)とか呼んで、その危険を説いた。後の研究者たちは、「中間的集団」(les groupements intermédiaires)と名づけた。多元的社会観は、近代思想およびフランス革命によって破壊され禁止された中間的諸集団を蘇らせ、併せて、国家を絶対の地位から引き下ろそうとするものである。そこには、ヘーゲルやマルクスへの反対だけでなく、近代思想およびフランス革命への反対も含まれている。

勿論、人間が、近代思想の書物に描かれているような理想的な個人であるならば、また、国家が、そういう個人から成る理想的なものであるならば、個人と国家とは一つのもので、中間的諸集団が入り込む余地はないであろう。誰でも知っているように、ルソーの『社会契約論』(一七六二年)では、極端な個人主義と極端な国家主義とが奇妙に融合している。しかし、これも誰でも知っていることであろうが、生身の人間は、理性や勇気の結晶ではなく、もっと愚かなもの、弱いものである。また、地上の国家は、看板に何と記されていても、所詮、愚かな弱い多数者に臨む少数者の握る絶対の権力である。極端な個人主義と極端な国家主義とが融合したルソーの世界は、それなりに美しいとも言えようが、生身の人間と絶対の権力とだけが残った現実の世界は、それを装飾し弁明するイデオロギーが有力であればあるほど、素裸の個人が国家権力の前に立つほかのない世界、その個人を粛清やテロでトコトンまで追いつめることの出来る世界になる。その実例は、革命後のフランスおよび革命から今日に至るロシアがウンザリするほど見せてくれる。前者については、トムソン『ロベスピエールとフランス革命』（岩波新書、昭和三十年）が、後者については、ソルジェニーツィン『収容所群島』（新潮社、昭和四十九年）が参考になるであろう。これらの革命の経験は、身を隠す場所のない透明な近代世界における人間の惨めさを教え、それと同時に、それぞれの特権を持つ中間諸集団が数多く存在し、その蔭で人間が小さな保護と自由とを与えられていた中世の封建社会に新しい眼を向けさせたのであった。特に、オーギュスト・コントは、フランス革命を批判し、中世社会に新しい価値を見出すことによって社会学という学問の創始者になった。私が『社会と国家』によって多元的社会観に触れたのは、それと知らずに、社会学の精神に触れたということであった。そして、このことは、同時に、その後の日本で力を得るようになり、私自身もそれに巻き込まれて行ったマルクス主義に、終に融け込むことが出来なかった理由になる。

4

四年生の一学期であったろうか、二学期であったろうか、私たちのクラスの池田という成績の悪い生徒が、廊下の板壁に猥褻な絵をナイフで彫りつけたことがある。猥褻の定義が法廷で争われるような時代ではなかったから、彼は忽ちに生徒監室へ連れて行かれて、処罰されることになった。生徒監というのは、退役の陸軍将校で、体操および軍事教練を担当する傍、一種の警官の役割を果していた。卒業生名簿を調べても、池田の名前は見当らないから、この事件で退学処分になったのであろう。級長の仕事は、平常は、毎日、毎時、仲間に号令をかけるぐらいのものであったが、仲間のカンニングが発覚するような事件が起ると、生徒監室や教員室へ詫びに行き、罰の軽減をお願いするという仕事が出て来る。今までにも、それは何回かやって来た。その習慣に従えば、今度も、私は詫びに行くべきであった。しかし、私は、ひどく馬鹿らしく感じるだけで、詫びに行く気持にならなかった。「謝りに行って来い」と誰かが私に言ったが、「俺は厭だ」と断った。小心な勉強家たちは、内心では私を支持していたらしいけれども、彼らは黙っていた。ハッキリと私を支持してくれたのは、与謝野など数名であった。そのうち、謝りに行かない級長は怪しからん、と唱える一団が生れて、その連中に私はさんざん殴られてしまった。

池田は、私たちの学校に近い立派な洋風の邸の子であった。先生に叱られると、どういう心算か、立ち上って、「僕のお父さんは工学士です」と言う癖があった。「工学士」というのは、東京帝大卒業の工学士という意味だとは判っていたが、自分の父親のことを「父」と言わずに、平気で「お父さん」と言う彼を、私は「馬鹿な奴だな」と思っていた。彼とは碌に喋ったこともなく、邸の中を覗いたこともない。しかし、私などと違って、彼が豊かな家庭の中で大切に育てられて来たことはよく理解出来た。私の場合は、以前から、家事や家業の手伝いなど、生活の全体に亙って沢山の堅いリアリティと言ったら大袈裟になるが、とにかく、沢山の堅いものが随所にあって、それにぶつかっては、当惑したり、痛い目に遭ったりして生きて来ている。学校で課せられる仕事は、それらの多くの堅いものに比べれば、むしろ、あまり堅くないものであった。少くとも、沢山の堅いものの一つに過ぎなかった。邸の内部を覗いたことがないので自信はないが、池田の場合は、理想的環境の内部で、殆ど堅いもの、辛いものにぶつからずに生きて来たのではないか。学校で課せられるものが、彼にとっては、唯一の堅いもの、辛いものだったのではないか。親は、出来れば、子供を多くの堅いもの、辛いものから守ってやりたいと思う。子供の全力を学校の課業という唯一の堅いもの、辛いものに集中させてやりたいと思う。しかし、そういう親心や理想的環境が本当に子供の幸福を生むとは言い切れないような気がする。現在、池田がどうしているか、私は知らない。ただ、今日では、池田のような子供が日本中に充満しているのであろう、と私は考えている。

殴られた後で、江戸川橋から市電に乗って、座席に坐った。そこへ、この電車を利用する筈のない同級生が乗り込んで来て、「これを貸してやるから、殺ってしまえ、後は引受けてやる」と言って、鞄から白鞘の短刀を取り出した。そんなものは要らない、と断っても、彼は無理に押しつける。「本物だよ」と言って、彼は鞘を払った。乗客がビックリして見ている。押問答の末、その日は借りることにして、私は短刀を鞄に入れて帰り、翌日、彼に返した。とにかく、私は、何も彼も馬鹿らしく感じていた。池田の彫刻も馬鹿らしかったし、詫びに行かないので殴られたのも馬鹿らしかったし、短刀も馬鹿らしかった。このまま、この学校にいたら、もっと馬鹿らしいことが起るかも知れない。一日も早く、ここを逃げ出そう、と私は思った。

当時の制度では、普通、中学の五年間を終ってから高等学校の入学試験を受けることになっていたけれども、四学年修了で受けることも許されていた。勤勉な秀才の集まる中学ではなかったから、先輩を見渡しても、四学年修了で高等学校へ進んだものなど見当らなかったので、私も、そんなことは一度も考えたことはなかった。しかし、あの馬鹿らしい事件へ巻き込まれてからは、長居は無用という気分で、五年生へ進むのはやめて、四学年修了で、何処かの学校へ逃げ出すほかはないと考えるようになった。

もし高等学校へ行くとすれば、東京にある第一高等学校へ行くのが自然である。しかし、この学校は厭だった。入学試験が難かしいであろうということは別にしても、東京の下町に生きて来た人間から見ると、一高の生徒の気風や風俗が何とも不愉快であった。地方から出て来た秀才が、既に天下を取ったような顔で、東京の町でコツコツ働いている人たちを眼下に見て、弊衣破帽というのか、異様な服装で放歌高吟して歩く姿は、殆ど正視するに堪えなかった。薩長土肥の子孫のように思われた。一高だけは行きたくなかった。

その頃、「全国高等学校一覧」とかいう、一枚の大きな紙を五銭か十銭で買った。これには、日本全国の官公私立高等学校――約三十校であろうか――の入学定員や競争率が書いてある。この地図のような紙を調べてみると、同じ東京に、同じ官立の東京高等学校というのがある。普通の高等学校が三年制であるのに対し、これは七年制で、一般の中学に相当する尋常科（四年間）の上に、一般の高等学校に相当する高等科（三年間）が乗っている。数年前に尋常科が発足し、その生徒が明年四月に高等科の一年生になる。それと同時に、高等科一年生若干名を外部から募集するということが判った。一高のような古い大きな高等学校でなく、新しい小さな高等学校のようである。これなら、競争率も大したことはないであろうし、不愉快な風俗もないであろう。私は、これに決めた。

5

当時は、官立高等学校の入学試験問題は、日本全国、みな同じであった。何処の高等学校を受けても、問題に難易はなく、あるのは、有力な競争者の多寡だけであった。地方の高等学校へ行けば、有力な競争者が少い、というのが常識になっていたけれども、私のように、親の仕送りが期待出来ず、小店員のような生活の片手間に通学しようという人間にとっては、東京にいる以外に道はない。私立大学の予科へでも行くことにしよう。何れにしろ、私は、落第することになったら、何処でもよい、もし有力な競争者が多数現れて、試験の準備をしなければならなくなった。しかし、もう正確には覚えていないが、あの頃は、試験科目が、中学の全科目とは行かないまでも、非常に多かった。国語、漢文、外国語、代数、幾何、東洋史、日本史、世界地理、物理、博物……というような調子であった。考えてみると、あれはあれで一つの方法ではなかったのか。当時の高等学校の入学試験は、今日の高等学校でなく、むしろ、今日の大学の入学試験に比較すべきもので、高等学校から帝大へ進む場合は、東京帝大を除いて、殆ど無試験であったと思う。あのくらい試験科目が多くなると、もう特別の試験勉強は出来なくなる。手が廻りはしない。逆に言うと、現在の大学の入学試験のように、試験科目を少く限るから、生徒の方も特別の試験勉強をする余地が生じるのであるし、また、大学の方も入学試験用の難問を無理に工夫する必要が生じるのではないか。入学試験科目が全科目に近くなると、いくら騒いだところで、精々、平常の教科書を丁寧に読み直す程度のことしか出来るものではない。

しかし、それでも、入学試験を受けるとなると、何か準備らしいことをせねば気が済まないものである。そこで、親しくしていた与謝野と、福島県出身の斎藤良という勉強家と一緒に、毎日曜日、早稲田で開かれていた日曜講習会というのに通うことにした。季節は忘れてしまったが、何回かの日曜が何時も晴天であったような記憶がある。先生は高見豊という人で、手慣れた調子で代数や幾何の説明をしてくれた。しかし、面白かったのは、先生が御自身の退屈紛れに故意に試みる脱線の方であった。脱線すると、必ず非ユークリッド幾何学の話が出た。私は、Non-Euclidean Geometry という英語を覚え、ガウスとかロバチェフスキーとかいう名前を覚えた。しかし、非ユークリッド幾何学の話がいくら面白くても、入学試験に出るのは、ユークリッド幾何学であるし、それに、贅沢なことを言えば、最初から、講習会の空気が不潔なように感じられていた。大きな講堂の演壇で高見先生は雄弁を揮っているが、満堂の受験生は、私たちのような少年は僅かで、大部分は兄貴のような青年、小父さんのような男も少くなかった。彼らの間にある空気は、私がよく知っている貧乏と関係があるよりは、もっと暗いもの、惨めな敗北と結びついたもののように思われた。それは見覚えがあった。同じような空気を、数年前、私は神田の商業学校で吸って、居堪れなくなって、退学したのであった。三回か四回、私は早稲田へ通ったが、それっきり、やめてしまった。

東京高等学校は、鉄筋コンクリート三階建、東京府下の中野にあった。近くには、武蔵野の雑木林や田圃があった。大正十四年に入ってからの或る日、私は、宮地啓三という同級生を誘って、一緒に願書を出しに行った。広い校庭を囲む土堤に雪が残っていた。その雪の中へ、私は「エアシップ」の吸殻を捨てた。煙草は、一年ばかり前から吸っていた。

間もなく、入学試験が始まり、私は、毎朝、暗いうちに家を出て、市電で東京の町々を過ぎ、郊外の学校へ出かけて行った。家を出る時、両親は切火で送り出してくれた。切火というのは、テレビに登場する清水次郎長が喧嘩に出かける時、細君が火打石の火花で送る、あれである。試験が始まってから、私は、いろいろのことに驚いた。願書を出しに行った時は、受附が開始されて数日を経ていたのに、受験番号から察すると、まだ定員に満ちていなかったので、やはり、この学校を知らぬ人が多いのであろう、とホクホクしていたのだが、蓋を開けてみると、志願者が大変に多く、毎年全国一の競争率であった一高より高い競争率であるという。競争者の数よりも質が問題であるとは知っていても、やはり、これはショックであった。判っているのは量で、質は判らないのであるから。そればかりではない。ドイツ語を外国語に選んだ志願者の数にも驚いた。初めは、ドイツ語で受験するのは、私と、私が誘った宮地のほかに、いるとしても二名か三名であろうと見当をつけていたのに、試験場へ入ってみると、何十人もいるではないか。一人も顔は知らないけれども、他にドイツ語を教える中学はないのであるから、大部分は、私たちの中学の先輩ではないのか。私に比べると、みな相当の年長である。小父さんのような感じの男もいる。私や宮地は坊主刈であるが、他の多くは髪を伸ばし、中には、鏝を当ててウェーブさせているのもいる。みな悠々としている。私は「エアシップ」を喫んではいるが、彼らの間に入ってみると、自分は本当の子供であった。彼らは、私などの知らないドイツ語の単語を数多く知っているに違いない。私は、心細くなり、小さくなっていた。殆ど全科目、と前に言ったが、毎日、遠い学校へ通い、午前と午後、試験を受け、しかも合格が約束されていないとなると、途中で飽きてしまうものである。学科の試験が漸く終って、明日は口頭試問と身体検査というところまで漕ぎつけて、私は、完全に飽きてしまい、もうやめることにした。しかし、父が珍しく真面目な顔で、最後までやってみるものだ、と強く言うので、仕方なく、翌日も出かけた。そして、身体検査にまた驚いた。官立の高等学校はみな同じだったのであろうが、口腔や胸部の検査だけでなく、痔や性病の検査まであった。こんな検査を受けて落第したら、と私は父を恨めしく思った。

試験中、一度だけ、運がよいと思ったことがある。それは、ドイツ語の書取であった。実は、書取の試験があると知ってから、困ったことになった、と私は思っていた。中学の二年生の時であろうか、担任のドイツ語の先生がお休みで、今まで接したことのない先生がお見えになり、ドイツ語読本の或る一章を教えて戴いたことがある。その章は、日本海軍がロシアに大勝を博した日本海海戦に関する記述であった。その中に、Baltische Flotte（バルチック艦隊）という言葉が出て来る。「バルティッシェ・フロッテ」である。ところが、この先生の発音を聞いていると、どうしても、「バウティッシェ・フオッテ」と聞こえる。先生が少し気取っておられたのかも知れないし、それが正しかったのかも知れないが、とにかく、私たちは戸惑った。入学試験であるから、先生は初対面（？）である。もし「バウティッシェ・フォッテ」という調子の発音だったら、こちらは手も足も出ないではないか。書取は、最初に先生がドイツ文を読まれる時は、私たちは静かに聞いていて、二度目に読まれる時に、私たちが書き、三度目に読まれる時に、私たちが訂正するということになっていた。先生がひどく緊張した様子で読み始めた時、はてな、と私は感じた。読み終った時、しめた、と私は思った。これは春の景色を描いた文章である。この文章そのものではないが、これによく似た文章を、私は二年生の頃に習ったことがあり、例によって諳記を命ぜられたことがある。そこに出て来る単語の大部分が、ここにも出て来る。かつて私が諳記していた文章は、次のように始まっていたと思う。Milde Lüfte wehen schon durch das Land. Der Sonnenschein und warmes Regen wechseln miteinander ab. ……（柔カイ風ガ既ニ国中ヲ吹イテイマス。日光ガ射スカト思ウト、暖イ雨ガ降ッテ来マス。……）ドイツ語の書取は本当に運がよかった。そのお蔭であろう、試験が終った数日後の夜半、学校から合格通知の電報が届いた。

6

私は東京高等学校に入学し、三年後の昭和三年の春に卒業した。昭和四十年の春、『文藝春秋』の「同級生交歓」に出ることになり、卒業後三十七年ぶりで中野へ行き、校舎を背景に数人の同級生と写真を撮って貰った。同年六月号に載っている。集まったのは、篠島秀雄（三菱化成社長、故人）、平井富三郎（新日本製鉄社長）、日向方斉（住友金属社長）、出淵国保（矢作製鉄社長）、内田藤雄（当時、駐独大使）、朝比奈隆（関西交響楽団指揮者）、宮城音弥（当時、東京工業大学教授）、小生（当時、学習院大学教授）。文科理科を通じて、「名士」は沢山いたが、いろいろの都合で、これだけが集まった。かつて白く輝いていた校舎が、雑木林や田圃が消えた後に出来た住宅や商店に囲まれて、薄黒く汚れているのを見て、また、私たちの最も新しい最も小さな高等学校が、戦後、一高という最も古い最も大きな高等学校とともに東京大学教養学部に吸収され、そういう意味で亡びてしまったのを考えて、今更のように、私の心は少し動いた。口には出さなかったが、他の仲間の心は、もっと大きく動いたのであろう。しかし、旧制高等学校に学んだものが、殆ど異口同音に言うような、三年間の生活の感激というものは、もともと、私にはなかった。先生にも仲間にも申訳ないと思うが、あれは、実に居心地の悪い三年間であった。人生の大切な時期であったにも拘らず、私にとっては、ただ中学と大学との繋ぎのような期間であった。

入学して暫く経って、しまった、と思った。これは私の来るべき学校ではなかった、と思った。しかし、私に相応しい学校が何処にあるのであろう。同級生の父親の多くは、医師、弁護士、裁判官、外交官、華族、重役、官僚、大学教授であり、きっと、彼らは、あの猥褻な絵を板壁に刻んだ池田と同じような邸に住んでいるのであろう。私の方は、関東大震災からまだ一年半しか経っていない。本所の焼跡のバラックに住んで、ことによると、畳でなく、まだ筵の上に起居していたかも知れない。机さえなかったかも知れない。学校から帰れば、相変らず、自転車で商品を仕入れに行ったり、ミシンを踏んだりしていた。確かに、一高のような弊衣破帽の風俗はなかった。なかった、というより、それは堅く禁じられていた。反対に、学習院をモデルにしたと言われていたが、制服は、金ボタンでなく、海軍士官のような、蛇腹の縁のついたセルの服であった。靴で校舎へ入ることは禁じられ、皮の上履を用いることになっていた。すべてが上品で清潔であった。しかし、私にとって新しい経験は、同級生の殆ど全部が毎日の課業に実に熱心だという点にあった。こういうタイプの生徒は、中学の小心な勉強家の間にもいることはいたが、ここでは、それが殆ど全部であった。とにかく、何処を見ても、あまり愛嬌のある仲間はいなかった。私は、この学校に容易に慣れなかった。慣れないままで、卒業してしまった。

しかし、私が融け込めなかったのは、外部の事情によると同時に、比重は別として、内部の事情にもよるものであった。私の関心は、学校の内部の課業に集中するよりは、外部へ向って拡散していた。外部には、家業の手伝いや、入学と同時に始めた家庭教師の仕事のほかに、私の関心を集めるものが幾つかあった。

入学の直後、私は、前々年創立の日本社会学会に入会を申込んで、その会員になった。当時も現在も、私のようなティーンエージャーの会員はあまりいなかったであろう。会費を納入して、毎月、『社会学雑誌』の配布を受け、やがて、東京帝大の山上会議所で開かれる例会に出て、部屋の片隅で会員の研究報告を聴くようになった。天晴れ、小社会学者になった心算で、ドイツ語の社会学文献を手当り次第に読み始めた。知識はそう殖えはしなかったが、ドイツ語の――或いは外国語の――文献というものに急速に慣れ、それが恐ろしくなくなった。高等学校は、私にとって、小さな通過駅であった。通過駅を享受する人はいないであろう。

あれも、入学直後のことであった。或る晩、突然、東京帝国大学新人会の丹慶某と名乗る学生が本所のバラックへ訪ねて来た。何の用事か知らないが、彼を招じ入れるスペースがないので、その辺を歩きながら話を聞くことにした。彼の用件は簡単であった。私がリーダーになって、東京高等学校に読書会を組織し、テキストにはブハーリンの『史的唯物論』を用いるということであった。私は承諾した。大杉栄の殺害を合図として、日本の社会思想の中心は、アナーキズムからマルクス主義へ移って来ていた。そして、乱暴な表現を用いれば、あの頃は、マルクス主義と言えばブハーリンであった。丹慶某が来る以前に、私は、その本のドイツ語版を買って、何十頁か読んでいたような気がする。読書会で使うのは、勿論、日本語訳であったが、また、それに使った日本語訳は失われてしまったが、現在、それに続いて出版された別の日本語訳が手許にある。楢崎煇訳『史的唯物論』(同人社)である。これは、昭和二年九月五日に初版が出て、約十ヶ月後の昭和三年七月二十五日には第二十四版が出ている。ブハーリンは、ロシア革命の指導者の一人、当時は、ロシア共産党中央委員、コミンテルン執行委員。一九三八年に、他の多くの指導者と同じように、スターリンによって銃殺された。当時のブハーリンは、名声および権威の絶頂にあった。私が簡単に承諾し、彼は満足して帰って行ったが、夜の通りを歩きながら、読書会の話をする時、彼は私に顔を寄せて囁くように話した。ブハーリンの本は、どの本屋の店頭にも並び、明るい光を浴びていたが、彼の話には冷たい秘密の匂があった。彼と別れて家へ帰る途中、どうして彼は私のことを知っていたのであろう、と私は考えて、慄えた。見たこともない彼が、どういう径路で、私が東京高等学校の生徒であること、あのバラックに住んでいること、ブハーリンのドイツ語版を読みかけていることなどを知っているのであろう。それを彼に聞くべきではなかったのか、と私は思い、また、聞いたところで、彼は黙って微笑むだけであったろう、とも思った。しかし、どういう径路にせよ、私は、自分が選ばれたことに誇りを感じていた。

読書会は、宮城音弥や、戦後、国立国語研究所に勤めていた輿水実や、後に京都大学教授になった平林清など数名で出発した。私が入学した直後（四月二十二日）、治安維持法は生れていたが、私たちは気にかけていなかった。コソコソやるよりも、校長の許可を得た方がよい、という意見が纏まって、私たちは校長に面会を求めて、読書会をやりたいと思います、と申上げた。先生は非常に喜ばれ、君たちは感心な生徒だ、と褒めて下さって、玄関の横の応接間を貸してくれることになった。テキストは、と質問されて、ブハーリンの『史的唯物論』と正直にお答えしたが、そうか、と言われただけで、とにかく、君たちは感心な生徒だ、ということになり、読書会のたびに、職員がお茶を出してくれた。先生は、ブハーリンのことを御存じなかったのであろう。しかし、何れにしろ、これは官立高等学校というものの特権の蔭で可能になったことで、同じブハーリンをテキストにする読書会でも、他の場所では、こうは行かなかったのであろう。

習作時代

1

或る女学生は、私たちの間で「フュンフツェーン」と呼ばれていた。fünfzehnは、「十五」という意味のドイツ語である。彼女が十五歳であることを仲間の誰かが知って以来、彼女はそう呼ばれるようになり、それからは、何年経っても、彼女は「フュンフツェーン」であった。私たちは、同じ中学の同じクラスで、毎朝のように、市電の錦糸町終点で顔を合わせ、同じ電車に乗って目白の学校へ通っていた。仲間の一人は、後に私が東京高等学校の入学試験に誘った宮地で、その後、彼は医者になり、昭和四十八年、長い病気の末に死んだ。もう一人も医者になり、昭和二十年三月の東京大空襲で死んだ。他の一人は、薬剤師を志望していたようであったが、戦争直後、仙台から手紙をくれたっきり、消息は判らない。何年間も、同じ錦糸町終点から市電に乗っていると、電車がそう頻繁に発車していなかったから、自然に沢山の人間と顔見知りになる。顔見知りになっても、学校が違うと、挨拶をすることもなければ、言葉を交すこともない。他の学校の連中も同じことであったが、私たち四人は何時も一団になっていた。私たちは、他の学校の生徒の知らぬ「フュンフツェーン」というドイツ語で呼ぶことによって、彼女を私たちの共有財産にしたような気分になっていた。しかし、彼女がどんな女性であったか、思い出すことが出来ない。

もう一人、時折、同じ電車に乗り合わせる女学生がいた。どういうわけか、薬剤師志望の仲間が彼女のことを少し知っていて、或る日、車内の遠くにいる彼女を指して、「こわい、こわい」と言って、首をすくめた。私には、何のことか判らなかった。彼は、彼女が極東オリンピック（大正十二年）にバレー・ボールの選手として出場したことを教えてくれた。正課の柔道のほかはスポーツに縁のなかった私には、彼女が遠いところにいる人間のように思われた。彼はしきりに「こわい、こわい」と言った。しかし、私には、彼女が凜々しく見えた。何かに堪え、何かを志しているように見え、その思いつめた表情を私は美しいと感じた。

高等学校に入ってからは、私が錦糸町で電車に乗る時間が少し早くなったのであろう、中学の五年生に進んだ仲間と会うことが稀になり、毎朝、私は一人であった。入学して一月と経たぬ或る朝、錦糸町で乗った電車の中で彼女にバッタリ会い、その途端に、何ということか、私はフワッとお辞儀をしてしまった。加藤先生が口にされた「社会学」という言葉に飛びついたのと同じように、私は少し軽率だったのであろう。何れにしろ、加藤先生の言葉で私の一生の或る側面が決定されたように、お辞儀で私の一生の他の側面が決定された。しかし、考えてみると、あの池田の馬鹿らしい事件がなく、私が無事に中学の五年生になっていたら、いくら彼女が凜々しく見えても、お辞儀などしなかったであろう。何処かの私立大学の予科に入学していたら、やはり、お辞儀をしなかったであろう。烈しい競争試験をパスして、官立の高等学校に入り、新しい白線を巻いた制帽を被っていたから、そういう小さな誇りが弾みになって、フワッとお辞儀をしてしまったのだと思う。

その日、この凜々しい女性は、赤い縞の交ったセルの和服に紺色の袴を穿いていた。そして、間もなく、私たちは、毎朝、錦糸町の終点で待ち合わせて、同じ電車に乗るようになった。彼女は、小石川の竹早町にある東京女子師範学校の最高学年にいた。早く父親を失い、府下大島町に小さな町工場を経営する兄の許に身を寄せていた。私が知っている貧乏というものを彼女も知っていた。当時、彼女は、卒業後、スラム街の小学校を志望して、その教壇に立とうという気持と、お茶の水の東京女子高等師範学校へ進もうという気持との間で動揺していたようである。私も迷ったが、結局、お茶の水へ行くことを勧めた。お茶の水の入学試験は、私たちの高等学校の場合に比べて、遥かに競争が烈しかった。試験が終って、合格者が発表される日、自信がないから、見に行くのが恐ろしい、と彼女が言うので、私が代りに見に行った。彼女は文科に入学した。——彼女が女高師を卒業した翌年、私が大学を卒業して、私たちは小さな世帯を持った。

2

ブハーリンの読書会は、どのくらい続いたのであろう。それは忘れてしまったが、とにかく、私はブハーリンという入口からマルクス主義の中へ入って行った。他の時代の人々には他の入口があったであろうが、ブハーリンは特に立派な入口であった。スターリンを初めとする多くのロシア人の著作が、よほどの忍耐をしないと読み続けられぬ退屈なものであるのに反して、ブハーリンの著作には、自然に読者を誘い込む魅力があった。訳本を読んでいても、彼がキラキラ光る才能を持っていること、広く古今の学芸に通じていることがよく判った。同じ史的唯物論を説くにしても、彼の場合は、哲学や社会科学の長い伝統との関係を保ちながら、謂わば情理を尽して説くところがあった。ブハーリンの本は、面白くもあり、有益でもあったが、しかし、或る期間が過ぎると、私は読書会のリーダーではなくなっていた。私に読書会を命じた東大の新人会の丹慶某は、リーダーになれ、と私に言ったし、また、確かに、初めのうち、私はリーダーのような役を果していたのだが、何時からか、日本語訳に散在する伏字をドイツ語訳を利用して埋めるのが、私の主要な仕事になり、もうリーダーではなかった。私がリーダーでなくなったのは、読書会が何回か行われているうちに、仲間の誰彼がマルクス主義者になり、私がそれになり得なかったためである。丹慶某が私をリーダーに選んだとしても、マルクス主義者になり切れない私が、既にマルクス主義者になった気持の仲間に向ってリーダーのような顔が出来る筈はない。

仲間の多くは、学校の課業のほかは、ブハーリンを読むだけであったのであろう。ブハーリンは、空腹の仲間に与えられた唯一の食物であったのであろう。しかし、私の方は、社会学の研究者になろうと決心して以来、手当り次第に社会学の文献を読み、雑多な知識を蓄えている過程でブハーリンに出会ったことになる。ブハーリンによると、史的唯物論は「マルクス主義社会学」であり、私が読んでいるのは、それと敵対関係にある「ブルジョア社会学」である。私は、相容れない両者をチャンポンに勉強していた。ブハーリンだけを勉強している仲間のように、右から左へマルクス主義者になれるわけはなかった。ブハーリンから見れば、或いは、ブハーリンを受け容れた仲間から見れば、私が何時までも曖昧な態度を取っているのに腹が立ったであろう。

しかし、この問題は、社会学の方から見ることも出来る。明治以来、日本では、海外から輸入された学説は、本国ではどんなに古い学説でも、つねに「最新の学説」であったが、一九二〇年代の中頃、日本人にとっては、マルクス主義も「最新の学説」であった。けれども、西洋の思想史から見れば、それは古い学説であった。マルクス自身の手で出版された『資本論』第一巻（一八六七年）から数えても、既に半世紀を越える時間が流れている。この間、多くの社会学者が、マルクスの学説の諸側面に批判を加えて来ている。僅か一部分ではあるが、その批判を私は知っている。日本では、マルクス主義が空家へ入って来て、そこを占領してしまったように見えるが、西洋では、マルクス主義が入り込んだ家には、既に多くの住人がおり、また、後から押しかけた住人も沢山いる。それほどではないにしろ、私の頭も空家ではなかった。しかし、家に犇いている新旧の住人の誰を追い払ったらよいのか、それは容易に見当がつかなかった。

その後、日本のインテリの間におけるマルクス主義の普及の様子を見ていると、私たちの読書会に似たパターンが大きな規模で繰返されて来たような気がする。社会科学の諸分野の専門的研究者は、マルクス主義に大きな関心を寄せることはあっても、なかなかマルクス主義者になり切れなかったのではないか。それぞれの分野に研究の伝統というものがあり、その伝統の中でマルクス主義が批判されて来たという事実があり、それに加えて、自分の専門的研究がうまくマルクスの学説と一致するとは限らないという経験があれば、それが「最新の学説」であると知っても、容易に踏み切れるものではない。失礼な言い方を許して戴けるなら、簡単に踏み切れるのは、あまり着実な研究をして来なかった人たちに多いのではないか。反対に、社会諸科学の研究が自分の専門でない人たちの場合は、事情はかなり簡単である。自然科学者、医者、哲学者、作家、俳優……のような人たちは、通常、社会科学については空家のようなものであるから、他の諸学説のことは何も知らずに、マルクス主義の包括的で権威的な学説をそのまま受け容れることが出来る。その方面のことは、すべてマルクス主義に任せてしまうことが出来る。また、それを受け容れたからと言って、それが各人の本業の内部まで入り込んで来ることは稀である。彼らの本業は、多くの場合、それから隔離されたところで営まれている。しかも、他の諸学説と違って、マルクス主義は、プロレタリアの解放や社会主義の実現を主張するものであるから、それを奉じることによって良心に或る満足を与えることが出来る。何事もそうであろうが、素人の方が気楽である。

読者の中には、私が哲学者を自然科学者や医者と同列に扱っているのに御不満の方がおられるかも知れない。しかし、哲学は諸学の女王のように説かれることが多いけれども、遠い昔は知らず、今日の哲学者は、経済や政治という社会生活の諸側面について十分な勉強をしているわけではないから、社会科学については素人のようなものである。それに、「観念論と唯物論との二大陣営」などという大袈裟な表現が好んで用いられる割合には、一人の哲学者が二つの陣営の間を往来して来た実例を私は何度も見てしまった。社会生活の地道な経験的事実に打ち込んでいると、私たちは自由な動きが出来ないが、絶対的な観念や絶対的な物質という超経験的な世界に生きていると、案外、観念と物質との自由な交換が可能になるのであろう。最近、司法省刑事局編『思想月報』が復刻され、それに収められている記録を読んでみると、かつて物質を信じていた高名な哲学者が、捕えられて神を信じるようになり、戦後は再び物質を信じているというケースが少くないことを教えられる。神は、絶対的な観念の極致であろう。レーニンの『唯物論と経験批判論』(一九〇九年）という政治文書——哲学文献ではあるまい——を覗いたことのある人なら、レーニンにおける「物質」というのが、まるで「荒ぶる神」のようなものであることを知っておられるであろう。

3

「人間が互いに眼を見つめ合う、互いに嫉み合う、手紙のやりとりをする、午餐を共にする、これという利害関係もないのに同情し合ったり嫌い合ったりする、親切に対する感謝が因で二度と解けぬ絆が結ばれてしまう、誰かに道を尋ねる、互に相手のことを考えて着飾ったり化粧したりする——人間と人間との間に行われる一時的或は永続的な、意識的或は無意識的な、行きずりの或は跡を残すような諸関係……。」どの社会学者が、こんなことを書いたであろう。人間と人間との関係を研究するのが社会学の仕事、というのは、二十世紀の常識のようなもので、多くの社会学者が、この関係に分類や記述を施して来たが、右のような角度から関係を見たものがいたであろうか。辞書と首っ引きで、ジンメルの『社会学』（Georg Simmel, Soziologie, 1908）という大きな書物を読んで行くと、一九頁目に、右に引用した文章が現れて来る。この個所を初めて読んだ時、へえ、こんなことを言う社会学者がいるのか、と私は思った。高等学校の三年間、気の向くままに本を読んで来て、どれもそれなりに面白くはあったが、後から考えると、ジンメルが私の心に一つの痕跡をとは出来ない。

残したように思われる。ただ、痕跡といっても、彼は天才であるから、彼の真似をすること

『社会学』が出版された一九〇八年、彼はもう五十歳で、主要著書の大部分は既に出版されており、大いに名声を博していたが、彼の地位は、ベルリン大学の員外教授という低い不安定なものであった。この大学の私講師になったのが一八八五年で、十五年後の一九〇〇年に漸く員外教授になって、それがもう八年間も続いている。その一九〇八年、ハイデルベルク大学が哲学の第二講座の担当者を求めていた。マックス・ヴェーバーの口添えなどがあって、ジンメルが推されることになった。しかし、ハイデルベルク大学は、それを冷たく拒否した。そのため、彼は、更に六年間、ベルリン大学の員外教授として留まることになった。ハイデルベルク大学が彼を拒否したのは、第一に、彼がユダヤ人であるためであり、第二に、彼の研究範囲に社会学が含まれているためであった。社会学は、まだ、それに触れた人間に傷がつくような、いかがわしい学問であった。ジンメルの仕事の一つは、そういう境涯から社会学を救い出すところにあったのだが、それが彼を何時までも低い不安定な地位に縛りつける結果を生んだのであった。

社会学が独立の科学になるためには、独自の対象がなければならぬ、と彼は考える。しかし、それは、独自の未知の客体が発見されねばならぬ、という意味ではない。客体は、「諸関係のコンプレックス」であって、それは、そこにある。そこにあっても、それを模

写するのが科学ではない。そもそも、客体の模写ということは不可能である。「それ自身としては十分に知られている事実に、ただ一本の新しい線を引くことによって」と彼は言う。或る新しい見地から客体に抽象を加えることによって、新しい科学は成り立つことが出来る。「諸関係のコンプレックス」は、「人間の共同生活」と言い直してもよいが、それにAという見地から抽象を加えることによって経済学が、Bという見地から抽象を加えることによって政治学が生れる。ジンメルが、社会学の独立を可能にするような抽象の見地として何を選んだかは、前に掲げた引用句からも知られるであろう。彼が引いた「一本の新しい線」は、「心理学的」と呼ぶほかはないし、自分でも、「心理学的顕微鏡検査」というような表現を用いている。しかし、科学としての体裁を整えることに夢中で、肝腎の人間の心というものを何処かに置き忘れた心理学とは違い、人間の心の襞を探って、その自然な、しかし曲折した動きを辿って行こうとする彼の方法は、むしろ、文学的とでも呼んだ方がよいのであろう。

ジンメルにとって、認識は模写ではなく、構成であった。マルクス本人は別として、当時、私たちに宣伝されていたマルクス主義は、徹底的な模写説に立っていた。それによると、認識とは、事物を「あるがまま」に模写することであった。コピーを作ることであった。リアリズムであった。マルクス主義を俟つまでもなく、それが古くからの常識であっただけに、高等学校時代の私にとって、ジンメルと限らず、カントおよび新カント派の構成主義が新鮮に感じられていた。精神は、大きな混沌としての現実に向って立ち、これに自らの形式によって秩序を作り出して行く。それは英雄的なドラマのように見えた。ジンメルの『歴史哲学の諸問題』（Die Probleme der Geschichtsphilosophie, 1892）は、リアリズム批判という点で、当時から今日まで、私の大切な教科書である。第三版（一九〇七年）の序文によると、「この書物は、歴史学を事件の『あるがまま』の映像と考える歴史的リアリズムの批判になる。」ところが、それに次の一句が続いている。「歴史的リアリズムは、リアリティを模写しようと考えて、この模写が既にリアリティを完全に様式化していることに気づかない芸術上のリアリズムに劣らぬ誤りを犯しているように思う。」ジンメルにおける歴史的リアリズムの批判は、十九世紀末葉から二十世紀初頭にかけて、多くの天才の冒険で飾られる芸術上のリアリズム批判と同じ空気から生れたものである。「すべての認識は、直接の所与を、或る新しい言葉に、この言葉にのみ固有な形式、範疇、要求に従って翻訳することである。」それゆえに、ジンメルは言う。「歴史的真理というのは、単なる模写ではなく、その素材……を用いて、まだ素材がそこに至っていない或るものを作り出す精神的活動である。」また、それゆえに、ジンメルは言う。「あらゆる対象、あらゆる所与は、……一般に芸術作品との間に何一つ直接の関係を持っていない。ただ、純粋に内的な源泉から湧き出る創造的過程に現れる意識を通じてのみ、現実と芸術作品との関係は生ずることが出来る。」（Fragmente und Aufsätze, 1923）

反リアリズムの抽象芸術を擁護した古典は、誰でも知っているように、ヴォリンガーのドクトル論文『抽象と感情移入』(Wilhelm Worringer, Abstraktion und Einfühlung, 1908)である。四十年後、この書物の新版(一九四八年)に附せられた序文を読むと、論文のテーマを決めかねていた時期、というから、一九〇三年頃であろうか、ヴォリンガーは、パリのトロカデロの美術館で、かねてベルリン大学で講義を盗聴したことのあるジンメルの姿を見かけている。「その時……一つの事件が起った。背後のドアが開いて、二人の新しい観覧者が入って来た。近くへ来てみると、驚いたことに、その一人を私は知っている。ベルリンの哲学者、ゲオルク・ジンメルである。……トロカデロの大広間で、ただジンメルの傍にいるというムード的な結合のうちに過ごしたこの瞬間、やがて私のドクトル論文の内容となり、私を初めて有名にさせた、あの思想的世界が突如として生まれ出たのであった。」ヴォリンガーと違って、私はまだ幼かったし、そこから何かを生み出すということはなかったが、「ジンメルの傍にいるというムード的な結合」は、高等学校時代から始まった。

4

高等学校に入学すると同時に、中学でドイツ語を担当しておられた鈴木為雄先生が家庭教師の仕事をお勧め下さった。先生に伴われて、早稲田の穴八幡に近い家へ行った。その家は、半分がレストランで、半分が撞球場であった。その家の子は、私たちの中学の一年生か二年生で、私は、彼にドイツ語を教えることになった。その家で、私は初めて「先生」と呼ばれ、初めて謝礼というものを貰った。一週に二回か三回で、一月に二十円か三十円を貰った。勘定してみると、これが最初の仕事で、大学を卒業して数年後まで家庭教師をやっていたから、前後十年以上に亙ることになる。世の中が益々不景気になり、家業が愈々振わなくなるのにつれて、私は、一軒だけでなく、二軒も三軒も、家庭教師として駆け廻るようになった。忙しくはあったが、収入も馬鹿にはならなかった。教える相手は、中学生、高校生、大学生、元重役の老人など、年齢はさまざまであったが、大部分は男性であり、教える内容の大部分はドイツ語であった。しかし、多くの家庭には、大なり小なり、そこへ入ってみて判る暗い空気や面倒な事情があるもので、そういう家庭を頻繁に訪れて、食事を供されたり、教える相手の前で——時には、相手自身から——謝礼を貰ったりする生活は、時々、急に情なくなるものである。情なくなるたびに、私は、Hofmeisterというドイツ語を呟いて、それで僅かに慰める癖がついた。この言葉には、「家庭教師」という意味のほかに、「宮内大臣」とか「農場管理人」とかいう意味がある。由緒のありそうな言葉であるから、同じ家庭教師といっても、西洋の宮廷に招かれて、王子の師傅(しふ)になり、王子に従って諸国を巡遊し、やがて自分も碩学になったような人物を指しているのであろう。それと私の身の上とでは天地の差があるとは知りながら、それでも、「ホーフマイスター、ホーフマイスター」と呪文のように唱えていると、少しは気持が落ち着いた。

家庭教師を始めて判ったのは、平凡な話で恐縮であるが、教えるのは大変な仕事だということであった。何年も前に学んで、完全に自分のものになっているようなこと、例えば、動詞のアーベルボーなどでも、こちらが教師として口に出すとなると、恐ろしく緊張してしまう。緊張がひどくなると、正しい筈のことが俄かに疑わしく感じられて来る。舌がもつれる。nehmen（取る）のアーベルボーは、nehmen-nahm-genommen にきまっているが、私が先生から教わったアーベルボーと、私が家庭教師として教えるアーベルボーとは、私という人間との関係において、全く違った二つのものであった。アーベルボーは一つでも、パッシヴな態度で学んだものと、アクティヴな態度で教えるものとでは違う。学ぶ時にも精神の緊張はあるけれども、それと、教える時に要求される緊張とでは、桁が違う。質が違う。教える時に要求される緊張の中で、私はドイツ語を初歩から勉強し直したように思う。教えられて学んだことを、もう一遍、教えることによって学び直したように思う。いくら一所懸命でも、教えられるという行為には、緊張の限度のようなものがあるのではないか。その限度の中では、内容は本当に身に着かないのではないか。教えるという行為が自ら要求する高度の緊張があって初めて、それは本当に身に着くのではないか。

教えるというアクティヴな行為は、多くのエネルギーを必要とするから、それが暫く続くと、疲れて来る。しかし、疲れる、というのは、どういうことなのであろう。教わるというパッシヴな行為は少いエネルギーで済むように思われるのに、私の経験では、教わる方が早く疲れてしまうようである。そうなると、疲れるということと飽きるということとの関係が問題になって来るが、目下の私には、それを明らかにする用意はない。ただ、私に想像出来るのは、多量のエネルギーを必要とするアクティヴな状態にいないと、人間は直きに疲れてしまう、飽きてしまうものらしいということである。私だけの不幸な傾向かも知れないが、自分が観光客になって、「これは狩野探幽の筆……」とか、「これはミケランジェロの作品……」とか、案内人の説明を聞きながら、ノロノロと絵画や彫刻を見て歩く時ほど疲れることはない。案内人が雄弁であればあるほど、疲れ方がひどい。あの鈍い重い疲れ方は、こちらの出る幕がなく、エネルギーの使途がないまま、何時までもパッシヴな状態に置かれているためであろう。

家庭教師の経験によって、と言ったら、少し話が出来過ぎているが、私は、「とにかく、書いてみる」という習慣を持つようになった。手当り次第に本を読み、その梗概をノートに記して行けば、確かに知識は殖える。しかし、気がついてみると、この殖えた知識というのは、ジンメルや新カント派の考えている「混沌」のようなものらしい。エントロピーが非常に多い状態で、万事が雑然としている。大いに知っていると言えば言えるが、何も知らないとも言えば言えそうである。高等学校の生活が終る頃であったろうか、俄かに心細くなって、読むばかりでなく、自分で書いてみたら、と私は考えた。それからは、自分が仮にブハーリンになった心算で、或る文章を書いてみる、また、自分が仮にジンメルになった心算で、他の文章を書いてみる……というようなことを始めた。こうして、私の「習作時代」が始まった。そして、それは、大学を卒業した数年後まで、意外に長く続くことになった。

小学生の時代から、文章を書くのは好きであった。しかし、その頃は、「一瓢を携えて墨堤に遊ぶ」という調子の古い美文の型が、一方では、強く排斥されてはいたが、他方では、排斥せねばならぬほど残っていたので、私自身の感想が小さな「混沌」であるとしても、それに秩序を与える形式が或る程度まで伝統として存在していたから、その形式を少し利用すれば、あまり骨は折れなかった。今度は、そうは行かない。「混沌」は、私の心中の感想というようなものではなく、大学者の理論や思想のゴツゴツした破片から成り立っている。それに、もう美文の型は何処にもない。仮に残っていたとしても、そういう型に盛り込めるような内容ではない。正直のところ、どう書いてよいのか、私は途方に暮れた。途方に暮れながらも、私はガムシャラに書いてみた。書くとなると、ロジックというほどのものではないにしろ、一つの句と次の句との間に、或る明らかな関係をつけなければいけない。しかし、そういう関係で結ばれた多くの句の鎖で、読書から得た知識を繋ぎ合わせようとすると、よく知っている筈の事柄で、どうしても、鎖にかからないものが出て来る。頭の中ではシッカリと結ばれ合っている幾つかの観念が、いざ、それを書こうとするとどうしても、言葉の鎖にならない。「混沌」は限りなく豊かなものに見えるのに、首尾よく文章に盛り込めたものは、骨と皮ばかりの痩せたものである。書いてみるまでは、多くのことを知っているように思っていたが、書いてみると、何も知ってはいない。いや、そう言うべきではない。苦労の末に書くことが出来た骨と皮ばかりの痩せた文章に盛られたものだけが、私の本当に知っていることなのであった。本を読んだり、話を聞いたりという受容による理解がある。それも理解ではあろうが、しかし、本当の理解は、表現によって得られるように思う。受容による理解は、内容が豊かで、色彩も美しい。表現による理解は、内容が貧しく、色彩も暗い。けれども、自分で表現し得たものだけが、自分のものである。自分のことばかりではない。人間は、彼が表現したものによって、他人にとって存在する。私たちの世界は、表現されたものだけが存在するような世界なのであろう。

自分は勇気のある人間だ、と彼は以前から思っている。しかし、そう思っているのは、謂わば抽象的な世界の話で、自分が本当に勇気のある人間だという自信が持てるようになるのは、彼が実際に勇敢な行為をやった後のことである。また、彼が抽象的に思っている間は、世間の人たちは、彼が勇気のある人間であることを認めはしないであろう。認める方法がないのであるから。しかし、実際の勇敢な行為というのは、抽象的な真空の中でなく、或る具体的な状況の中で営まれるものである。或る女性を暴漢の手から救うにしても、暴漢が一人なのか二人なのか、強いのか弱いのか、味方がいるのかいないのか……よほど条件に恵まれていなければ、彼は中分なく勇敢に振舞うことは出来ないであろう。抽象的な真空の中とは違う。しかし、彼の勇敢な行為が仮に疵だらけのものであったとしても、その行為によって、人々は、彼が勇気のある人間であることを初めて認める。

5

それと知らずに私が求めていたのは、やはり、スタイルなのであった。しかし、スタイルというのは、よく誤解されているように、何でも自由に入れられる袋ではない。言葉で織った袋に似ているけれども、それには必ず既に或る中味が入っている。その中味を捨てて、袋だけを手に入れようとしても、そうは行かない。文章のスタイルは、否応なしに思想のスタイルになる。書くスタイルは、考えるスタイルと不可分のものである。無意識の裡にスタイルを求めていた私は、これまた無意識の裡に、それを三木清に見出した。私にとって、三木清の時代は、大正十四年の『思想』に載った彼のパスカルに関する何篇かの文章（『三木清全集』第一巻、岩波書店、昭和四十一年）で予告され、昭和二年の同誌に載った「人間学のマルクス的形態」や「マルクス主義と唯物論」など（第三巻、昭和四十一年）によって決定的なものになった。この経験は、恐らく、同じ世代の多くの学生に共通のものであろう。

マルクス主義に関する彼の論文は、間もなく、共産主義者たちから烈しく批判されたし、現在でも、いろいろに解釈されている。私は、当時から現在まで、これらの論文は、彼がマルクス主義というものを自分に納得させようとして試みた「習作」である、と考えている。敏感な彼が、マルクス主義が現実に大きな勢力になって来ているのを黙って見過ごすわけはないが、といって、それへ直ぐ飛び込んで行けるほど身軽でもなかった。勤勉で有能な彼は、夙に古今の学説に学び、学ぶことによって自分の重い過去を作っていた。重さは別として、自分の過去を振り捨てることが出来た人たちの間で、彼には、それが出来なかった。大小の無理を重ねねばならなかったとはいえ、彼は、自分の背負っている過去と眼前のマルクス主義との間に調和や関係を作り上げることによって、マルクス主義を自分に納得させようと試みていた。こうして、何篇かの「習作」が生れた。それは、正直な仕事であった。しかし、彼の才能と当時の事情とは、それが「習作」であることを許さなかった。

「表現することによって理解する」というテーゼを三木清が信じていたとは思われない。しかし、彼が試みた「習作」は、このテーゼの実践であった。自分というものを通してマルクス主義を表現してみるということであった。彼は、それで或る程度まで納得が行ったのであろう。けれども、納得が行ったというのは、自分自身との関係である。あの「勇気のある人間」と同じように、表現は、一方、自分が理解するための方法であるが、他方、自分を社会に示す方法である。表現を通じて、人間は、一定の資格において社会的に存在することになり、それに伴う一種の責任を帯びることになる。表現が仮のものであっても、責任は仮のものでは済まないであろう。こういう点を考えると、表現するのが恐ろしくなるし、表現を避ければ、なかなか真実の理解に近づけない。しかし、若いうちであれば、「習作」ということも許されるのではないか。三木清は、もう若くはなかったのであろう。

マルクス主義の現実的意義を自分に納得させようとして、彼は、それを哲学の伝統の中に据えた。アリストテレスやアウグスチヌスに始まって、新カント派、ディルタイ、ハイデッガーに至る夥しい思想家が呼び出され、マルクス主義との直接或いは間接の関係において論じられた。こういう迂路を辿ることが、三木清にとっては、避けることの出来ない手続であったろう。彼のように大きな過去ではないが、私なりに――または、私たちなりに――小さな過去を持っている人間にとって、それは一つの救いであった。私も、私たちも、今までの勉強をただ気前よく投げ捨てることによってでなく、むしろ、それとの有機的関係を保ちながら、マルクス主義へ入って行くことが出来るのではないか。三木清の仕事は、そういう救いとして現れた。しかし、私や私たちにとっての救いは、共産主義者たちにとっては呪いであったのであろう。彼らにとって、アリストテレスやアウグスチヌスからディルタイやハイデッガーに及ぶ沢山の思想家のことは、何の興味もなかったし、何の知識もなかった。あるのは、これらの思想家はみな観念論者であろうという疑惑だけであった。観念論者であるなら、彼らはすべて敵である。共産主義者たちにとって、三木清は、敵の思想によってマルクス主義を水で薄めようとする人間に見えた。共産主義者たちにとっては、マルクスおよびエンゲルスと、ロシアにおける後継者とだけで十分であって、三木清のペダンティック――と見えたであろう――な解釈から単純で純粋なマルクス主義を守らねばならぬ、と彼らは考えた。それも自然の成行であった。右のような事情の中で、昭和二年四月にレーニンの『唯物論と経験批判論』の日本訳が出版されたことが重要であるように思う。三木清の論文が私たちを救った以上に、レーニンの著書は共産主義者たちを救ったように思う。

もともと、ロシア革命という後光が射していたこともあって、マルクス主義は「最新の学説」になることが出来たのである。レーニンは、ロシア革命の指導者であり、マルクスやエンゲルスと並ぶ権威である。そのレーニンが、『唯物論と経験批判論』において、二十世紀初頭の、自らマルクス主義者と名乗る人々を「修正主義者」として徹底的に罵倒している。初版の「序文」でレーニンは言う。「これは、典型的な哲学上の修正主義である。修正主義者は、マルクス主義の根本的見解に背きながら、しかも、自分の放棄した見解を、公然と、率直に、決定的に、明瞭に『清算』するのを恐れ、或いは、その能力がなかったことによって、悲惨な名声を克ち得たのであるから。」三木清の人気も、「悲惨な名声」ではないのか。レーニンを引用しながら、三木清を「修正主義者」として罵倒するのは、誰でも直ぐに思いつく方法であった。人々は、この方法を用いた。三木清は、この方法を用いた人々を「公式主義者」と名づけた。「……わが公式主義者たちは、例へばレーニンの『唯物論と経験批判論』を、恰も哲学概論の書物なるかの如くに、或ひは哲学辞典なるかのやうに使用する。」また、批判者に向って言う。「氏はこの問題について何等自ら研究されることなく、レーニンの『唯物論と経験批判論』を開いて何等かこれに類した文句が見出されはしないかと尋ねる。」三木清は、レーニンの著書が二十世紀初頭のロシアの歴史的特殊性によって規定され、規定されていたゆえに、「活動力」、「戦闘力」、「支配力」を持ち得た、と考える。それは「……歴史上の一定の人間によって、一定の時、一定の場所に於て、そして特に注意すべきは、一定の目的のために書かれた……」「弁証法的唯物論の基礎を自然科学におかうとする、既に……エンゲルスに於て顕著な傾向は、また千九百九年に現はれたレーニンの『唯物論と経験批判論』を特色づけるものである。……このやうに自然科学に対して絶対的な信頼が寄せられ、かくてそれを根拠として唯物論を絶対化し永遠化しようとする傾向がある……。」三木清は、マルクス主義を二十世紀初頭のロシアの歴史的特殊性から解放して、これを現代の日本の歴史的特殊性において明らかにしようとする。

『唯物論と経験批判論』が広く読まれているのは、世界中で日本だけだという。この本を読み始めて直ぐ眼に入るのは、「新」、「新しい」、「最新」……という種類の言葉にすべて括弧がついていることである。これらの形容詞の冠せられた学説を、「へん、これが新しいのだそうだ」とレーニンが嘲笑していることである。レーニンによれば、これらの学説は大いに新しい振りをしているが、すべて観念論であるから、結局、二世紀前のバークレーの著書（George Berkeley, Principles of Human Knowledge, 1710）の剽窃に過ぎない、ということになる。喧嘩のための「政治文書」として読めば、右のような論法も我慢出来るであろう。しかし、大真面目に「哲学文献」として読む人間が多かったために、そこから、思わぬ結果が生れたようである。

『現代思想』上巻（岩波書店、昭和四十一年）で触れたように、二十世紀初頭というのは、芸術、哲学、科学などの諸領域で、西洋諸国に新しい精神的冒険が一斉に開始された珍しい時代である。ピカソ、ニーチェ、プランク……というような名前を思い出しただけでも見当がつくであろう。これらの冒険に共通なものは、十九世紀風のリアリズムの拒否であった。画家は、客体の模写という仕事を捨て、ニーチェは、「事実というものは存在しない、存在するのは解釈だけだ」と叫び、物質の概念は、古典的な安定性を失いつつあった。それが出発点になって、二十世紀の新しい精神の流れが始まった。しかし、丁度、それと同じ時期に、レーニンは、それなりの政治的な必要があったのであろうが、物質を「荒ぶる神」のような絶対者に仕立て上げ、その模写を唯一の認識と考え、徹底的なリアリズムを説き、そして、彼の言葉に、後から、革命の指導者としての権威と不可謬性とが与えられることになった。これは、マルクス主義の不幸であった。マルクス主義は、以来、二十世紀における諸領域の自然な発展と敵対関係に立つことになった。諸領域の自然な発展に刺戟を与えたり、そこから刺戟を受けたりすることが不可能になった。革命的進歩的であろうとする人間は、二十世紀に背を向けて、専ら十九世紀的にならねばならなくなった。

観念論という嫌疑をかけられまいとすれば、新しいものに手を出さない方が安全になった。新しいものは、自分の仕事に夢中になっている芸術家や研究者によって作り出されるが、自分の仕事に夢中になっていれば、唯物論や観念論という無用な問題に心を配る余裕はない。従って、彼らの自由な活動から生れる作品は、探せば観念論の要素が見出されるにきまっている。そのため、新しいものは、これを批判し攻撃する場合を除いて、誰も手を触れなくなる。その半面、肝腎の唯物論は、マルクス、エンゲルス、レーニンによって既に完成しているという。完成しているものに何か新しい要素を加えて、それを発展させようというのは「修正主義者」である。そうなると、質のよいインテリにとって、何も仕事が残っていないことになる。十年一日のように、マルクス、エンゲルス、レーニンなどの著作に注釈を加え、また、それらを典拠として、新しく現れる諸傾向に向って、「観念論的」、「帝国主義的」、「ファッショ的」……という非難のレッテルを貼るような仕事は、よほど怠惰無能なインテリでなければ堪えられるものではない。

スタイルが問題であった。初め、三木清のスタイルに接した時、私は——私たちは——非常に新鮮なものを感じた。日本文の向側に欧文の骨格が透けて見えるようなところがあって、ドイツ語の man やフランス語の on を背後に忍ばせて、「ひとは……」というような言い方をしていた。テンポは緩かったが、以前の人々に見られない新しい柔かさに魅力があった。或る期間、私は彼のスタイルの真似をしていた。真似をしているうちに、彼が哲学の伝統の中にマルクス主義を据えたように、オーギュスト・コント以来の社会学の伝統の中にマルクス主義を据えるという仕事があるのではないか、と私は考え始めた。

東大のうちそと

1

昭和三年四月、私は、東京帝国大学文学部社会学科に入学した。一緒に社会学科に入学したのは二十数名で、二、三名を除いて、みな地方の出身者であり、また、地方の高等学校の卒業生であった。今日とは違って、社会学科は、威勢のよい、人気のある学科ではなく、それを憧れて入学したのは、私ぐらいのものであった。社会学科は、講座が一つしかなく、戸田貞三助教授が主任であった。当時は、大学の全体に、関東大震災の傷がまだ大きく残っていて、私たちの講義や演習には、倒壊焼失を免れた、主として医学部の建物や、急造のバラックが用いられていた。バラックは、大雨の場合、雨がトタン屋根を叩く音のため、講義が中止になることがあった。また、掘立小屋は、雨水が私たちの靴を濡らした。

戸田先生の「開講の辞」は、焼け残った、薄暗い、ガランとした教室で行われた。私は、教壇の直ぐ前の席に坐って、先生の顔を見上げていた。先生は、私のためだけにお話しになるように私は感じていた。あの日のことを思い出すたびに、自分の姿が餓鬼のように見えて来る。しかし、先生のお話の大意は次のようなものであった。「この社会学科には、時々、飛んでもない馬鹿な学生が飛び込んで来る。それは、社会学を勉強して、それで社会を改革しようとか、世の中を良くしようとか、そんなことを考えている連中である。社会学は、社会の改革や、世の中を良くすることなどとは何の関係もありはしない。そんなことを考えている人間がいたら、サッサと他の学部か学科へ行って貰いたい。」

終始、先生は、何一つポジティヴなことは言われず、ネガティヴなことだけを言われた。私にしても、社会学を研究して、右から左へ社会改革の道が明らかになるなどとは考えていなかったが、それなら、社会学を研究することの意味は何処にあるのか、それを先生が明確におっしゃって下さったら、私は、そう不愉快な気持にならずに済んだのであろう。しかし、先生は、如何にも私たちを冷笑するような表情で、ネガティヴなことだけをお話しになって、それで「開講の辞」は終った。

先生としては止むを得なかったのではないか、と私が考えるようになったのは、かなり後のことである。「開講の辞」が四月の何日であったか覚えていないが、三月十五日に、日本共産党員の大量検挙（三・一五事件）があり、四月十一日、それが発表されている。四月十七日には、あの丹慶某の所属する東京帝大の新人会が解散を命ぜられ、次いで、他の諸帝大の社会科学研究会が解散を命ぜられている。四月二十三日には、東京帝大経済学部の大森義太郎、翌日には、九州帝大の石浜知行などが職を追われている。何れも、労農派のマルクス主義者である。当時は、社会学と社会主義とが同じものに考えられるような時代であった。その上、現在もそうであるが、マルクス主義の学説が「社会科学」と呼ばれていた。また、もし社会科学という用語を正しく——広く——理解すれば、当然、その筆頭に来るのは社会学である。右のような空気や事情の中で、戸田先生が、社会学科主任という立場で、社会学と社会学科とを守ろうとお考えになったら、あのような「開講の辞」になるのも仕方がなかったのではないか。しかし、「開講の辞」は、危くバランスを保っていた私の気持を、一時的にしろ、大きくマルクス主義の方へ傾かせた。

大学へ入ったら入会しようと思っていた新人会は、既に解散を命ぜられていた。しかし、地下組織としては活躍していた。「開講の辞」の直後、新人会の指導によって、大森助教授辞職反対のデモが組織され、私は初めてデモというものに加わった。後年、君は、あの時、旗を担いで先頭に立っていたではないか、と古い友人から言われたが、私の記憶にはない。ただ、みんなで「大森助教授辞職絶対反対！」と叫びながら、学内を練り歩いているうち、次第に景気がついて、何時の間にか、「大森教授……」になり、最後には、「大森博士……」になってしまったことを覚えている。

やがて、いろいろな講義が始まった。私は、在学中に取得する単位の三分の一を社会学、三分の一を哲学、三分の一を倫理学および教育学にしようという大筋の方向を決めた。しかし、多くの教室に出入するにつれて、私は、今まで勝手な流儀で社会学の先走った勉強をして来たことを後悔するようになった。いや、「後悔」というような謙虚な気持であったら、まだよかったのであろう。とにかく、どの教室へ行っても、講義の大部分は、全く新鮮でなかった。私が既に知っている西洋の学者の名前が出る、私が読んだことのある文献が紹介される、私が概略を知っている学説の解説が行われる。時には、私が読んでいる文献を先生が読んでおられない場合もある。もし社会学が或る程度まで技術化していて、先生が御自分の身に着いた技術を伝えて下さるのであったら、それは容易に書物では学べないものであるから、事情はかなり違っていたであろうが、問題が伝授の必要な技術ではなく、誰にでも読める文献であったから、こちらが読んでいれば、それでお仕舞になる。どんな題目にしろ、一年間の講義を首尾一貫したものにするのには、大変な努力が要るのだが、それが私にはまだ理解出来なかった。大学に新鮮なものを求めて、それが空しいと知った時、明らかに、私の心は驕(おご)り始めていた。それと同時に、私の興味は、正規の授業とは別のものへ流れて行った。

2

一緒に社会学科に入学した二十数名のうち、五人か六人かは、マルクス主義に関心を持っていた。間もなく、彼らは、それを互に知り合い、読書会を組織することになった。読書会は、仲間の一人が住んでいる、本郷の菊坂の下宿屋の、滑り易い階段を上った二階の、若い男の臭気と煙草の煙とが沁み込んだ暗い部屋で開かれた。僅か三年前、あの丹慶某に命ぜられ、校長先生に褒められながら、高等学校入学直後に作った読書会に比べると、今度は、何も彼も変っていた。三年前は、高等学校の応接間で堂々と行われたことが、今は、警察の眼を逃れて密かに行われている。三年前は、新人会が合法組織であったのに、今は、地下に潜っている。しかし、読書会の組織は、何処かで、地下の新人会と関係があった。第二回の会合の冒頭、仲間の誰かが、「連絡がつきました」と堅い表情で報告した。けれども、三年間に最も大きく変ったのは、ブハーリンの地位であった。三年前、ブハーリンは、私にとって――私たちにとって――マルクス主義への入口であった。あれは何回目の会合であったろうか、何気なく、私がブハーリンに触れたら、仲間の一人は、「ブハーリンはいけない」と言った。「なぜブハーリンはいけないのか」と私が質問したのに対して、仲間たちは黙って顔を見合わせた。私と違って、彼らは、各地の高等学校の共産党系の組織の中で「常識」を養って来ていたのであろう。しかし、「常識」のない私も、仲間の様子を見て、ブハーリンがいけないというのは、或る絶対の権威によって決定されたことだと判った。私たちは、いけないという理由を知るべきではなく、いけないという決定に従うべきであると判った。無邪気な表情で理由を聞くものは、馬鹿か、それとも、スパイと見られるか、それも判った。

私たちの読書会は、デボーリンであったか、誰であったか、何れにしろ、ブハーリンに比べれば、ひどく面白くない本を読むことになった。知的刺戟は全くなかった。知的刺戟のない会合に私を結びつけていたものを無理に探すとすれば、世界的規模の共産主義運動の末端の、そのまた末端に連なっているという、恐怖を伴う政治的刺戟の魅力であったろう。それにしても、会合のたびに配布されるガリ版のビラやパンフレットは、非合法の文書であるだけ貴重なものであったのであろうが、少し長文のものになると、私は読み通すことが出来なかった。「今や帝国主義列強は……」という調子で、高飛車に世界情勢から説き始める文章は、読み始めはしても、或る個所から先は、どうしても、読み進めなかった。退屈という以上に辛かった。恥ずかしい気持で、仲間には読んだ振りをしていた。当時から現在に至るまで、私は、こういう文書が果して読む人間に本当に理解されることがあるのか、彼らの心をシッカリと捕えることがあるのか、或る行動を決意させることがあるのか、と疑い続けている。しかし、同じスタイルの文書は、あれから半世紀近く経った今日も、多くの政党や組合で怪しまれずに作製され配布されている。

あれはパンフレットではなかった。一枚のビラであった。また、スタイルは、どうでもよかった。或る日の読書会で渡されたビラは、「今こそ、武装せよ！」と私たちに呼びかけていた。田中清玄という署名があったように思う。私は、初め、大変なことになったと思い、やがて、少しずつ滑稽になって行った。ひどい不景気のことは、誰よりもよく知っている。物情騒然たる社会のことも知っている。何とか骨を折れば、私だって短刀の一本ぐらいは手に入るであろうが、しかし、それで、どうしろというのか。それで、世の中がどうなるというのか。仲間は深刻な顔をしていたが、これで読書会も終りではないか、と私は考えていた。

3

「ブハーリンはいけない」と仲間は重々しく言った。その仲間も、かつては素直にブハーリンを読んでいたのではないのか。しかし、仲間が「いけない」と言っても、私はブハーリンが好きであった。大学へ進む頃、彼の『金利生活者の経済学』のドイツ語訳を読み、一も二もなく感心してしまった。当時から今日までの四十数年の間に、「なぜブハーリンはいけないのか」という問題は、いつか、「なぜブハーリンが好きなのか」という問題に変っていた。ところが、最近、東京外国語大学助教授の志水速雄君からコーエンの『ブハーリンとボリシェヴィキ革命』(Stephen F. Cohen, Bukharin and the Bolshevik Revolution, 1973) という大判五百頁の書物を借覧して、私がブハーリンが好きである理由が漸く少しずつ判って来た。

コーエンは、私が高等学校の読書会でテキストに用いた『史的唯物論』のために一つの章を割いている。このブハーリンの著書は、一九二一年にロシアで出版されたものである。この時代は、経済的に見ても、政治的に見ても、ロシアは大きな混乱の底にあった。それをコーエンは、「ソヴィエトの二十年代」と呼ぶ。「新経済政策」の導入に始まり、スターリンの「上からの革命」に及ぶ時期である。「ソヴィエトの二十年代」は、「知的昂奮がひどく豊かで賑かな十年間」であった、とコーエンは言う。「哲学、法律、文学、経済学、その他の領域に亙って、広汎な理論的論争――共産党指導部内の政治的論争と関係のあるものもあったし、無関係のものもあった――が、この十年間をボリシェヴィキ思想史上最も重要な時期たらしめ、マルクス主義思想史上最も興味ある時期の一つたらしめた。」ブハーリンと限らず、この時期に活躍した人たちにとって、マルクス主義は、単に「一党支配国家のイデオロギー」というようなものではなかった。それでは、何だったのか。「現代西洋思想の確立へ向って競争し身構えた瑞々しい諸観念のシステム」であった、とコーエンは言う。それは、一九二〇年代末に始まるスターリン時代から今日に至る、国家(或いは、組織)の絶対権力と一体の絶対思想ではなかった。コーエンは触れていないが、この時期には、カンジンスキー、シャガール、マーレヴィッチ、ペフスナーのような反リアリズムの前衛芸術家が、革命政府の芸術教育や芸術行政の要職に就いて、縦横に活躍していた。誰も、「社会主義的リアリズム」などというものの特権を考えてはいなかった。政治の前衛と芸術の前衛とは、一つのものになっていた。

十九世紀末葉から二十世紀初頭にかけて、西洋諸国で行われた多くの精神的冒険については、前にも少し述べた。これらの冒険は、第一次世界大戦後のドイツに、また、革命後のロシアに目覚ましく復活していた。ブハーリンにとって、社会学も、そういう精神的冒険の一つであった。「社会学は、マルクス主義と同じように、大規模な――多くは歴史的な――スケールの理論であり、これまた自ら科学と称していた。」ジンメル、デュルケム、パレート、マックス・ヴェーバー……。多くの社会学説がマルクス主義の批判を含んでいたので、ブハーリンは、これに警戒の態度を取っていたけれども、その半面、多くの社会学説が生み出した成果は尊重していた。これらの諸学説との接触を通じて、彼はマルクス主義社会学としての史的唯物論を豊かなものに作り上げて行こうと考えていた。彼のマルクス主義は、「新しい知的潮流を敏感に受け容れる開放的な思想体系」であった。ブハーリンは言う。「マルクス主義の学説が永遠不動のものであるとしたら、奇妙な話であろう。」ブハーリンにとって、ブルジョア社会学は、西方の他の諸思想と同じように、マルクス主義の発展に役立つ刺戟であり養分であった。しかし、レーニンは違う、とコーエンは言う。レーニンは、私が前項で触れた『唯物論と経験批判論』における新しい諸思想との闘争を経て、社会学に対して冷たい敵意を示すようになっていた。「この時期から、社会学（いつも括弧がつくようになった）は、ただレーニンの嘲笑を買うものになった。」ブハーリンが一九一六年に書いた論文を批評した時、レーニンは、「『社会学的』???」と書いた。

コーエンによると、ブハーリンは、結局、弁証法を受け容れることが出来なかったようである。私も、弁証法というのはインチキではないかという気持を以前から持っている。

テーゼ――アンティテーゼ――ジュンテーゼとか、量から質への転化とかいうのは、主張に神秘的なハッタリを加える役には立っても、あまり予測能力を殖やすものとは思われない。それは、或る種の人々が逃げ込む暗い穴ではあっても、未来の闇を照す光ではない。マルクス自身、弁証法について多くを語らず、後年、エンゲルスがヘーゲルを利用して形を整え、そのヘーゲル主義がレーニンに影響を与えることになった。ブハーリンは、ヘーゲル主義の曖昧な神秘性に閉口して、力学モデルの均衡理論として弁証法を理解しようと試みた。彼に従えば、世界は、いろいろな方向に働く多くの力から成り立っている。これらの力は、或る例外的な瞬間、均衡状態に入ることがあるが、これらの力の一つでも変化すれば、忽ち全体の均衡が破れて、内的矛盾が明らかになる。その後、多くの力が新しい均衡状態に入ることがあるが、その時、これらの力は新しいコンビネーションを示している。テーゼの代りに均衡が、アンティテーゼの代りに均衡の破綻が、ジュンテーゼの代りに均衡の回復が現れる。しかし、ブハーリンは、神秘的な弁証法を力学的な均衡理論に翻訳しただけでなく、多くのマルクス主義者が矛盾、衝突、闘争という「均衡の破綻」の側面ばかりを強調するのに対して、協力、調和、インテグレーションという「均衡」の側面に大きな意味を認めていた。一つの社会が安定した発展を遂げて行くことは、矛盾、衝突、闘争だけで可能になるものではない、各方面における協力、調和、インテグレーションがつねに不可欠である、とブハーリンは考えていた。こういう健全な常識を持っていたために、彼は、非人間的な五ヶ年計画をガムシャラに推進するスターリンによって「人民の敵」に仕立て上げられたのであろう。

スターリンは死んだし、「批判」もされた。しかし、共産主義を奉ずる国家や政党の内部を覗くと、スターリンは、今日も昔のように生きている。また、これらの国家や政党に不満な人間や組織の間では、かつてスターリンによって殺されたトロツキーが、今日も昔のように生きている。レーニンの後には、スターリンおよびトロツキーという二人の狂信的な人間のほかに誰もいなかったかのように。しかし、もう一人、「あらゆる意味で二十世紀のインテリ」とコーエンが呼ぶ、私の好きなブハーリンがいたのである。

4

大学に入学した年、私たち一家は、本所の片隅から東京を一跨ぎして東京府下雑司ヶ谷村（現在は、豊島区雑司ヶ谷）へ移った。小学校六年生の時に日本橋から本所へ引越したのであるから、本所には、大震災のドサクサを含んで、十年近く住んでいたことになる。日増しに景気が悪くなり、家業が立ち行かないため、格別の見込みがあったわけではないが、目先を変えるぐらいの心算で、巣鴨刑務所と雑司ヶ谷墓地とに挟まれたゴミゴミした土地に小さな店を開くことにしたのである。しかし、この新しい店も、二年とは維持出来なかった。小売商人は、近所の人たちだけがお客で、知り合いのお客が住んでいる地域という環境の中で漸く生きられる植物である。本所の環境の中で生きられなかった植物が、見も知らぬ雑司ヶ谷の人たちの間に植えられたところで、生き延びられるわけはない。商売を続ければ続けるほど、生活は苦しくなって行った。或る日、「思い切って、商売をやめよう」と私は両親に言い、納得して貰った。この商売も、小学校六年生以来のものであるから、十年に近い過去がある。商売をやめるというのは、過去を清算するということである。清算の仕事は、両親の手を借りずに、私だけで片づけてしまおう、と思った。夜逃げが出来れば簡単であろうが、そうも行かない。十年に近い期間、誠実に附き合ってくれた何軒かの問屋の主人に頼んで、某月某日、店へ来て貰うことにした。その日は、早くから両親を二階に上げて、問屋の人たちに会わせないことにした。集まってくれた問屋の人たちに向って、私は、商売の不振と廃業に至る経緯とを詳しく説明して、何度も頭を下げた。彼らは、店に残っている商品を持って行ってくれることになった。最後は、借金の問題になった。私たちは、問屋から仕入れた商品を売って得た金を食い潰して来たのである。もし問屋が借金の即時返済を強く要求したら、私たちは素裸になっても払えなかったであろう。しかし、問屋の人たちは、私の名義で「出世証文」を書くことで勘弁してくれた。小生出世の暁は必ず返済いたします、という証文である。私は、それを書いた。しっかり勉強して下さいよ、と口々に言って、みんな帰って行った。——店を畳んで、雑司ヶ谷墓地の横の、菊池寛の「金山御殿」に近い仕舞屋(しもたや)へ移った。家庭教師の仕事を殖やし、友人に頼んで、何か父親の仕事を見つけて貰うことにした。

本所から雑司ヶ谷へ移って間もない頃、私は、東京帝国大学セッツルメントのセッツラーになった。セッツルメントは、先日まで私が住んでいた本所の家から二百メートルばかり離れた柳島元町にあった。大正十三年六月、関東大震災後の救護活動のために作られた施設で、診療所、法律相談所、消費組合、労働学校があり、東大の学生や卒業生が働いていた。まだセッツルメントの近くに住んでいた時、私は、セッツルメントというものに不愉快な気持を抱いていた。その気持は、学生が私の家の店先へ投げ込んで行ったビラから始まっていた。そのビラには、この辺の店で品物を買うと、中間搾取をされます、どうか、セッツルメントの消費組合を御利用下さい、と印刷されていた。私の家は、「この辺の店」である。親の仕送りで大学へ通っている野郎が何を言やがる、貴様の家は、失うべき何物もないプロレタリアかよ、と私は腹が立った。それが遠い昔でもないのに、一日、大学の掲示板でセッツラー募集の広告を見ると、私は、セッツラーになってみよう、と考えた。

私は、労働学校に所属することになった。一週間に一度か二度、多くは家庭教師の仕事を終ってからであったが、セッツルメントへ出かけて、佐野学の『日本歴史』をテキストにして、親のような年齢の労働者に講義をした。講義の前に、食堂で晩飯を食うことにしていた。食堂では、三度に一度は、武田麟太郎に会った。彼は、私のようなセッツラーではなく、この建物に起居するレジデントであった。彼は、私より少し年長で、フランス文学科の学生であったが、あまり講義には出席していなかったのであろう、セッツルメントへ行くたびに、ゴロゴロしている彼を見かけ、そして、食堂で向い合って貧しい晩飯を食うことが多かった。長い髪が半ば額を蔽い、その髪の間から、彼は冷たい眼で私を見ていた。その眼には、軽蔑と敵意とが光っているようであった。何度となく、私は話しかけようと思いながら、その眼を見ては、言葉を呑み込んでいた。到頭、最後まで私たちは言葉を交わさなかった。毎回、晩飯を食い、講義を済ませると、私はセッツルメントを出た。他のレジデントやセッツラーとの交際は殆どなかった。それでも、彼らの大部分がマルクス主義者らしいことは見当がついていた。恐らく、武田麟太郎もマルクス主義者で、あの眼は、中途半端な立場にいる私に向けられたものだったのであろう。

例によって、武田麟太郎と睨めっこをした日の帰途、セッツルメントの横の臭い掘割の岸を、市電の終点へ向って歩いているうち、これという理由もないのに、突然、よし、オーギュスト・コントを勉強してやろうという気持になった。自分では、大きな決心をしたような気分であった。それ以来、武田麟太郎の冷たい眼、臭い掘割、オーギュスト・コントという三つのものが、一組のものになってしまった。

戸田貞三先生は、アメリカで発達した社会調査の方法を日本に導入し、社会学を哲学の親戚のような地位から救い出し、それを実証科学に高めた方である。その大きな功績は、何人も否定することは出来ない。しかし、折角、その戸田先生の門に学びながら、私自身は、今までの関心や勉強から言って、先生の本来のお仕事でなく、むしろ、先生が嫌っておられた学説の分析へ進むほかはなかった。学説の分析なら、何は措いても、相手が大物でなければいけない、と私は信じていた。相手が大物であったら、どちらへ転んでも損はないであろう。コントは、言うまでもなく、社会学という学問の創始者、経済学のアダム・スミスに匹敵する人物である。社会学という領域では、何処を探しても、コント以上の大物はいない。しかし、コントは、ただ大物であるだけでなく、流行のドイツの形式社会学者とは違って、現実の社会に大きな関心を持ち、壮大な歴史哲学的体系を作った人物である。あのジンメルの学説も、形式社会学ではあるが、そこには芸術的な生命がある。他の学者となると、単にフォーマルであるだけで、現実の社会や人間と殆ど何の関係もなく、されぱと言って、近代経済学のような演繹的システムとして完成しているわけでもない。これに反して、コントの学説は、現実的関心および歴史哲学的体系という点で、形式社会学者とは全く別の世界へ私を導いてくれるであろう。その世界は、ことによると、コントより二十年遅れて生れ、二十六年遅れて死んだマルクスが見せてくれる世界に少し似ているかも知れない。コントは、社会学のマルクスではないのか。

5

私は、オーギュスト・コントという大物を相手に選んだ。しかし、もし多くの人たちがコントの重要性に気づき、コントについて論文を書いていたら、私は知らぬ顔をしていたであろう。幸いなことに、当時は、誰もコントを問題にしていなかった。研究室の本箱にある『実証哲学講義』(Cours de Philosophie Positive, 6 tomes, 1830~1842) の初版本には埃が積っている。それればかりではない。もし私がフランス語に年季を入れていたら、コントを選ばなかったのではないかとも思う。ひょっとすると、コントの著書——それは山のようにある——が、私の殆ど知らぬフランス語で書かれている点が、私を意地悪く刺戟していたのかも知れない。大学入学の直後、鈴木信太郎先生の「フランス語前期」に出席して、簡単な文法とモーパッサンの小説一篇とを学んだだけであるから、私のフランス語は、まあ、ゼロのようなものである。何処まで成功するか知らないが、このゼロのようなフランス語でコントの著作の山にぶつかってみる、というのは張り合いのある仕事のように思われた。

しかし、それでも、もし私がコントの生涯を全く知らなかったら、如何に彼が大物であっても、如何に私のフランス語がゼロのようなものであっても、彼を相手に選びはしなかったのではないか。一七九八年、コントは、南フランスの、地中海から十キロばかり離れたモンペリエ(Montpellier)という古い都会に生れた。昭和四十六年四月、私は初めてモンペリエへ行って、メルシ街のユラリ教会の前の、コントが生れた家の跡——今は、空地になっている——を訪れた。土地の人たちは、モンペリエと言わないで、モンプリエと言っている。その方が正しいらしい。土地のリセ——今は、これもない——に学んだ後、一八一四年——ナポレオンがエルバ島へ流され、ルイ十八世の王政復古が実現した年——パリへ出て、エコール・ポリテクニックの生徒になったまではよかったが、翌々年、教師と生徒との間に紛争が起り、仲間と一緒に退学を命ぜられ、これによって、正規の教育を受ける機会が失われ、栄達の道が閉された。貧乏が彼の運命になった。退学の翌年、サン＝シモンの秘書になって、月額三百フランを貰うようになる。サン＝シモンは、一七六〇年の生れであるから革命前のフランスを知っているし、また、革命の日々を生きて来ている。捕えられて、ギロチンの一歩手前で釈放された経験もある。革命後に生れたコントが、新しい革命に漠然たる期待をかけているのに対して、サン＝シモンは、フランス革命を「失敗」と考え、今後は、すべての革命を避けねばならぬと考えていた。サン＝シモンの経験に学んで、コントは新しい人間に生れ変る。革命後のフランスおよびヨーロッパのために、新しい革命ではなく、新しいインテグレーションの精神的原理を打ち建てようと考え始める。

十九世紀のメシアたろうとするコントは、間もなく、パリの町でカロリーヌ・マッサン(Caroline Massin)という売春婦を知り、一八二五年、正式に結婚し、翌年、後に『実証哲学講義』として出版される講義を自分のアパートで始める。講義は三回目までは無事に進んだが、コントの発狂で中絶してしまう。発狂は、コントの貧しさに堪え兼ねた妻が昔の

「保護者」の許へ奔ったショックと、また、講義の準備による過度の精神的疲労とによるものと説明されている。ポン・デザールからセーヌ河に身を投げて、運よく助けられたのが刺戟になったのか、次第に、精神異常から回復し、アパートでの講義を再開し、それが六巻の著書として完成するのが一八四二年、しかし、この年に、カロリーヌ・マッサンが、今もパリのリュクサンブール公園に近い、ムッシュー・ル・プランス街に「コント博物館」として残っている彼のアパートを去って行き、こうして、彼女との十七年間に亙る地獄の生活が終る。その翌々年の秋、コントは、クロティルド・ド・ヴォー（Clotilde de Vaux）という、まだ三十歳にならぬ美貌の女性に出会う。コントが、妻に去られた男性であるのに対して、ド・ヴォーは、夫に去られた女性である。やがて、二人の間に愛情が発展する。といっても、屢々コントの一方的なものであったが、一八四五年は、彼の謂わゆる「比類なき年」（l'année sans pareille）になる。ド・ヴォー夫人は、多くの美しい女性と同じように、胸を患っていた。その年が終ると間もなく、四月、彼女は、セーヌ右岸のペイエンヌ街のアパートで死ぬ。一年半の間に交わされた百八十一通の手紙は、『オーギュスト・コントの遺書』（Testament d'Auguste Comte, 1884）に「資料」として収められている。コントに対するド・ヴォー夫人の影響の大きさをどう評価するかについては、コント研究者の意見は容易に一致しないが、彼の後半生を代表する『実証政治学体系』（Système de Politique Positive, 4 tomes, 1851～1854）が私たちに見せてくれる愛の世界、マリア崇拝の代りにド・ヴォー崇拝を含む人類教（Religion de l'Humanité）は、彼女の影響を考えなければ理解することは出来ないであろう。依然として、コントは、フランスおよびヨーロッパのインテグレーションの精神的原理を求めている。しかし、『実証哲学講義』においては、その精神的原理は客観的な科学であった。これに反して、『実証政治学体系』においては、それは主観的な愛の倫理である。

心驕った私であったにも拘らず、大学の先生たちは、私を大切に取扱って下さった。しかし、私のような生れ方や育ち方をして来た人間から見ると、先生たちは、人間であり、学者であるより前に、先ず官僚であるように思われた。現在の東大の諸君の多くも同じであろう。先生たちにとっては御迷惑なことであったろうが、私には、官僚である先生たちを背景にして、コントという人間の姿が生々と浮び上って見え、それが私を招いていた。

よし、オーギュスト・コントを勉強してやろう、と決心した翌日、神田へ出かけて、『実証哲学講義』の安本（Schleichers Frères 版）を五円か六円かで買った。買いはしたものの、ゼロに近いフランス語で直ぐにぶつかるのは不得策と考えて、取敢えず、春秋社から刊行されていた「世界大思想全集」中の『実証哲学』を読んでみることにした。訳者は、アナーキストとして知られる石川三四郎氏。しかし、これは、コントの原著を翻訳したものではない。原著は、全六巻で、薄いのでも五六〇頁、厚いのは八五〇頁もある。それに、「科学に相応しいスタイル」とコント自身は誇っているが、甚だ冗長な文体である。そのため、当のフランス人も、読むのに閉口するらしく、リゴラージュ（Emile Rigolage）が四冊（各三〇〇頁余）に圧縮して『実証哲学』という本を作った。石川三四郎氏のは、これを翻訳したものである。訳本は、上巻（自然哲学）と下巻（社会哲学）とに分れ、好都合なことに、下巻が昭和三年秋（上巻は、昭和六年一月）に出版されていた。私は、講義へは殆ど出ずに、完成したばかりの大学図書館で、この下巻を読んでいた。

6

私がコントを勉強している途中、日本社会学会の例会があった。勿論、例会は何度もあったが、覚えているのが一回だけある。会場は、何時ものように、東大の「三四郎の池」の上にある山上会議所（山上御殿）で、その日の報告者は、遠藤隆吉先生であった。先生は、明治七年の生れで、戸田先生の大先輩に当っている。先生が加藤光治先生と知っておられたので、関東大震災の直後、加藤先生は、私に社会学をお勧めになったのである。しかし、その日の遠藤先生の研究報告は、どちらかと言うと、雑談に近いもので、先生御自身、まだ五十五歳ぐらいであったのに、現役というお気持を全く失っておられたようであった。雑談に近い「研究報告」が終って、本当の雑談が始まってから、先生は、何をお考えになったのか、誰に言うともなく、「最近は評判が悪いけれども、昔の綜合社会学という奴、あれはあれで便利だったたな」と呟いた。その途端に、居合せた会員は、ドッと笑った。その笑いには、世捨人のようなポーズの先生への憐れみが含まれていた。先生も、仕方なさそうに、みんなの笑いに加わって、やがて、研究会は散会になった。

念のために言えば、綜合社会学というのは、コントに始まる十九世紀風の社会学のことで、経済、政治、宗教、文化など一切の社会現象の包括的研究を目指し、同時に、壮大な歴史哲学的ヴィジョンを持っている。しかし、経済、政治、宗教、文化などの専門的研究が進歩し、それぞれ独立の科学になるに従って、そういう包括的研究の成立が困難になって来る。そこから、前に触れたジンメルのように、社会現象に「一本の新しい線」を引くことによって、つまり、或る新しい見地から抽象を加えることによって、社会学固有の対象を作り出そうという試みが始まった。その代表的なものが、形式社会学と称せられるものである。それが初めて生れたのは、前世紀末のドイツであったが、それが勢よく復活したのは、ヴァイマル時代のドイツであった。あの研究会の以前から、ドイツの形式社会学が日本に輸入されていて、それが多くの社会学者たちの常識になっていた。最近流行の表現を用いれば、それがT・S・クーンの謂わゆる「パラダイム」に似たものになっていた。職業的社会学者の間では、綜合社会学は嘲笑されねばならぬものであり、形式社会学だけが方法論的根拠を持つものであった。しかし、研究会の出席者の顔触れを見れば、失礼ながら、綜合社会学の代表的学説をキチンと勉強した上で、その命数が尽きたことを知っている人はいなかったし、また、形式社会学の方法論を十分に研究した上で、それを支持している人もいなかった。ただ、一方を嘲笑し、他方を支持するという作法を守っていたのである。それを守ることが、職業的社会学者であるための条件なのであった。もし誰かが、「どうして、綜合社会学は便利だったとおっしゃるのですか」と本気で質問したら、そして、遠藤先生が本気でお答えになったら、私たちは、誰も責任を取らないで済む作法の世界から一歩踏み出すことが出来たのであろう。本当は、綜合社会学の最初の体系を作ったコントを勉強している私こそ、真先に質問する義務があったのであろう。しかし、その私も、黙って、小さく笑っていた。

昭和四十六年、私は日本社会学会を退会した。高等学校入学と同時に入会したのであるから、四十六年間、会員であったことになる。入会した頃は、会員が非常に少い、小さな学会であった。日本中を見渡しても、社会学の講義は極めて少かった。退会する頃の会員数は、約千二百名。どの大学にも、社会学の講義がある。敗戦を境として、社会学は大きな発展を遂げたのである。社会学と限らず、或る学問が発展するという場合、通常、研究者の数が増加すること、彼らが研究や授業によって生計が立てられること、学会が設立され、機関誌の部数が殖えること、著書や論文の生産が増加すること、読者や学生という消費者が増加すること……が含まれている。それによって、現実の社会とは別に、その学問の生産と消費とが行われる独立の封鎖的な領域が出来上り、その領域の内部にだけ通用する常識——作法、公理——が生れる。千二百名の会員のうち、千名が社会学を講じているとし、会員一名が学生百名を相手にしているとすると、学生は十万名になる。彼らの間だけで、生産と消費とが立派に成り立つであろう。学問が別世界のものになる。これに反して、その学問がまだあまり発展しない間は、同じ研究会にしても、少数の研究者のほかに、多くの実務家（官僚、企業家、運動家……）が加わって、発言の権利を持っていたし、また、機関誌が発刊される前は、論文は一般雑誌に発表されて、広く外部の人々の眼に触れ、その人々によってテストされるのが普通であった。要するに、方言のような常識――作法、公理――の成立が困難であった。学問によって一概に言うことは出来ないけれども、一つの学問が、前に見たような意味で発展を遂げると、とかく、現実の社会から隔離された封鎖的な世界が生れるようになり、ゴツゴツした社会の現実によってテストされることもなく、また、社会の福祉を約束することもなくなる。それを避けるのには、それぞれの作法を持つ封鎖的諸領域の間の接触――流行の interdisciplinary――ということより、現実の問題の解決を職業とする実務家との真面目な接触の方が大切であるように思われる。

7

同じ頃、同じ山上会議所で、史学会の公開講演会があった。講師は、羽仁五郎であった。日本社会学会の例会には、小さな部屋が用いられていたが、今度は、大きなホールが用いられ、ホールは、ファンの学生で埋められていた。当時、『新興科学の旗の下に』という雑誌が小林勇氏経営の鉄塔書院から発行（昭和三年秋から翌年末まで）されており、彼は、三木清などと共に、それに拠るマルクス主義歴史家として大変に人気があった。彼が何を話したかは覚えていない。当時の私たちにとっては、彼が何を話すかではなく、彼が何かを話すことが問題であった。高名な人物の風貌に接し、その言葉を直接に聴くことが、私たちの願望であった。彼の講演は拍手の裡に終った。ホールを埋めた学生は、昂奮と満足とを感じていた。「何か御質問はありませんか」と言ったのは、幹事（？）の秋山謙蔵であった。私は、秋山謙蔵の友人を通じて、彼が、史学会の保守的な伝統に相応しくない講演会を実現するために、特別の努力を払って来たことを知っていた。また、一部の読者は、その後の秋山謙蔵が国粋的歴史家として活躍したことを知っておられるであろう。

ホールでは、私は、講師から遠く離れた席に坐っていた。講師の横の秋山謙蔵が「何か御質問は……」と言うと同時に、講師や秋山謙蔵に近い席から一人の男が立ち上った。学生ではなく、中年の小柄な男で、和服を着ている。講師に向って、丁寧に頭を下げた。

「私は、慶應義塾大学予科に職を奉じております蓑田胸喜と申すものでございます。」私は、虚を衝かれたような感じがした。彼は、三井甲之などと共に、大正十四年秋に原理日本社を創立して以来、マルクス主義者やリベラリストの最も恐れる右翼の論客であった。ホールに波のようなものが起り、それが学生たちの昂奮や満足を一度に冷やして行った。「来たぞ！」という囁きが聞こえた。私たちの間には、羽仁五郎が、この右翼の論客に敗れるのではないかという不安、彼を軽く片づけてしまうであろうという期待、どちらが勝ってもよい、愈々面白いことになったという気持が新しく生れて来た。「本日は有益なお話を承り、平素から抱いておりました疑問が一々氷解いたしまして、寔(まこと)に有難う存じます。つきましては、この機会に、もう一つの問題について御高教に接したいと存じます。」彼の問題というのは、マルクスの見解によれば、社会主義革命は、資本主義が高度の発展を遂げた国に起るとされているが、ロシアのような低開発の国に最初の社会主義革命が起ったのは、どういう理由によるものか、というのであった。彼の態度は、申分なく鄭重であったし、この問題も、重要なものであった。蓑田胸喜の言葉が終ると、羽仁五郎が立ち上って、答え始めた。何と答えたかは忘れてしまったが、彼がしきりにポクロフスキーという名前を持ち出し、その見解を紹介したことを覚えている。ポクロフスキーは、当時のロシアの代表的な歴史学者で、彼の多くの著作は、日本語に翻訳されていた。答弁が或る程度まで進んだ時、蓑田胸喜は立ち上って、「折角ではございますが、私は、ポクロフスキーなるものの意見を聴くために、ここに参ったのではございません。どうか、羽仁五郎先生御自身の御見解をお述べ戴きたいと存じます。」羽仁五郎は、「判りました」と言って、再び話し始めるのだが、直ぐまたポクロフスキーが出てしまう。そのたびに、論客は立ち上って、手で制しながら、「私は、そのポクなにがしには興味はございません」と言う。同じことが何度も繰返された。

私は、どうしてよいか判らなくなった。蓑田胸喜の提出した問題は、私たちにとっても未解決の問題であるから、誰も羽仁五郎に代って答えることは出来ないが、もともと、そういう問題を提出しないというのが、また、ポクロフスキーの権威ある見解が紹介されたら、それで一応満足するというのが、内輪の約束のようなものである。羽仁五郎が何を話すかでなく、何かを話すことで夢中になっていた私たちは――羽仁五郎自身も――内輪だけの会だと思っていたのであろう。講演会は、何処にも敵というものを予想しないで、ただ仲間だけで頷き合う楽しい会の心算であった。しかし、内輪でない人間が一人でも現れた時、内輪の約束は何の力もありはしない。せめて、蓑田胸喜が乱暴な言動に出てくれたら、それを非難することで何とか打開の道が出来たのであろうが、その点に一分の隙もなかった。彼は、食物に入っていた一粒の砂であった。一粒のために、食物は食物でなくなろうとしていた。私たちは、ジリジリし、ホールの空気は、暗く沈んで行った。私は、これという考えもないまま、左隣の席にいた輿水実に向って、「何とかならないものかね」と言った。彼は、東京高等学校の読書会のメンバーで、文学部哲学科へ進んでいた。「やってみようか」と言って、彼は、学生たちの間を通り抜けて、蓑田胸喜のところへ行き、何か囁いた。何を囁いたのか知らないが、蓑田胸喜は立ち上って、羽仁五郎に向って、丁寧に頭を下げ、「いろいろ有難う存じました」と言って、静かに会場を去った。――約十五年後、日本の敗北で戦争が終った時、彼は自殺した。

悲しい処女作

1

最近は少し違うようであるが、当時の文学部の学生は、必ず卒業論文という稍々長い文章を書くことになっていて、それが大きな仕事であった。私たちの一生は、卒業論文によって決定される、と言われていた。武田麟太郎と睨めっこをした晩、あの臭い掘割に沿って歩きながら、「よし、オーギュスト・コントを勉強してやろう」と私が決心したのも、卒業論文を考えてのことであった。それ以来、コントの学説をコツコツと勉強するようになったのは確かであるが、同時に、それを妨げるような力が幾つか働いていた。しかし、後から考えてみると、それを妨げると見えた力のお蔭で、卒業論文が骨の折れる大仕事でなくなったようにも思われる。

一年生の生活が終る頃、社会学科主任の戸田先生から、日本社会学会の機関誌『社会学雑誌』（月刊）に外国の新しい文献の紹介を書いてみないか、と言われて、私は直ぐお引受けした。この雑誌の巻末に「紹介批評」という欄があって、毎月、先生や先輩が内外の文献を紹介していた。私のような入学したばかりの学生が参加するのは、あまり前例のないことであったろう。どんな文献でも構わない、と先生がおっしゃるので、私は、とにかく、小さな文献を選ぼうと考えた。文献の大小と関係なく、一篇の原稿は一千字（四百字詰原稿用紙二枚半）、原稿料は一枚七十銭（?）と定められていた。私は、『ケルン社会学クウォータリ』に眼をつけた。これは、前に触れたドイツの形式社会学を代表するフォン・ヴィーゼ（Leopold von Wiese, 1876～1969）を中心として編輯されていたもので、私は、以前から購読していたし、また、創刊号からのバックナンバーも揃えていた。最初、その第七巻第一号所載の、T・エリオット「社会的行為の分析における精神病学的用語の適用」、M・ヴェルティング「外国語」を『社会学雑誌』昭和四年三月号に恐る恐る紹介してみた。三月号の発行日が近づくにつれて、私は次第に昂奮して行った。私は学会の会員であるから、黙っていても、雑誌は郵送されて来る。しかし、それを待っていられるような気持ではなかった。社会学研究室を覗いたら、案外、もう出来上っているかも知れない。しかし、それは恥ずかしかった。何気ない顔をして、一日に何回も、東大の正門前の郁文堂へ行って、ズラリと並んだ雑誌類のうちに『社会学雑誌』を探した。或る日の午後、それを見つけた。私の書いた短い文章と、その最後に添えられた私の名前とを何度も眺めながら、私は、昨日までの自分とは違う人間になったように感じていた。

それからは毎月のように、「紹介批評」の欄に何かを書いた。その多くは、例のクウォータリを初めとする雑誌の論文であったが、次第に気が大きくなって、昭和四年八月号には、バクサ『プラトンからニーチェに至る社会学』(Jakob Baxa, Gesellschaftslehre von Platon bis Friedrich Nietzsche, 1927)、同年十一月号には、マックス・シェーラー『人間と歴史』(Max Scheler, Mensch und Geschichte, 1929)のような単行本を、また、翌年一月号には、アンリ・セー『史的唯物論と歴史の経済的解釈』(Henri Sée, Matérialisme Historique et Interprétation Economique de l'Histoire, 1927)のようなフランス語の文献を紹介した。コントを読んでいるうちに、ゼロのようなフランス語にも或る自信が生れて来たのであろう。

これらの文章の全部ではないまでも、その多くについて、なぜ戸田先生は私に書き直しをお命じにならなかったのであろうか、私を甘やかしておられたのではないか、身勝手な話だが、時々、そんなことを考える。「紹介批評」の欄は、大部分、当の文献をまだ読んでいない会員に役立つべきものである。従って、何は措いても、その骨子を客観的に伝えなければならぬ。それを伝えた上で余地があれば、私自身の評価、感想、学識、何でも示したらよい。もし戸田先生が、そういうイロハを私に説いて、書き直しをお命じになったら、私は、恥をかくと同時に、大切なことを学んだのであろう。私は、肝腎の読者のことを何一つ考えずに、当の文献を読んで得た感想のようなものを気取ったポーズで書いていた。しかし、敢えて弁明をすれば、あの仕事を始めた当初は、それ以外に手がなかったかとも思う。数十頁の雑誌論文でも、丹念にメモを取りながら読んで行くと、自ら大量の知識が得られ、しかも、その全部が貴重なもののように見える。紹介するとなれば、どうしても、その全部を紹介せねばならぬように思われて来る。けれども、私に与えられているのは、僅か一千字という狭い世界である。初めは、読書から得た大量の知識をギュッと圧縮して、この世界へ押し込むことが出来るように思っていたが、やがて、それは物理的に不可能であることが判り、仮に可能であったとしても、そうして出来た文章は、誰にも——私にも——理解出来ないということが判った。必要なのは、私の得た知識の全体に取捨を施して、重要と思われるものを拾い、然らざるものを省くという抽象の行為なのであった。しかし、全体の中から或る要素を抽象する人間は、捨象された要素が私に向って抗議した場合、それを断乎として斥けるだけの見識がなければならない。それが私にある筈はなかった。私の場合は、それが欠けて生れた空白を、読書によって触発されたペダンティックな感想がズルズルと埋める結果になった。

これらの文章の多くは、何処から見ても、惨めな失敗であった。しかし、この失敗を通じて、私は、長さを制限された文章というものの掟に気づいたように思う。文章は、以前から書いていた。それと意識していたわけではないが、読むというパッシヴな態度では理解に自ら限界があり、それを突破するには、書くというアクティヴな態度へ進まねばならぬと感じていた。本当の理解は、自分で表現してみなければ得られるものではない。そういう気持で、今までも文章は書いて来たけれども、長さの制限を課しては来なかった。飽きるまで書いて、飽きればやめた。それは、土俵のない原っぱで一人で相撲を取っているようなものであった。窮屈な土俵があってこそ、相撲は、あの緊張した瞬間を作り出すことが出来るものである。或いは、相撲そのものが成り立つことが出来るのである。書くというアクティヴな態度は、文章の長さが厳格に制限されている場合に、本当に生れて来るのではないか。狭い限界がなければ、精神の真実の緊張は生れないのではないか。一千字という制限は、少し極端であったかとも思うが、「紹介批評」の仕事は、私の文章の修業にとって或る貴い意味があった。

2

同じ頃、もう一つ、私には毎月の仕事があった。本郷の湯島に日独書院というドイツ語教科書専門の出版社があって、月刊の『独逸語学雑誌』を発行していた。どういう経緯か覚えていないが、私は、その雑誌の「社会論文訳註」というセクションを担当することになり、毎月、独和対訳の原稿を載せることになった。万事は私の自由に任されていたので、第一回は、フォン・ヴィーゼと並んで、ドイツの形式社会学を代表するフィールカント(Alfred Vierkandt, 1867～1953)の『社会学』(Gesellschaftslehre, 1923)の或る個所を抜くことにした。そう面倒な文章ではなかったので、訳文は簡単に出来た。しかし、ゼロックスなど想像もされぬ時代、タイプライターも手近になかった時代であったので、ドイツ文の原稿も私が書かねばならなかった。出来上った雑誌では、左側にフィールカントのドイツ文が印刷され、右側に私の日本文が印刷されている。この仕事を依頼された時、私は気軽に引受けたし、訳文も簡単に出来た。しかし、最後に、ドイツ文の原稿を作っている途中で、迂闊な話であるが、「対訳」というものの恐ろしさに気がついた。通常の翻訳であれば、こちらは訳文を提供するだけで、読者がそれを原文と対照することは稀である。筋の通った訳文であれば、読者の疑惑を招くことはない。ところが、独和対訳ということになると、すべての読者が原文と訳文とを比較することが出来る。出来るのではない、無理にでも比較させるための対訳なのである。「すべての読者」の中には、一般の購読者のほかに、可能性として、高等学校での私の恩師を初め、全国のドイツ語の先生が含まれているであろう。対訳というのは、誤訳指摘の便宜を進んで読者に提供するような形式である。恐ろしいことである。急に臆病になって、誤訳がありはしないか、と私は何度も訳文を調べてみた。そのうち、誤訳ではないが、誤訳と思われる危険があるのではないか、と考えて、訳文にあれこれと手を入れ始めた。手を入れて行くと、今度は、原文に忠実と言えば体裁はよいが、日本文として甚だグロテスクなものになって行く。原文に忠実でありさえすれば、グロテスクでもよいのであろうか。しかし、いくら対訳でも、日本語には日本語の約束があるのではないか。日本語の約束を破って守る忠実とは、一体、何のことなのか。それは国辱ではないか。——「社会論文訳註」は小さな仕事であったが、小さい割に気の揉める仕事であった。それでも、ハラハラしながら、第二回は、ジンメルの『社会学の根本問題』(Georg Simmel, Grundfragen der Soziologie, 2. Aufl., 1920) の、第三回は、イェルザレムの『社会学入門』(Wilhelm Jerusalem, Einführung in die Soziologie, 1926) の一節を選んで、この仕事を続けた。それは、卒業論文を本気で考え始める頃まで続いた。こうして、私は、高等学校時代の訳読とは違う、翻訳の技術の初歩を知らぬ間に学んで行った。

しかし、実際は、対訳の仕事で翻訳の技術の初歩を学び始めると同時に、私は一冊の書物を訳していた。『社会学雑誌』にマックス・シェーラーの『人間と歴史』を紹介したことは、前に書いた。また、前に述べた通り、一冊ずつ買い求めているうちに、いつか全著作が揃ってしまった著述家として、コント、ジンメル、タルド、デューウィの四人を挙げたが、その後、書庫へ入ってみたら、そういう著述家が他にも何人かいることが判った。マックス・シェーラーは、この何人かの一人である。彼の多くの著作のうち一番好きなのは、『人間と歴史』であった。誰かに貸したまま、今は行方不明になっているが、あれは、詩集のような本であった。白い布装で、活字が大きく、コットン風の用紙の、美しい書物であった。それは、次の言葉で始まっている。「私たちの時代が、その解決を特に切実に要求している哲学的問題があるとすれば、それは、哲学的人間学の問題である。」彼によると、「哲学的人間学」というのは、「人間の本質および本質的構造に関する基礎科学」のことである。落着いて考えると、「人間観」という平凡な言葉の方が相応しいような気がする。しかし、当時は、「人間学」という言葉に、何とも言えぬ魅力があり、更に、「アントロポロギー」というドイツ語には、「人間学」と訳すのさえ勿体ないような感じがあった。彼は、宗教的人間学、ギリシア的人間学、実証主義的人間学、人間のうちに必然的没落を見る人間学、超人としての人間学、こういう五つのタイプを区別して、現代における歴史観や社会観の対立の根本に人間学の対立が潜んでいる、と考える。しかし、正直のところ、彼の見解の一々の点が正しいか否かは、どうでもよいことであった。それよりも、観念や文化を一括して上部構造乃至イデオロギーと呼び、これを物質的な下部構造と称するものへの一方的な依存関係に立たせるマルクス主義に対する不満が、人間学やアントロポロギーの魅力という形で現れていたように思う。人間の自覚としての人間学は、人間が身を翻（ひるがえ）すに足る余地を現実の内部に作り出すもののように見えた。人間が歴史をどう見るか、社会をどう見るかは、差当り、人間が人間をどう見るかによって規定せられる、というのは、社会の歴史的ダイナミックスにおいて人間の名誉を救うことであった。三木清が私たちの間に持っていた人気にしても、大部分、彼が雄弁に人間学を説いたことに由来するであろう。そして、その三木清は、マックス・シェーラーに多くのものを学んでいたと想像される。

『人間と歴史』の骨子は、『社会学雑誌』に紹介した。しかし、紹介しただけでは気が済まず、私は翻訳してみた。活字が大きく、用紙が厚かったので、一冊の書物でありながら、翻訳してみると、四百字詰原稿用紙で約七十枚にしかならなかった。翻訳を始めたのは、謂わば自家用であったが、出来上ってみると、何処かに発表したくなった。相談に乗ってくれたのは、先輩の田辺寿利氏であった。同氏は、フランスの社会学思想の研究者、デュルケムの著作の翻訳者として知られ、私は、鵠沼のお宅へ何度も伺っていた。同氏のお世話で、私の翻訳は、日本大学から発行されていた『社会学徒』（昭和五年八月号および九月号）という雑誌に載った。

3

あれは、『人間と歴史』の翻訳より前であった。二年生の夏休みの、あの出世証文を書く前後に、私は、毎日、上野の図書館へ通って、『心理学概論』という本を書いていた。菊判一六一頁、定価は一円三十銭。誠に面目ないが、単行本としては、これが私の処女作ということになる。

私の先輩に、下地寛令という人がいた。後に井上と改姓、東京府立高等学校教授になり、昭和十五年の夏、急逝した。その頃、下地さんは、麹町にある警察講習所で心理学を教えていた。或いは、急に心理学を教えることになったのかとも思う。頼みたいことがある、と言うので、麻布本村町のお宅へ伺ってみると、大至急、心理学の教科書を書いてくれないか、という注文である。お礼は百円と約束してくれた。私は引受けた。引受けたのは、百円が欲しかったという理由が大きいが、心理学に対する未練という理由もあったように思う。高等学校では、小保内虎夫先生が松本亦太郎氏の『心理学講話』をテキストにして講義をして下さったが、なぜか、ひどく面白くなかった。大学へ進んでからは、増田惟茂先生の講義に出席したが、これも面白くなかった。私には、それが腑に落ちなかった。心理学は、もっと面白い学問である筈ではないか。そういう期待は、外国の社会学文献に現れる心理学上の成果に触れているうちに、私の内部に自然に生れたものである。諸先生の講義を聴いている間は、心理学は面白くなくても、こちらが打ち込んで勉強してみたら、本当の面白さが出て来るのではないか。下地さんの依頼を聞いているうちに、私は、そんなことを考え始めていた。しかし、自分では意識していなかったが、そう考えることによって、百円が欲しいために新しい仕事に手を出そうとしている自分を弁解していたのであろう。

私は、上野の図書館へ通って、心理学の本を手当り次第に読んだ。眼に見えて、私はアグレッシヴになって行った。沢山の本をガツガツと読み、あれこれと考えているうちに、とにかく、心理学というものの見当がついて来た。夏休みが終る頃、何冊かのノートを整理して、四百字詰原稿用紙約二百枚の原稿を作り、下地さんに渡した。昭和四年十月、それは、下地さんとの共著という形式で、東京府下池袋の大学書房から出版された。ところが、肝腎の百円は、何時まで経っても貰えない。大学書房が払ってくれないので困っている、と下地さんは言う。最後に、下地さんは、私が直接に出版社と交渉するようにと勧めてくれた。それは少し筋が違うのではないか、と思いながら、仕方なく、私が大学書房へ出かけたのは、もう火鉢の要る頃であった。何度か足を運び、石見栄吉という人物に交渉したが、結局、一文も取れなかった。私の手に入ったのは、心理学への新しい興味だけであった。

あの頃はピークのようなものではなかったのか。何のピークか判らないが、どうも、ピークであったような気がする。気取って言えば、若い生命が燃え立っていたということになろう。もっと後に、もっと緩かに燃えればよかったものが、早く一気に燃えてしまったのではないか。それを私は悲しく思う。――私は、僅かなお金と小さな名前とが欲しいばかりに、右に挙げたような仕事に次々に手を出していた。しかし、学生という身分であるから、これという講義や演習には必ず出席していた。店を畳む頃からは、一家の経済の大部分を背負っていたので、何軒も家庭教師として駆け廻っていた。そして、毎日のように、あの思いつめた表情の女性と会って、将来のことを語り合っていた。痩せて背ばかり高い身体は、休暇になると、訳の判らぬ大熱を発した。肺結核が直ちに死を意味する時代であったため、小学校の六年生の時から、毎週一回、ツベルクリンの注射というものを続けていた。それでも、絶えず微熱が出て、アスピリンを飲んだ。――ピークと言ったけれども、それは「どん底」のようなものでもあった。ピークでもよい、「どん底」でもよい、そこを私は一所懸命に駆けていた。その姿を思い出すと、憐れになる。駆けながらバッタリ倒れて、そのまま死んだとしても、不思議はなかった。生命のピークは、死に最も近いものであった。

同じ社会学科の仲間とは、そう深い交際がなかったので、彼らの生活の実情はよく知らなかったが、私の知る限りは、親からの仕送りを受けて、学生の枠の中で静かに生きているように見え、それが羨ましかった。むしろ、交際があったのは、何年か前に卒業して、研究室に勤務したり、出入したりしていた先輩の人たちであった。彼らは、既に若い研究者としての道を歩き始めていた。その人たちには、夢中になって駆けている私が心配に思われたのであろう、いろいろな機会に助言を与えてくれたり、文献を貸してくれたり、私が払えないで困っている授業料を払ってくれたりした。牧野巽（後に東京大学教授）、米林富男（後に東洋大学教授）、岡田謙（後に東京教育大学教授）……。今は、みな死んでしまった。

西も東も判らぬうちから書き始めた自分が幸福であったとは言えないであろうが、一般に、書くのは若い時に始めた方がよいと信じている。人間が絶えず勉強を続けていると仮定すれば、年齢が加わるにつれて、知識の蓄積は大きくなり、視野が広くなり、理解が深くなると言える。それが十分に大きく、広く、深くなってから書いた方が、立派な作品が生れるとも言える。何か書くのなら、立派な作品を書くのがよいに決まっている。しかし、他方から見ると、年齢が加わるに従って、通常、人間の地位は上って行くものである。年齢と地位とが上がれば、どうしても、作品に対する外部からの要求度というか、期待値というか、それが高くなる。それが意識されると、当然、自分の側の要求度や期待値も高くなる。二年前なら書けたであろう作品が、二年後には、内外の拘束によって、もう書けなくなる。それが繰返された結果、一生、殆ど何も書かずに終った碩学（?）を私は何人か知っている。年齢が加わるにつれて、知識の蓄積が大きくなり、視野が広くなり、理解が深くなる、と私は言ったが、実際は、それも少し怪しいと思う。私の持論によれば、表現されたものだけが本当に理解されたものなのであるから、表現の辛い努力を経ない限り、大きく、広く、深くなったと言っても、要するに、知識の断片の集合で、エントロピーの大きい状態であろう。エントロピーが膨れ上ってしまった後に、一度に整然たる作品が書けるのは、天才だけである。

やがては百号の油絵を描くとしても、デッサンはいつ始めても、早過ぎるということはない。若いうちなら、誰でも気軽に文句を言ってくれる。自分でも素直に「失敗でした」と言える。後年、学習院大学に勤めるようになってから、身辺の学生に向って、機会ある毎に、文章を書くことを勧め、それが活字になるように努力した。あれは成功したと思っている。しかし、東大を卒業して、学習院大学に勤めるようになった若い研究者の中には、東大の恩師から、「十年間は何も書いてはいけない」というような注意を受けて、それを忠実に守っている人がいる。恩師は、親切な方なのであろう。若い研究者も、私のような荒くれではないのであろう。しかし、恩師は、恥をかいても構わない時期に、勝手気儘にデッサンを描くという自由を、この若い研究者から奪ったのである。それを奪いながら、彼が一挙に百号の油絵を描く日を将来に空しく期待しているのである。

4

卒業論文の題目は、「オーギュスト・コントに於ける三段階の法則に就いて」ということになり、「知識社会学的一研究」という物々しい副題が添えられた。文学部事務室の受領年月日は、昭和五年十二月二十三日、つまり、締切ギリギリになっているが、論文は夏休み中に出来上っていた。前から雑多な文章を書いて、少しコツが判っていたせいであろう、夏休みに入って書き始めたら、直ぐ出来てしまった。しかし、あまり早く提出するのも体裁が悪く、机の抽斗に入れておいた。四百八十字詰原稿用紙で百六十九枚。まあ、普通の長さであろう。書くのに骨は折れなかったが、書き上げた途端に、もう自分の仕事が何も残っていないような空しい気持になった。

「三段階の法則」というのは、人間の精神は、長い時間をかけて、神学的段階、形而上学的段階、実証的段階という三つの段階を上って行くというコントの主張である。精神の作用には、想像と観察という二つの形式があって、最初の神学的段階では、想像が優勢で、観察が未発達であり、これに対して、最後の実証的段階では、観察が優勢で、想像は従属的である。中間の形而上学的段階は、二つの形式の混合した過渡的な時期である。精神的進歩の三段階に対応して、コントは、軍事的段階、法律的段階、産業的段階という世俗的三段階を認めている。これをヨーロッパの具体的な歴史に当て嵌めてみると、神学的軍事的段階の絶頂は中世、形而上学的法律的段階の絶頂はフランス革命、そして、実証的産業的段階の完成が新しい十九世紀の問題である。

三段階の法則は、コントの学説の中心にドッカリ坐っているものであるから、それを私が取上げたのは自然の話であったが、しかし、「知識社会学的一研究」という仰山な副題が附せられていることを考えると、どうやら、今までの私の叙述に少し訂正を施さねばならぬように思われて来る。今まで、私をコントへ向って刺戟した幾つかの事情を挙げたけれども、それらに加えて、マックス・シェーラーの刺戟に触れるべきではなかったのか。手許に十分な資料がないままに言えば、フランスのデュルケム派の業績を別にすると、ドイツで最初に知識社会学ということを説いたのは、マックス・シェーラーで、それは、あの『ケルン社会学クウォータリ』の創刊号（一九二一年、当時は、『ケルン社会学社会科学クウォータリ』となっていた）に寄せた「知識の実証主義的歴史哲学と認識社会学の問題」という論文辺りから始まっているような気がする。そして、この論文は、コントの三段階の法則の批判を主たる内容とするものである。そう考えると、マックス・シェーラーに導かれて、私はコントの前へ連れ出されたのではないか。

シェーラーの哲学は、全体として形而上学的なものであったから、その彼がコントの主張を受け容れる筈はなかった。神学的精神や形而上学的精神が実証的精神によって駆逐されるのを黙って見ているわけはなかった。コントは、先ず、第一のものが亡び、次に、第二のものが亡び、やがて、第三のものの支配が確立する、そういうプロセスとして人類の歴史を描いた。これに対して、シェーラーは、神学的、形而上学的、実証的というのは、人間精神の三つの根本的な形式であって、つねに相並んで存在するものである、と考える。コントは、交替の時間的過程に三つの精神を投じ、これに対して、シェーラーは、共存という空間的関係のうちに三つの形式を救っている。しかし、後代のシェーラーのことなど知らないコントが一八三九年（『実証哲学講義』第四巻五六六頁）に書いているところによると、シェーラーのようなタイプの批評は、既に当時から行われていたらしい。その意味では、シェーラーの批評は、オリジナルでなかったと言えば言えるのであろう。それに、コント自身、彼の生きる時代のうちに三つの精神が共存している事実を認めているのである。神学的精神は王党派の間に生き、形而上学的精神は人民派の間に生き、そして、実証的精神がコントを初めとする新しい時代の人々の間に生きている。三者は共存している。しかし、共存という直接的事実に満足している限り、歴史哲学というものは生れることが困難である。況して、現実の改革に役立つような歴史哲学は生れようがない。生きた歴史哲学は、現に共存している諸要素を、ただ共存の状態で眺めるのではなく、過去の諸時代における諸要素のトレンドを観察することを通じて、或る要素が上昇の過程にあること、他の要素が下降の過程にあることを知り、従って、前者がやがて支配し、後者がやがて消滅することを予測するものである。言い換えれば、空間的な共存関係を時間的な前後関係へ翻訳するものである。三段階の法則は、翻訳の原理であった。また、旧制度と共に亡んだ筈の神学的精神と、革命の達成によって意味を失った筈の形而上学的精神とを最後的に追放し、人類を実証的段階へ進めるための武器であった。

一八一九年、二十一歳のコントは、「意見と願望との一般的区別」(Séparation Générale entre les Opinions et les Désirs) という小さな論文を書いた。彼の著作のうちの第一論文である。彼によると、支配者の思い上った政治的独善も滑稽には違いないが、被支配者が本能的に政治的智慧を持っているという甘ったれた信仰も、それに劣らず滑稽である。「誰でも単なる本能によって政治システムに関する正しい意見を持つことが出来る……」という不思議な信仰が、如何に広く革命後のフランスに行われていることであろう。天文学や物理学では、専門的な勉強をしたことのない人間が本能的に知っている、というような馬鹿な理窟は通用しない、とかつてコンドルセは言った。本当は、政治学も同じなのである。それなのに、ここでは、何一つ専門的に研究したことのない大衆にも本能的に政治が判る、というような話が平気で通用している。それは、政治学が、まだ天文学や物理学のような実証科学として確立していない結果である。勿論、大衆が政治的願望を持つのは自然なことである。しかし、政治的意見というのは、政治的願望とは違う。政治的意見というのは、かくかくの手段によってのみ政治的願望が満たされるということの絶対的表現である。誤って大衆の意見と呼ばれているものは、意見などではなくて、彼らの願望の表現に過ぎない。それを達成するための手段の表現としての意見は、政治を科学的に研究した少数者だけが持つことの出来るものである。政治学を、天文学や物理学のような、観察を基礎とする実証科学に高めねばならない。

天文学や物理学は既に実証科学になっているのに、政治学はまだ実証科学になっていない。「政治学」というコントの言葉は、「社会学」と見てもよいし、「人間学」と見てもよいが、同じ嘆きは、コント以前から今日に至るまで繰返されて来ている。ただ、コントの場合は、諸科学の分類と結びついて、それぞれの実証化の時間的順序が規定されている。その対象の抽象性および一般性を尺度にして、科学は、数学、天文学、物理学、化学、生物学、社会学という順に排列され、そして、数学が最も早く実証化し、天文学がこれに続き、そして、社会学が最も遅く実証化する、とコントは説く。事実、諸科学のうち、社会学だけがまだ実証化していないのである。見方を変えると、神学的精神および形而上学的精神は、数学から生物学に至る五個の科学からは既に一掃されてしまっているにも拘らず、政治学乃至社会学にはなお残存して、王党派および人民派の間に生きている。コントによれば、この最後の領域を、素人の無責任な発言の許されぬ実証科学に高めることによって、革命後のフランスおよびヨーロッパのインテグレーションの精神的原理への道が開かれる。

5

寒いけれども、よく晴れた日であった。昭和六年の二月頃であろう。もう卒業が目前に迫っていた。新しく出来た地下の食堂で昼飯を食い、近くの枯れた芝生に坐って、仲間と何か話していた。仲間が私に注意するので、そちらを眺めると、山上会議所で昼飯を済ませて研究室へお戻りになる戸田先生の姿が見えた。この新しい食堂が完成するまでは、そこから道を距てた、裏手が「三四郎の池」に臨んだ、震災後の粗末なバラックが食堂であった。この天井の低い、薄暗い建物は、ガタピシしたガラス戸の入口を別にすると、道に沿って沢庵の樽がズラリと並んでいた。私たちが沢庵ばかり食っていたわけではないのに、どうして、あんなに多くの樽が並んでいたのであろう。私は、あの沢庵の樽を見るのが厭だった。それは、見たくない私自身の或る部分のようであった。新しい食堂が出来、古いバラックが毀され、沢庵の樽が何処かへ移された時、私はホッとした。

あれは、やはり、二年生の時であったと思うが、授業料の値上げが発表された。私が入学した時は、一年百円で、それが百二十円に値上げされることになった。しかし、百円で入学した学生は、卒業まで百円であるから、値上げは私たちには関係のないことであった。

それでも、地下の新人会の指導によって、私たちは授業料値上げ反対の運動を始めることになった。入学直後の大森義太郎助教授辞職反対の運動から僅か一年ばかり後のことであるのに、この一年間で、学内の様子はすべて変っていた。一年前は、教室で演説会を開くことが出来たが、今度は、それさえ出来ず、百人足らずの学生が安田講堂の横で気勢を揚げ、代表が総長に面会を求めることになった。私たちは、帽子の顎紐をかけた守衛たちによって半ば囲まれていた。そのうち、これも帽子の顎紐をかけた警官を乗せたトラックが、次々に現場に到着した。それからのことをよく覚えていないが、恐らく、私たちは逃げ出したのだと思う。逃げる途中で、何人かの仲間が守衛に捕えられ、警官に引渡されたのだと思う。気がついた時、私たちは、古い食堂の近くにいた。そこで揉み合っているうちに、仲間の誰かが沢庵の樽から一本の沢庵を引き出して、それを振り廻し始めた。他の連中も沢庵を振り廻し始めた。やがて、守衛も沢庵を振り廻すようになった。振り廻す人間も、それで打たれた人間も、みんな黄色くなった。黄色くなった守衛が黄色くなった学生を捕えて、それを警官に引渡す。しかし、仲間の大部分は、沢庵の樽へ近づかなかった。一塊になって、獣のような声を挙げながら、何度も進んだり退いたりしていた。卑怯であってはいけない、と思った瞬間、彼らは一斉に進み出たが、この無駄なことで一生を棒に振るのか、と思った瞬間、彼らは一斉に退いた。進んだり退いたりしている間に、黄色の学生はすべてトラックで運び去られ、地面には、何本も沢庵が転がっていた。私は、進んだり退いたりを繰返した学生の一人であった。――戸田先生は、芝生に坐っている私たちに気がついて、「一寸、研究室へ来てくれ給え」と私に言われた。私は、外套の枯芝を払い落しながら、先生に従って、図書館の横手の入口に近い研究室へ行った。歩きながら、何の御用だろう、と少しは考えたが、深く考えるまでもなく、卒業後は研究室に残れ、というお話に相違ないと私は決めていた。研究室には、他に誰もいなかった。先生のお話は、私が予想した通りであった。深く感謝すべきであったかとも思うが、私は、極く当り前のことのように感じていた。はい、畏りました、と私は申上げた。むしろ、私が驚いたのは、いつも無愛想どころか、傲岸にさえ見える先生が、終始、弁解のような口調で話されることであった。本当は君を助手にしたいのだが、助手の定員は一名で、現在は林君が助手なので、寔に済まないが、暫くの間、副手で我慢して貰いたい。先生は、「我慢」や「辛抱」という言葉を何度も使われた。「林君」というのは、林恵海という人で、私からは十歳以上も年長で、後に東大教授になった。私は、戸田先生が弁解のような言葉で話されるのを初めて聞いた。後から思うと、そこには、先生の特別のお気持があったのかとも想像されるが、驕った心で、ピークだか「どん底」だかを駆け抜けていた私は、それを想像するだけの余裕もなく、皮膚の表面で先生の言葉を軽く受取っていた。

　それから数日後の午後、戸田先生にお目にかかったら、これから大島のところへ行くから、一緒に来給え、と言われた。「大島」というのは、哲学科の非常勤講師として、ドイツ哲学一点張りの東大では珍しいイギリスやアメリカの哲学を講じておられた大島正徳先生のことである。大学の三年間、私は、大島先生の講義や演習に出席していた。官僚臭のない先生が私は好きであった。お宅は、千駄木の辺りにあったと思う。「これは清水という男で、今年の首席だ。今後とも、よろしく頼むよ」と戸田先生が紹介して下さったが、「いや、この男は、よく知っているよ」と大島先生は言われた。それからは、私を放り出して、お二人で無遠慮な口調で雑談を始めた。こんなに楽しそうにお話しになる戸田先生というのも、私が初めて見るものであった。そもそも、お二人がこんな乱暴な調子で話し合うような間柄であることが意外であった。勿論、お二人の間には、私などの知らぬ多くの事情があるに違いないが、その一つは、アングロサクソンの学問への共通の関心ということではないか。海外の学問と言えばドイツの学問と相場が決っている時代に、大島先生は英米哲学の経験論を頑固に説いて来られたし、戸田先生は、英米社会学の経験的方法を尊重して、自ら実証的研究を進めて来られた。先生は、データを基礎としない議論を「お説教」と呼び、「俺はお説教は嫌いだ」と何度も私に言われた。オーギュスト・コントの学説を卒業論文のテーマに選んだ時、私は先生の一番嫌いなことを始めたのであった。お二人は「お説教」が嫌いという点で一致し、そして、恐らく、多くの先生たちの間で孤立しておられたのであろう。

お二人の雑談の中途で、桑木厳翼先生の話が出た。桑木先生は、哲学科の主任教授で、私は、哲学概論の講義とカントの『判断力批判』の演習とに出席したことがある。どういうわけか、大島先生が、「桑木さんは、ブルジョアだからね」と言われたら、戸田先生が、「あれはブルジョアだよ、genuine bourgeois だ」と言って、お二人で大笑いしておられた。何のことか判らなかったが、お二人の楽しそうな様子を横で見ているうちに、私の気持も次第に緊張が解けて来た。

「さあ、失敬しよう」と戸田先生が立ち上ったので、私も失礼することにした。何か用件があって大島先生をお訪ねになったのかと思っていたが、そうでもないようである。外へ出ると、四辺は、かなり暗くなっていた。近くの町角で、私は、上富士前のお宅へ帰られる先生と別れて、一体、何のために大島先生のところへ連れて行かれたのか、それを不思議に思いながら、雑司ヶ谷へ帰った。

解説

粕谷一希

典型的知識人の肖像

これは戦後知識人の代表的存在であり、社会学者・ジャーナリストとして第一線を歩みつづけた人間の自叙伝である。

全体は三部から構成されており、戦時中の昭和十六年——昭和二十一年が冒頭に置かれ、前半生の明治四十年——昭和十六年が真中に、そして戦後の昭和二十一年——昭和三十五年が最後に書かれている。こうした構成のなかにこの文章が執筆された昭和四十八年——五十年にかけての筆者の気分が投影されているのかもしれない。

戦後から語りはじめることはあまりに生ま生ましく、誕生から始めることは間伸びしすぎている。戦時下の徴用という異常経験から語りはじめることで、波瀾万丈の人生における自らのアイデンティティを確認する精神の均衡を無意識に図ったのかもしれない。

戦後の遍歴——二十世紀研究所、ユネスコの会、平和問題談話会、基地反対運動、安保改定阻止闘争といった過程は、ある意味で戦後史そのものであり、知識人の社会参加の典型が、そのまま個人史となっている。この場面に関しては、もっとも論争的な主題であり、賛否両論、公人清水幾太郎を評価する分水嶺となっている。かつて平和運動の同志であった人と、また思想における節操の美学を重んずる人々にとっては、清水幾太郎の〝転向〟として、もっとも許しがたい問題点を含んでいることであろう。

しかし、その上下二巻を通読した者は、ひょっとすると、清水幾太郎はもっとも正直だったのかもしれない、という感想を抱く者が多いはずである。江戸っ子清水幾太郎はもっとも自らをさらけ出したのであり、社会学者・ジャーナリスト清水幾太郎は、節操の美学に殉ずるべく、あまりに聡明だったのである。清水幾太郎は、節操の美学の非生産性よりも認識の柔軟性の生産性を選択したのであった……。

成長の軌跡――早熟なる秀才

この解説では、戦中、戦後ではなく、それまでの前半生に焦点を絞って述べてみよう。公人清水幾太郎に関しては無数の証言者が登場するはずである。しかし、抜群の能力を発揮しつづけた知識人はなぜ生まれたのか。幼少時代から青年時代までの私的成長の過程のなかに、その秘密は隠されているはずであり、これに関しての証言者は本来少ないからである。

「微禄の涯」に始まる清水幾太郎の前半生の記述は、平明な散文によって自らと自らの周囲・環境を語って、きわめて独特な自叙伝になっている。

旧幕臣の家系であり、"お屋敷の人"の末裔であった清水幾太郎は、日本橋区薬研堀の家に生まれた。清水家にとっては「日本近代化の過程が、そのまま、自分たちの没落の過程であった」。気弱で世間的無能力者の父は、最初、竹屋を営んだが、やがて本所区柳島横川町で洋品雑貨屋をはじめたが、関東大震災で無一物となる。こうした消極的な父親の性格は、代々、江戸・東京で育った東京人だったせいであろうと筆者自身、回想しているが、まさに清水幾太郎もまた、谷崎潤一郎と同様、日本の近代化と震災で没落した旧東京人の家庭の子だったのである。

当然、幾太郎は早くから家業を手伝い、家庭教師をやり、やがて自分の筆で両親・家族を養う家長となる。清水幾太郎の勤勉かつ精力的な執筆活動はこうした背景から生まれたものであることも確認しておく必要があろう。

こうした少年が、独協中学・東京高校・東大社会学科と学歴社会の階梯を昇っていったのは、多くの偶然も作用しているが、彼がずば抜けた早熟な秀才だったためである。

幾太郎は独協中学のドイツ語以外は、フランス語、ロシア語、英語を独学で習得している。また中学時代、医者志望を捨てて、社会学の本を読みはじめ、ガブリエル・タルド、高田保馬などに接している。おそるべき早熟である。東京高校に入学すると早速、日本社会学会の会員となり、『社会学雑誌』を購読しはじめている。また東大新人会の学生の勧誘で、読書会を組織し、ブハーリンの『史的唯物論』を仲間と読みはじめた。

　大正末から昭和初頭、大震災と世界恐慌という二重の社会不安を背景に、ロシア革命の衝撃で、多くの青年が急進化したことは当然のことであった。幾太郎青年という秀才が、社会学とマルクシズムという、モチーフにおいて類似性があり、体系において排斥し合う二つの谷間の間を激しく揺れながら、自己を形成していったことも、今日から考えれば時代の仕業である。

　彼は唯物論研究会に入り、そのボスの慫慂によって『社会学批判序説』を書き、しかしまた、情勢が険悪になったとき、退会証明書を取って脱会している。彼の知的問題意識はむしろ、やがて三木清、ジムメル、マックス・シェーラー、ゾンバルトといった影響下に書かれた『社会と個人』によって確立されたのだが、この微妙なアムビヴァレントな揺れのなかに、すでに戦後の清水幾太郎の軌跡を暗示するものが含まれている。

　もう一つ注目すべきことは、東大社会学科の研究室で、戸田貞三主任教授に認められ、副手として大学に残りながら、やがて大学を去って売文生活により、ジャーナリストとしての道を歩み出すことである。幾太郎青年にとって事大主義の大学、制度としての学問の内側は、あまりに空疎だったのであろう。〝書物を著わさない碩学〟に対する批判は痛烈なアカデミズムへの告発となっており、〝表現されたものだけが真実だ〟という信念はみごとな清水哲学といえよう。

幾太郎青年は早くから〝習作時代〟に入っている。『社会学雑誌』に海外新文献紹介、『独逸語学雑誌』に社会論文記注、『心理学概論』という共著の下請け、『思想』にヘーゲル文献の作製、海外哲学思潮、『唯物論研究』での労農派批判、『児童』に子供の問題に関するアメリカ文献紹介……。

書くという行為は、表現することで理解することであるが、具体的には長さを制限された土俵で文章を書くことで、相撲が成立し、精神の真実の緊張が生まれるのだ。青年は早く文章のプロとしての道を会得したのであった。

性格と位置

この自叙伝は、平明な散文によって書かれた社会学入門であり、ジャーナリズムの入門であり、現代史の断面である。

読者はこの文章の至るところに、自伝の範囲を越えて、社会学的認識とはどのようなものかを、著者の思考に沿って学び取ることができる。また、知的ジャーナリズムで仕事をしてゆくこと、売文生活というものの実態を実感をこめて納得することもできる。そして日本の戦中・戦後のイデオロギー的性格、また戦後の平和運動の主役を演じた著者を通して、いまや遠くなりつつある戦後史の裏側を覗くことができる（脇役や傍観者から見れば異論もあろう）。

今回、改めて本書を通読して気がついたことだが、この文章はきわめて会話が少なく、モノローグの色彩が強いことである。父親、恋人（現夫人）、友人、知人などの肉声が乏しい。したがって、他者の存在感が稀薄なのである。他人が肉声を発し、自と他の間のドラマがもう少し具体的に展開されれば、この自叙伝はもっと多くの読者をもったかもしれない。

しかし、こうした期待は的はずれで、それは文士の範疇(はんちゅう)の仕事かもしれない。学者としての抑制がそうしたドラマ化を拒否したのであろう。

ともあれ、現代日本を代表する社会学者・ジャーナリストの半生を眺めるとき、その早熟と試練と変転に多くの教訓を学びとることができる。その早熟さは、いま流行の浅田彰君と比較してみたらよいかもしれない。その直面した多くの試練を、今日の無風時代、風化時代と比べてみたらよい。そして、人間がある思想的立場をとることの光栄と痛苦を理解すべきであろう。

さらに人間と歴史に興味をもつ者は、こうした社会学者清水幾太郎の底に、都会人、東京人の素顔を読みとり、その大きさと弱さを噛みしめることもできる。著者はその素顔と地金を率直に語っていてくれる。それは虚栄心の強い、見栄っ張りの東京人として踏ん切りの要る作業であったにちがいない。

ている。清水幾太郎は大学の卒業論文に、コントを選んだ。コントはこの著書のなかで詳述されているように、社会学の祖であり、綜合的社会科学の体系の建設者である。

コントに始まり、コントに還った清水幾太郎の生涯は、まさに社会学、政治学、経済学、心理学、哲学など、およそあらゆる領域にわたって、〝往く所可ならざるなき〟抜群の問題関心と認識能力を示しつづけた。おそらく、こうした能力は空前絶後といってよく、今後ともまず出現しないであろう。

しかし、清水幾太郎の波瀾多き航海はまだ終っていない。この自叙伝に書かれた時期に続いて、『現代思想』、『倫理学ノート』という卓抜な世界を切り拓いた著者は、やがて『日本よ国家たれ―核の選択』によって初めて、逆の時代の先端に立った。それは明治人清水幾太郎の先祖帰りともいうべき現象なのか。またアメリカ批判を逆の側面から遂行しようとするのか。

ともあれ、影響力の強い指導者として限りなく自重し自愛して頂きたい。多元的社会論という国家を限定する社会学からスタートした社会学者の明察は、当然、自己の位置を他の誰よりも自覚しているはずだからである。

（かすや・かずき　評論家）

『わが人生の断片』

初　出　『諸君！』文藝春秋　一九七三年七月号～一九七五年七月号

単行本　上巻　文藝春秋　一九七五年六月刊
下巻　文藝春秋　一九七五年七月刊
文　庫　上・下　文春文庫　一九八五年一〇月刊
著作集　『清水幾太郎著作集　14』講談社　一九九三年四月刊

編集付記

一、本書は『清水幾太郎著作集　14』（講談社　一九九三年四月刊）を底本とし、文庫化したものである。本巻には文春文庫版の解説（粕谷一希）を再録した。

一、本文中の注記（　）は一九七五年の初刊当時のものである。

一、底本中、明らかな誤植と考えられる箇所は訂正し、難読と思われる語には新たにふりがなを付した。

一、本文中に今日では不適切と思われる表現もあるが、著者が故人であること、発表当時の時代背景と作品の文化的価値を考慮し、底本のままとした。

中公文庫

わが人生の断片(上)

2025年4月25日　初版発行

著　者　清水幾太郎

発行者　安部順一

発行所　中央公論新社
〒100-8152　東京都千代田区大手町1-7-1
電話　販売 03-5299-1730　編集 03-5299-1890
URL https://www.chuko.co.jp/

DTP　嵐下英治
印　刷　三晃印刷
製　本　フォーネット社

©2025 Ikutaro SHIMIZU
Published by CHUOKORON-SHINSHA, INC.
Printed in Japan　ISBN978-4-12-207643-3 C1195

定価はカバーに表示してあります。落丁本・乱丁本はお手数ですが小社販売部宛お送り下さい。送料小社負担にてお取り替えいたします。

●本書の無断複製(コピー)は著作権法上での例外を除き禁じられています。また、代行業者等に依頼してスキャンやデジタル化を行うことは、たとえ個人や家庭内の利用を目的とする場合でも著作権法違反です。

中公文庫既刊より

各書目の下段の数字はISBNコードです。978－4－12が省略してあります。

し-23-3
日本語の技術 私の文章作法
清水幾太郎
文章術は泥棒に学べ⁉ 日本語を知り、よい文章を書くための34の方法。ロングセラー『論文の書き方』の著者が説く、体験的文章指南。〈解説〉斎藤美奈子
207181-0

ウ-9-1
政治の本質
マックス・ヴェーバー
カール・シュミット
清水幾太郎 訳
ヴェーバー「職業としての政治」とシュミット「政治的なるものの概念」。この二十世紀政治学の正典を合わせた歴史的な訳書。巻末に清水の関連論考を付す。
206470-6

い-41-5
ある昭和史 自分史の試み
色川大吉
十五年戦争を主軸に個人史とともに昭和の五十年を描く。「自分史」を提唱した先駆的な著作に「昭和の終焉」を増補。毎日出版文化賞受賞。〈解説〉成田龍一
207556-6

さ-27-4
完本 昭和史のおんな（上）
澤地久枝
情死、亡命、堕胎、不倫……昭和のメディアを「騒がせた」女たちに寄り添い、その知られざる苦闘を追ったノンフィクション。文藝春秋読者賞受賞。
207569-6

さ-27-5
完本 昭和史のおんな（下）
澤地久枝
有名無名の女たちの生が、昭和の姿を鮮やかに蘇らせる。二・二六事件の遺族を追う「雪の日のテロルの残映」を増補した完本を文庫化。〈解説〉酒井順子
207570-2

は-73-2
三島由紀夫
橋川文三
三島由紀夫の精神史の究明を通してその文学と生涯の意味を問う。「文化防衛論」批判ほか『日本浪曼派批判序説』の著者による三島全論考。〈解説〉佐伯裕子
207562-7

わ-19-3
戦後日本の宰相たち
渡邉昭夫 編
戦後の占領期から五五年体制の崩壊前夜まで、指導者たちの思想と行動を追い、戦後日本の「国のかたち」を浮き彫りにする。歴代首相列伝。〈解説〉宮城大蔵
207587-0

ほ-1-1
陸軍省軍務局と日米開戦
保阪正康
選択は一つ――大陸撤兵か対米英戦争か。東条内閣成立から開戦に至る二カ月間を、陸軍の政治的中枢である軍務局首脳の動向を通して克明に追求する。
201625-5

ほ-1-18
昭和史の大河を往く5 最強師団の宿命
保阪正康
屯田兵を母体とし、日露戦争から太平洋戦争まで、常に危険な地域へ派兵されてきた旭川第七師団の歴史を俯瞰し、大本営参謀本部の戦略の欠如を明らかにする。
205994-8

ほ-1-19
昭和史の大河を往く6 華族たちの昭和史
保阪正康
明治初頭に誕生し、日本国憲法施行とともに廃止された特権階級は、どのような存在だったのか？ 華族たちの苦悩と軌跡を追い、昭和史の空白部分をさぐる。
206064-7

せ-9-4
砂のように眠る 私説昭和史1
関川夏央
戦後社会を、著者自身の経験に拠った等身大の主人公視点の小説と、時代を映したベストセラーをめぐる評論で、交互に照らし出す。新たに自著解説を付す。
207582-5

せ-9-5
家族の昭和 私説昭和史2
関川夏央
戦前・戦後からバブル前夜まで。『父の詫び状』『君たちはどう生きるか』『金曜日の妻たちへ』などに登場する「家族」の変化を通し、昭和の姿を浮き彫りにする。
207591-7

せ-9-6
昭和時代回想 私説昭和史3
関川夏央
自らを「昭和の子」と規定する著者が、思春期青年期を回想。さらに同時代を生きた作家たちへの思いを綴る。巻末に、昭和戦後をめぐるエッセイを書き下ろす。
207604-4

せ-9-1
寝台急行「昭和」行
関川夏央
寝台列車やローカル線、路面電車に揺られ、懐かしい場所、過ぎ去ったあの頃へ。昭和の残照に思いを馳せ、含羞を帯びつつ鉄道趣味を語る、大人の時間旅行。
206207-8

せ-9-2
汽車旅放浪記
関川夏央
『坊っちゃん』『雪国』『点と線』……。近代文学の舞台となった路線に乗り、名シーンを追体験する。鉄道と文学の魅惑の関係をさぐる、時間旅行エッセイ。
206305-1

各書目の下段の数字はISBNコードです。978－4－12が省略してあります。

み-54-2
時刻表昭和史 完全版
宮脇俊三
ハチ公のいた渋谷駅、玉音放送を聞いた今泉駅。歴史の節目は鉄道とともにあった。元祖・乗り鉄による昭和史にエッセイ、北杜夫との対談を増補した完全版。
207382-1

み-54-1
台湾鉄路千公里 完全版
宮脇俊三
一九八〇年、戒厳令下の台湾での全線乗りつぶしの旅のエッセイに、その後の増設鉄路をカバー、全島一周を達成した紀行を増補した完全版。〈解説〉関川夏央
207251-0

み-9-9
作家論 新装版
三島由紀夫
森鷗外、谷崎潤一郎、川端康成ら作家15人の詩精神と美意識を解明。『太陽と鉄』と共に「批評の仕事の二本の柱」と自認する書。〈解説〉関川夏央
206259-7

み-9-10
荒野より 新装版
三島由紀夫
不気味な青年の訪れを綴った短編「荒野より」、東京五輪観戦記「オリンピック」など、〈楯の会〉結成前の心境を綴った作品集。〈解説〉猪瀬直樹
206265-8

み-9-11
小説読本
三島由紀夫
作家を志す人々のために「小説とは何か」を解き明かし、自ら実践する小説作法を披瀝する、三島由紀夫による小説指南の書。〈解説〉平野啓一郎
206302-0

み-9-12
古典文学読本
三島由紀夫
「日本文学小史」をはじめ、独自の美意識によって古今集や能、葉隠まで古典の魅力を綴った秀抜なエッセイを初集成。文庫オリジナル。〈解説〉富岡幸一郎
206323-5

み-9-13
戦後日記
三島由紀夫
「小説家の休暇」「裸体と衣裳」ほか、昭和二十三年から四十二年の間日記形式で発表されたエッセイを年代順に収録。三島による戦後史のドキュメント。
206726-4

み-9-14
太陽と鉄・私の遍歴時代
三島由紀夫
三島文学の本質を明かす自伝的作品二編に、自死直前のロングインタビュー「三島由紀夫最後の言葉」（聞き手・古林尚）を併録した決定版。〈解説〉佐伯彰一
206823-0

み-9-15
文章読本 新装版
三島由紀夫
あらゆる様式の文章・技巧の面白さ美しさを、該博な知識と豊富な実例と実作の経験から詳細に解明した万人必読の書。人名・作品名索引付。〈解説〉野口武彦
206860-5

み-9-16
谷崎潤一郎・川端康成
三島由紀夫
世界的な二大文豪を三島由紀夫はどう読んだのか。両者をめぐる批評・随筆を初集成した谷崎・川端文学への最良の入門書。文庫オリジナル。〈解説〉梶尾文武
206885-8

み-9-17
三島由紀夫 石原慎太郎 全対話
三島由紀夫
石原慎太郎
一九五六年の「新人の季節」から六九年の「守るべきものの価値」まで初収録三編を含む全九編。七〇年の士道をめぐる論争、石原のインタビューを併録する。
206912-1

お-2-11
ミンドロ島ふたたび
大岡 昇平
自らの生と死との彷徨の跡。亡き戦友への追慕と鎮魂の情をこめて、詩情ゆたかに戦場の島を描く。『俘虜記』の舞台、ミンドロ、レイテへの旅。〈解説〉湯川 豊
206272-6

お-2-12
大岡昇平 歴史小説集成
大岡 昇平
「挙兵」「吉村虎太郎」など長篇『天誅組』に連なる作品群ほか、「高杉晋作」「竜馬殺し」「将門記」など戦争小説としての歴史小説全10編。〈解説〉川村 湊
206352-5

お-2-13
レイテ戦記（一）
大岡 昇平
太平洋戦争の天王山・レイテ島での死闘を再現した戦記文学の金字塔。巻末に講演「『レイテ戦記』の意図」を付す。毎日芸術賞受賞。〈解説〉大江健三郎
206576-5

お-2-14
レイテ戦記（二）
大岡 昇平
リモン峠で戦った第一師団の歩兵は、日本の歴史自身と戦っていたのである――インタビュー「『レイテ戦記』を語る」を収録。〈解説〉加賀乙彦
206580-2

お-2-15
レイテ戦記（三）
大岡 昇平
マッカーサー大将がレイテ戦終結を宣言後も、徹底抗戦を続ける日本軍。大西巨人との対談「戦争・文学・人間」を巻末に新収録。〈解説〉菅野昭正
206595-6

各書目の下段の数字はＩＳＢＮコードです。978－4－12が省略してあります。

お-2-16
レイテ戦記（四）
大岡昇平
太平洋戦争最悪の戦場を鎮魂の祈りを込め描く著者渾身の巨篇。巻末に「連載後記」、エッセイ「『レイテ戦記』を直す」を新たに付す。〈解説〉加藤陽子
206610-6

お-2-17
小林秀雄
大岡昇平
親交五十五年、評論から追悼文まで「人生の教師」であった批評家の詩と真実を綴った全文集。巻末に小林との対談収録。文庫オリジナル。〈解説〉山城むつみ
206656-4

お-2-18
成城だより 付・作家の日記
大岡昇平
文学、映画、漫画……闊達に綴った日記文学。一九七九年十一月から八〇年十月まで。「作家の日記」を併録。全三巻。〈巻末付録〉小林信彦・三島由紀夫
206765-3

お-2-19
成城だよりⅡ
大岡昇平
六十五年を読書にすごせし、わが一生、本の終焉と共に終らんとす――。大いに読み、書く日々。一九八二年一月から十二月まで。〈巻末エッセイ〉保坂和志
206777-6

お-2-20
成城だよりⅢ
大岡昇平
とにかくひどい戦後四十年目だった――。防衛費一％枠撤廃、靖国参拝……戦後派作家の慷慨。一九八五年一月から十二月まで。全巻完結。〈解説〉金井美恵子
206788-2

わ-21-1
渡邉恒雄回顧録
御厨貴 監修
伊藤隆 聞き手
飯尾潤
生い立ち、従軍、共産党東大細胞時代の回想にはじまり、政治記者として居合わせた権力闘争の修羅場、社内抗争、為政者たちの素顔などを赤裸々に語る。
204800-3

よ-38-1
検証 戦争責任（上）
読売新聞
戦争責任検証委員会
誰が、いつ、どのように誤ったのか。あの戦争を日本人自らの手で検証し、次世代へつなげる試みに記者たちが挑む。上巻では、さまざまな要因をテーマ別に検証する。
205161-4

よ-38-2
検証 戦争責任（下）
読売新聞
戦争責任検証委員会
無謀な戦線拡大を続けた日中戦争から、戦後の東京裁判まで、時系列にそって戦争を検証。上巻のテーマ別検証もふまえて最終総括を行う。日本人は何を学んだか。
205177-5